大学体育 （第二版）
基础教程

主编　代永胜　曾伟

WUHAN UNIVERSITY PRESS
武汉大学出版社

图书在版编目(CIP)数据

大学体育基础教程/代永胜,曾伟主编. —2 版.—武汉:武汉大学出版
社,2022.9(2025.8 重印)

ISBN 978-7-307-23266-2

Ⅰ.大…　Ⅱ.①代…　②曾…　Ⅲ. 体育—高等学校—教材　Ⅳ.G807.4

中国版本图书馆 CIP 数据核字(2022)第 154448 号

责任编辑:喻　叶　　　责任校对:汪欣怡　　　版式设计:马　佳

出版发行:**武汉大学出版社**　　(430072　武昌　珞珈山)
　　　　　(电子邮箱:cbs22@ whu.edu.cn 网址:www.wdp.com.cn)
印刷:武汉中科兴业印务有限公司
开本:787×1092　1/16　印张:19　字数:451 千字　插页:1
版次:2015 年 9 月第 1 版　　2022 年 9 月第 2 版
　　　2025 年 8 月第 2 版第 5 次印刷
ISBN 978-7-307-23266-2　　定价:49.00 元

编 委 会

主　编：代永胜　曾　伟
副主编：徐　宣　张军平　熊　锋
编　委：张　博　董　霞　郭有军　张雨薇　张增志

前　言

　　2020 年 8 月，国家体育总局和教育部印发了《关于深化体教融合 促进青少年健康发展的意见》，指出 "树立健康第一的教育理念，面向全体学生，开齐开足体育课，帮助学生在体育锻炼中享受乐趣、增强体质、健全人格、锤炼意志，实现文明其精神、野蛮其体魄"。2020 年 10 月，中共中央办公厅、国务院办公厅颁布了《关于全面加强和改进新时代学校体育工作的意见》，指出 "学校体育是实现立德树人根本任务、提升学生综合素质的基础性工程，是加快推进教育现代化、建设教育强国和体育强国的重要工作，对于弘扬社会主义核心价值观，培养学生爱国主义、集体主义、社会主义精神和奋发向上、顽强拼搏的意志品质，实现以体育智、以体育心具有独特功能"。党中央、国务院为学校体育工作指明了方向，提出了明确的要求，高等学校教育工作不仅要坚持立德树人，增强学生社会责任感，培养学生创新精神、实践能力，而且还要促进德育、智育、体育、美育有机融合发展，提高学生综合素质，使学生成为德智体美全面发展的社会主义建设者和接班人。高等学校体育与健康教育是高等教育中的重要内容之一，是高等学校课程体系的重要组成部分，是高等学校体育与健康教育工作的中心工作，高质量的大学体育与健康教材，是提高大学体育课程教学质量和实施体育与健康教育工作的重要保障。

　　本书是根据教育部、国家体育总局联合下发的《学校体育工作条例》、《全国高等学校体育课程教学指导纲要》、《国家学生体质健康标准》等文件精神，结合编者多年从事体育教学的经验和体会，按照体育教程教材编写原则编写而成的。书中力求从实际出发，从单纯强调竞技逐步转移到掌握锻炼方法，增进身体的健康发育，增强体质的方法的体系上来；在内容上，则从较高层次出发，尽量避免了中、小学内容的重复，精选了对大学生有实用价值的内容，有助于素质教育，终身锻炼，对祖国传统体育（武术）和群众喜爱的跆拳道、形体训练、体育舞蹈、户外休闲运动等一并收入教材，试图满足不同爱好者的需要，并满足学生在校期间和走上岗位后的需要。

　　本书在编写过程中，参考和借鉴了部分体育院校编写使用的体育教材和各种论著，引用了其中部分文、图、表，在此谨向引文原著者表示衷心的谢意。我们殷切希望本书的出版对丰富高等学校体育教材、促进高等学校体育教学和体育运动发展起到应有的作用。

　　本书由代永胜和曾伟主编，参与编写工作的还有徐宣、张军平、熊锋、张博、董霞、郭有军、张雨薇、张增志等人。

　　由于时间紧张，错误和疏漏之处，敬请不吝指正。

编　者

2022 年 6 月

目　　录

第一章　大学体育与健康概论 ································ 1

　　第一节　大学体育与健康的地位和作用 ················ 1

　　第二节　大学体育与健康的任务 ···················· 2

　　第三节　大学体育与健康的组织与实施 ················ 3

第二章　体育运动与人体身心健康 ······················ 5

　　第一节　人体发育过程与青少年时期生理、心理特点 ······· 5

　　第二节　体育运动对人体机能的影响 ················· 8

第三章　体育科学的应用与运动处方 ····················· 14

　　第一节　心脏的生理及锻炼原则 ···················· 14

　　第二节　肌肉的生理及锻炼原则 ···················· 17

　　第三节　运动处方的制定 ························· 21

　　第四节　运动处方的实施 ························· 26

第四章　体育卫生与保健知识 ························· 28

　　第一节　体育锻炼的卫生常识 ···················· 28

　　第二节　人体健康与营养素 ····················· 31

　　第三节　运动性伤病的预防与急救 ················· 34

第五章　篮球 ································· 40

　　第一节　篮球运动概述 ························· 40

　　第二节　篮球运动基本技术 ····················· 40

　　第三节　篮球运动基本战术 ····················· 53

　　第四节　篮球运动竞赛规则简介 ··················· 57

第六章　足球 ································· 64

　　第一节　足球运动概述 ························· 64

　　第二节　足球运动基本技术 ····················· 64

　　第三节　足球运动基本战术 ····················· 75

　　第四节　足球运动竞赛规则简介 ··················· 82

第七章　排球 ·········· 85
　　第一节　排球运动概述 ·········· 85
　　第二节　排球运动基本技术 ·········· 86
　　第三节　排球运动基本战术 ·········· 97
　　第四节　排球运动竞赛规则简介 ·········· 103

第八章　乒乓球 ·········· 107
　　第一节　乒乓球运动概述 ·········· 107
　　第二节　乒乓球运动基本技术 ·········· 107
　　第三节　乒乓球运动基本战术 ·········· 114
　　第四节　乒乓球运动竞赛规则简介 ·········· 115

第九章　羽毛球 ·········· 118
　　第一节　羽毛球运动概述 ·········· 118
　　第二节　羽毛球运动基本技术 ·········· 118
　　第三节　羽毛球运动基本战术 ·········· 121
　　第四节　羽毛球运动竞赛规则简介 ·········· 123

第十章　网球 ·········· 126
　　第一节　网球运动概述 ·········· 126
　　第二节　网球运动基本技术 ·········· 126
　　第三节　网球运动基本战术 ·········· 130
　　第四节　网球运动竞赛规则简介 ·········· 131

第十一章　武术 ·········· 134
　　第一节　武术运动概述 ·········· 134
　　第二节　武术基本动作 ·········· 136
　　第三节　太极拳 ·········· 139

第十二章　跆拳道 ·········· 162
　　第一节　跆拳道的起源与发展 ·········· 162
　　第二节　跆拳道的特点 ·········· 163
　　第三节　跆拳道的基本动作 ·········· 164
　　第四节　跆拳道的礼节与技术风格 ·········· 170
　　第五节　跆拳道竞赛规则 ·········· 171

第十三章　体育舞蹈 ·········· 175
　　第一节　体育舞蹈概述 ·········· 175

第二节　体育舞蹈基本术语 ……………………………………… 179
第三节　体育舞蹈基本技术 ……………………………………… 180

第十四章　健美操 ……………………………………………… 192
第一节　健美操概述 ……………………………………………… 192
第二节　健美操基本动作训练 …………………………………… 195
第三节　健美操基本步伐 ………………………………………… 199

第十五章　形体训练 …………………………………………… 211
第一节　形体训练概述 …………………………………………… 211
第二节　形体训练基本动作 ……………………………………… 215
第三节　形体训练基本步伐 ……………………………………… 222
第四节　形体基本素质训练 ……………………………………… 226

第十六章　瑜伽 ………………………………………………… 231
第一节　瑜伽概述 ………………………………………………… 231
第二节　瑜伽呼吸法基本体位技术要领及功效 ………………… 231
第三节　瑜伽基本练习方法 ……………………………………… 238

第十七章　气排球 ……………………………………………… 244
第一节　气排球运动概述 ………………………………………… 244
第二节　气排球运动基本技术 …………………………………… 246
第三节　气排球运动基本战术 …………………………………… 252
第四节　气排球运动竞赛规则简介 ……………………………… 254

第十八章　户外休闲运动 ……………………………………… 260
第一节　轮滑 ……………………………………………………… 260
第二节　野外生存 ………………………………………………… 263
第三节　攀岩运动 ………………………………………………… 265
第四节　定向越野运动 …………………………………………… 269

参考文献 ………………………………………………………… 272

附录　国家学生体质健康标准（2014 年修订） ……………… 273

第一章　大学体育与健康概论

第一节　大学体育与健康的地位和作用

一、大学体育与健康是全面发展教育的组成部分

现代社会，世界各国无不重视体育与教育的结合，在大多数国家的学校教育制度中，体育都是不可缺少的内容。我国以马克思关于人的全面发展学说为教育指导方针和理论依据，实行的是德、智、体、美、劳全面发展的教育。大学体育与健康是我国全面发展教育的一个组成部分。

全面发展的教育，总是具体的教育在具体的时代条件下进行的，使受教育者在德、智、体、身心方面全面发展。如果脱离了时代的要求，脱离了所处的生产力水平，就没有了任何意义。全面发展的体育目的的确立，应该围绕解决现实中人的发展中的各种问题而制定，应受到现实社会的制约。我国现阶段学校教育的目标，是使学生在德、智、体方面都得到全面发展，成为有理想、有文化、有道德、有纪律的社会主义新人，这符合马克思关于人的全面发展学说的思想，也适合我国的国情。由此可见，大学体育与健康在我国学校教育体系中占有重要的地位。

二、大学体育与健康是建设社会主义精神文明的积极因素

大学体育与健康不但能培养健康的各类人才，为社会主义物质文明建设服务，还能促进社会主义精神文明的建设。

（1）大学体育与健康在文化建设中占有重要地位，首先体现的是其对智力的促进作用。

（2）大学体育与健康对美育有积极的作用，因为体育是健与美的统一。

（3）大学体育与健康在思想道德建设中有重要目标，是对学生进行思想品德教育的重要手段。

三、大学体育与健康是丰富现代社会生活的重要内容

随着体育事业的发展和人们文化需求的不断提高，体育已成为人们生活中不可缺少的组成部分。

随着学校体育与社会体育、竞技体育关系的日趋密切，大学体育与健康对社会生活的积极作用将日趋显著，已成为社会生活的积极因素。

总之，大学体育与健康在建设社会主义精神文明和物质文明中有着积极的作用，而且随着社会的发展将日益显示出其在社会生活中的地位和作用。

第二节 大学体育与健康的任务

一、确定大学体育与健康任务的依据

我国大学体育任务的确定应从社会对体育教育的需要、大学体育与健康的功能、学生身心发展规律和大学体育与健康的经验几个方面去考虑。

（1）我国的学校体育是国民体育的基础，是全面发展教育的组成部分。

（2）大学体育与健康的功能是指通过学校各种形式的体育活动，对学生所产生的教育结果。

（3）学生身心发展规律，是指不同年龄阶段、不同性别的学生，其身心发展表现出的一些具有规律性的特征。

二、我国大学体育与健康的任务

（1）增进学生身心健康，增强学生体质。

（2）使学生掌握体育基本知识，培养学生体育运动的能力和习惯。

（3）提高学生运动技术水平，为国家培养体育后备人才。

（4）对学生进行品德教育，增强组织纪律性，培养学生的勇敢、顽强、进取精神。

上述任务各有相对独立的一面，但各任务也是有机联系、具有整体性的。因此，全面贯彻这些任务，对大学体育与健康的整体效应是至关重要的。

三、实现大学体育与健康任务的基本途径与要求

1. 实现大学体育与健康任务的基本途径

实现大学体育与健康任务的基本途径是体育课、课外体育活动、课余体育训练和体育竞赛。体育课是国家制订的教学计划中的必修课，课外体育活动是指正规体育课以外进行的各种体育活动。

2. 实现大学体育与健康任务的基本要求

（1）全面贯彻德、智、体协调发展的教育方针，摆正大学体育与健康的实际位置，缩小大学体育与健康理论地位与实际地位的差距。

（2）坚持大学体育与健康的全体性，树立整体大学体育与健康观。

（3）要有必要的物质条件作保证。

（4）加强领导，科学管理。

（5）坚持改革开放，注意继承与发展、学习与创新的关系。

总之，在改革开放的时代，大学体育与健康必须走改革开放之路，在学习国外大学体育与健康时，应处理好学习与创新、继承与发展的关系。只有这样，才能顺利实现我国大学体育与健康的任务，形成具有中国特色的学校教育。

第三节　大学体育与健康的组织与实施

一、体育教学的特点与目标

体育教学是大学体育与健康工作最重要的活动，是实现大学体育与健康目标的重要途径。它是在体育教师和学生的共同参与下，采取各种有效方法增强体质、培养良好思想品德的一种有组织的教育过程。

1. 体育教学的特点

体育教学是实现大学体育与健康目标的重要途径，其教学目标必然受制于学校的体育目标。因此，体育教学的主要目标在于传授体育的基本知识、技术和技能，发展学生的体能。根据教学目标，体育教学的内容必须以体育的基本科学知识和各种能有效增强体质和发展体能的身体活动为主。掌握运动技术和技能是体育教学的重要目标，而运动技术、技能的形成与发展，必然是身心两方面活动的结果。

体育教学活动一般都在室外进行，由于教学要使用各种场地、器械，并受自然环境等外界因素的影响，所以教学的组织工作比较复杂。

体育教学所依据的科学基础有自然科学和社会科学两大类，如教育学、心理学、卫生学等，体育教学与这些学科的关系较为密切甚至直接相关。因此，体育教学所需的科学基础具有较强的综合性。

2. 体育教学的目标

教学是实现教育目的的基本途径，体育教学是实现大学体育与健康目标的基本途径。因此，体育教学目标的正确确定，对大学体育与健康目标的实现具有重要意义。

（1）确定体育教学目标的基本依据。确定体育教学目标的基本依据应包括以下几点：

① 要反映社会和青少年的发展需要。

② 要根据学生的身心特点。

③ 要根据体育教学的功能。

④ 要根据体育教学的实际条件。

（2）体育教学目标。我国体育教学目标可概括为以下几方面：

① 锻炼学生身体，提高健康水平，增强学生体质。

② 传授体育和卫生保健的基本知识、技术和技能。

③ 培养体育兴趣，养成从事体育的习惯，培养终身体育的能力。

④ 进行思想品德教育，培养意志品质。

上述四个方面的教学目标是密不可分的。

二、体育教学过程

体育教学过程是指为达到体育教学目标所进行的体育教学程序。

1. 体育教学过程的阶段划分

体育教学过程是具有一定程序的动态系统，表现出不同的阶段性特点。一般认为，该过程可分为三个阶段，即教学的准备阶段、实施阶段、检查评价阶段。

2. 体育教学过程的组成因素

一般认为，体育教学过程的基本因素有教学目标、教学内容、人际关系和传播媒介四个基本方面。

（1）教学目标：指体育教学所要达到的结果。

（2）教学内容：指体育教学的教学体系，是教与学的客体。

（3）人际关系：指体育教学中教师与学生之间的关系。

（4）传播媒介：是体育教学过程中的物质条件和方法手段的总称，它是连接教师、学生和教材的媒介。

三、体育教学应遵循的规律

体育教学规律是研究体育教学原则、确定教学内容、选择教学方法的理论依据。

1. 动作技能形成的规律

实践证明，动作技能的形成和提高大致包括精确掌握动作、改进与提高动作、动作的巩固与运用自如三个阶段。不同阶段应有不同的教学任务和要求，但相互间是有机联系的、不可分割的。

2. 人体机能适应性规律

对体育教学来说，要增强学生体质，最重要的条件就是要合理地安排运动负荷与体育休息的交替，即把下一次负荷刺激在上一次负荷的痕迹上产生，并加深和巩固上次负荷的效果，确保负荷效果的积累，产生相对稳定的机能性和结构性的适应变化，从而达到增强体质的目的。

3. 人体机能活动能力变化规律

人体活动时，机体活动能力的变化与人体有关器官系统的功能变化密切相关。人体从事练习时，必然引起人体内部一系列功能变化，其表现为机体工作能力的一系列变化，并呈现出一定的规律性。

总之，由于规律的隐蔽性特点，认识客观规律并非轻而易举，必须经过一个实践—认识—再实践—再认识的过程。

第二章　体育运动与人体身心健康

在人类社会发展进程中，祛病除灾、延年益寿一直是人类追求的最终目的。对于社会各阶层任何年龄的人来说，要在现代社会中过着健康的生活，关键之一就是要进行定期的运动。中国一向视体育为自身文化中不可分割的一部分，孔子认为，君子需通六艺：礼、乐、射、御、书、数。

我国有句谚语，叫作"健身之道，运动为妙"。其奥秘在于人体运动时总是作为一个有机的整体在进行活动。通过运动中枢发放的冲动到达所支配的肌肉，肌肉收缩牵动骨骼使关节产生运动。任何体育运动不仅是运动器官在活动，心血管系统、呼吸系统、内分泌系统、泌尿系统、感觉系统及全身各组织器官都会产生适应性改变，从而使人体在整体上统一协调地锻炼，机能得到维持和提高。体育运动对增进健康确实有得天独厚的优势，体育的这些健康智能是医学所不具备的。

第一节　人体发育过程与青少年时期生理、心理特点

科学健身，首先必须了解人体发展的过程和特点。人从小到大要经过复杂的生长发育过程，这一过程不仅表现在人体细胞不断繁殖增多、各器官组织不断增长，也表现在各器官组织细胞不断分化，机能逐渐成熟，出现形态与机能的逐渐完善。人在生长发育过程中，生长的速度也是不均衡的，呈波浪式增长，是一个既有阶段性变化，又有连续性递增的相互作用的过程。根据生长发育规律以及形态、生理和心理特点，可将年龄划分为以下几个时期：婴儿期（出生后7天～1周岁）、幼儿期（2～3岁）、学龄前儿童（4～6岁）、学龄儿童（7～12岁）、少年期（13～17岁）、青年期（18～25岁）、青壮年期（25～40岁）、中老年期（40岁以后）。

一、青少年时期各器官系统的生理特点

1. 骨骼的特点

骨的成分随着年龄的增长逐渐发生变化，无机盐增多，水分减少，坚固性增强，韧性降低，直到20～25岁骨化完成后，骨不再生长，身高也不再增长，但骨的内部结构仍在变化。下肢骨在16～17岁以后骨化迅速，身高的增长主要在于下肢骨的生长，所以青春期要看下半身的长势。脊柱的椎体到20～22岁才骨化完成，所以青年期要看上半身的长势。骨盆在15～19岁才出现骨化，是人体骨化最迟的部分。

2. 肌肉的特点

随着年龄的增长，有机物和无机物增多，水分减少，尤其在15～18岁时最为显著。

因此，肌肉质量不断增加，肌力也相应增加。15 岁时，肌肉质量占体重的 32.6%，17 岁时为 40%，成人为 42%。

身体各部位肌肉的发展速度具有不均衡性，大块肌肉发育比小块肌肉快，躯干肌肉比四肢肌肉发育快，屈肌发育比伸肌快，上肢肌肉比下肢肌肉发育快。15~18 岁是躯干力量增加最快的时期。男子在 25 岁左右全身肌肉力量最大，女子在 20 岁左右最大，肌力可保持到 30~35 岁开始减退。肌力的发展也有一定规律，女孩 15~17 岁肌力显著增加，男孩则是 18~19 岁，因此，大学时期是练力量的最好时期。

3. 血液循环系统的特点

血液循环系统包括血液、心脏、血管等。心脏的活动是血液周流全身的动力，血管则是血液运行的封闭管道，其中毛细血管是人体内物质与气体交换的场所。血液的总数、血细胞的数量、血浆中各种物质的含量以及血液物理和化学特性，在正常情况下是相对恒定的。少年的血液总量，其绝对数量比成年少，但若按体重百分比的相对数量来看，则比成人多，如新生儿血液总量占体重的 15%，7 岁占体重的 12%，以后，随着年龄的增长，体重的增加，血液总量与体重的百分比逐渐下降。到 15 岁左右达到成人水平。少年血细胞及血红蛋白量与成人也有差别，大体经历着：高于成人—低于成人—达到成人水平的变化。如新生儿红细胞达 700 万个/mm³，血红蛋白达 200 克/升以后迅速下降。7 岁左右，红细胞 400~450 万个/mm³，血红蛋白每 100 毫升为 10.5~11.5 克，以后逐渐升高，到 15 岁左右接近成人水平。少年白细胞也比成人多，以后逐渐下降，14 岁以后接近成人水平。

心脏与成人的相比，少年的心肌纤维短而细，肌纤维之间的间质较少，心脏的质量、容积比成人小。心脏的质量、容量及心率，在 18 岁时均接近成人的水平，而心输出血量与成人尚有一定的差距。

血管与成人的相比，少年的动脉血管和毛细血管的口径相对的要比成人宽，而静脉血管则相对成人窄。同时，心脏的发育与血管的发育水平不一致，从出生到成熟期，心脏的容积差不多要增大 11 倍，而主动脉的圆周只增加 2 倍。少年期心跳频率比较快，心脏收缩力量比较弱，而动脉血管口径比较宽，外用阻力比较小，因此，血压比成年人低。随着年龄的增长，心跳频率变慢，心肌收缩力量增强，接近成年人水平。

由于少年时期血管较宽，血流阻力小，加上血管的长度比成人短，血液周流全身一周所需的时间也比成人少。如 14 岁为 18.6 秒，而成人则为 22.1 秒左右。

4. 呼吸系统的特点

青少年呼吸系统的生理特点，是随着年龄的增长而逐渐发育的。少年时期的呼吸道，包括从鼻腔到支气管均比成人狭小，呼吸道的黏膜血管丰富，容易感染充血，造成呼吸阻塞，年龄愈小，这种情况愈明显。胸廓的外形也比成人短而狭，因此，胸的前后、左右、上下径均比成年人小，肺的容量，还不及成年人，呼吸差比成年人小。随着年龄的增长，胸廓和呼吸肌逐渐发育，胸围和呼吸差也有所增大。16~17 岁接近成年人水平。肺泡数目比成年人少，肺泡壁的弹力纤维也较少，呼吸肌力量较弱，呼吸运动幅度不大，肺活量比成年人小，随着年龄增长，呼吸系统不断发育，肺活量逐渐递增，到 15~17 岁时，才接近成年人水平。呼吸深度、肺通气量比成年人低，呼吸频率比成年人快。随着年龄增长，呼吸深度、肺通气量有所增加，而呼吸频率则减慢。到 16~17 岁时，接近成年人水平。

5. 神经系统的特点

神经系统同样处在生长发育之中，但与其他身体器官、系统相比，在结构和机能上是发育最早最快的。就神经系统本身来说，结构上的完善比机能上的完善要早。如脑质量出生时约 350 克，1 岁时约 700 克，6~7 岁时约 1200 克，9 岁时约 1350 克，12 岁时约 1400 克，20 岁时约 1427 克。神经元的数目在一年后可达 120 亿~140 亿个，以后不再增加，此时脑和神经元的联系仍不断发展，由此可知，幼儿期脑增长很快，儿童时期相对较慢，已接近于成年人水平。结构和机能的生长发育与少年时期的生活环境、受教育程度、营养以及运动等情况有着密切关系。少年时期神经系统的主要生理特点包括：脊髓的发育成熟比脑早，神经系统的兴奋和抑制发展不平衡，兴奋和抑制的转换较快，灵活性好，分析综合能力比成人差，但是这些生理特点随年龄的增长而发生变化，并逐渐趋于成年人的神经系统生理特点。

二、大学生的心理特点

1. 大学生心理特点发展的主要条件

大学生的年龄在 17~23 周岁，个体身心发展接近成熟，这就促使学生要严肃地考虑未来的生活道路和职业选择，这无论是在学习上或个性的发展上，都具有极其重要的影响。

大学生的主导活动是学习，这一时期学习内容更加复杂高深，这就要求与之相适应的抽象逻辑思维水平必须具有更高的水平，独立思考、独立工作能力必须大大加强，并在学习过程中必须发挥更大的自觉性和积极性。

2. 大学生心理发展的主要特征

（1）学习兴趣与学习动机。大学生的学习动机和少年比起来，更加远大、深刻而稳定。这种远大而深刻的与社会意义相联系的学习动机能够让大学生自觉地追求知识。

大学生的学习兴趣与少年比起来，更加广阔、深刻而稳定，而且具有更多的选择。大学生不仅对文艺性的作品感兴趣，而且对理论性的作品也感兴趣；不仅对课内书籍感兴趣，而且对课外书籍和报纸杂志感兴趣；不仅阅读这些读物，而且喜欢深入地思考和探讨各种问题。大学生对学科兴趣的选择，常常和自己未来的志愿相联系。

（2）智力活动。抽象逻辑思维的发展是青年学生智力发展的主要标志之一。在学习过程中青年学生掌握了各门学科的概念体系，因此其思维活动已能逐步摆脱具体经验的限制而进行抽象的逻辑思维。对一切事物和现象能够用对照、比较、分析和综合的方法作出判断，并有一定的评价和检查能力，喜欢争论并且勇于提出自己的意见，开展批评，坚持真理。

（3）情感和意志。随着知识经验的丰富和智力活动的发展，青年控制自己情感的能力大大增强，逐渐达到了稳定而深刻的程度。

友谊在青年的生活中占有重要的地位，对友谊的理解不仅要有共同的兴趣和语言，而且要有共同的观念和信念。对朋友的要求是不仅要相互了解，而且要能志同道合、互通友情、困难相助，历经艰险而不变。

青年初期是意志形成的重要时期，由于世界观的初步形成，生活理想的确立，自我教育和自我要求的提高，能使人自觉作出或抑制某种行为。所以，青年初期学生意志发展的主要特点表现在自觉性与目的性上。

青年的各种意志品质都在成长，与少年期比较，果断性、勇敢性、坚持性和自制力等都有所增强。

（4）个性。青年初期是世界观初步形成的时期。青年世界观的形成，是和自己认识能力的提高、知识经验的丰富，以及思维的独立性与批判性发展分不开的。在掌握知识和理解人与人的社会关系的过程中，逐步形成一定的观点体系，形成对于世界、对于人生比较稳定的、系统的看法。

（5）青年初期自我评价的能力特点。第一，能提高到具有概括性的个性品质上来分析自我；第二，能够提高到思想政治品质上来分析自我。青年的思想和少年比较起来，在内容上差别不大，但在发展水平上却表现出新的特点。其一，少年理想大多是一些具体的形象，而青年的理想更多的是一些概括的形象。少年往往竭力去模仿他所理想的具体人物，而且常常模仿一些外部特点，而青年则能够把理想人物的特点加以分析，并综合成一个概括的形象，体现着理想人物的本质特点。其二，少年的理想只是有时在一些特殊的场合中和现实生活相联系，而青年的理想能够经常在一些特殊的场合中和现实生活相联系，把未来的理想和自己的现实生活联系起来，把远大的理想和日常的劳动、学习和生活联系起来，力图把美好的理想变为真正的现实。

第二节　体育运动对人体机能的影响

一、体育运动对人体运动系统的影响

人体运动系统由骨、骨连结和骨骼肌三部分组成。人体的运动是以骨为杠杆，关节为枢纽，肌肉收缩为动力，并在神经系统的调节下完成的。

1. 体育运动对骨骼的影响

（1）骨、关节的构造和生理机能。人体的骨有 206 块，各骨互相连结起来构成骨骼。骨是由骨膜、骨质和骨髓构成。骨的外面覆盖一层坚韧的膜叫骨膜，它含有许多血管和神经，对骨的生长和修补起着重要的作用。骨膜的内部就是坚硬的骨质，内含有骨细胞，它是骨的主要构造之一。骨质分骨密质和骨松质，骨密质是骨质的外层，致密坚硬，耐压性强；骨松质分布在长骨两端扁骨和短骨的内部，它由交错排列的骨小梁构成，它们之间有很多小空隙呈海绵状，骨小梁的排列与骨所承受的压力和肌肉拉力有关系。骨髓分布在骨髓腔和骨松质中。少年时期骨髓腔内的骨髓为红骨髓，它具有造血功能。到了成人，红骨髓为脂肪组织所代替而变成黄骨髓，黄骨髓没有造血功能，但是骨松质空隙的红骨髓不能被脂肪所代替，仍保持造血功能。

关节是人体运动的枢纽，由关节面、关节囊和关节腔构成。关节面是骨与骨形成相对应的骨面，上有关节软骨，它既可减少运动时关节面之间的摩擦，又具有弹性，起缓冲作用。关节囊包裹整个关节，是使关节密封起来的结缔组织膜，它分为内外两层，外层是厚而致密的纤维，内层是能分泌滑液的滑膜，滑液有使关节润滑的作用，运动

时可减少摩擦。

（2）体育运动对骨及关节的影响。人体从事体育运动时，新陈代谢加强，骨的血液供应也得到改善。经过长期的系统体育锻炼，可使骨密质增厚，骨变粗，骨上的突起更加明显，骨小梁增粗，排列清晰，提高了抵抗折断、弯曲、压缩和扭转方向的性能。根据科学家的测定，每 1 平方厘米骨骼可承受 2100 公斤的压力强度（相应面积的花岗石能承受350 公斤，松木能承受 430 公斤）。

体育锻炼可使关节囊和韧带增厚，伸展性加大，从而促进关节活动时既坚韧又灵活。人体柔韧素质和关节的运动幅度有密切关系，只有各相应关节有较大的活动幅度，才能有较好的柔韧素质。人体柔韧素质提高了，肌肉活动的协调性就会加强，也可以减少伤害事故的发生。

经常参加体育锻炼能促进骨骼的生长。身材的高矮是由骨骼发育增长决定的，人从婴儿到成年身高要增加几倍。成年以后，由于骨骺软骨完全骨化，骨骺与骨干就融合在一起，骨的生长也就停止了。一般人到 25 岁左右骨骺完全骨化，因此身体也就不再增高了。

经常进行有规律的锻炼，可以直接使骨骺受到良性刺激，促进骨骺生长，同时又可以通过运动对内分泌系统功能的影响促进骨骺的生长。根据统计，经常运动的青少年比同龄身高平均高出 4~7 厘米，而且比一般人长得健壮。

2. 体育运动对骨骼肌的影响

人体的骨骼肌约有 600 块，绝大多数附着于骨骼上。骨骼肌大多呈梭形，可分为中部的肌腹和两端的肌腱两部分。肌腹由许多肌纤维构成，上百条肌纤维集合起来，由结缔组织薄膜包裹构成小肌束。许多小肌束集合起来，由结缔组织薄膜构成大肌束。若干大肌束集合起来，最后由结缔组织薄膜包裹构成整块肌肉的肌腹。肌腱缺乏收缩性，但很坚韧，可抵抗较大的张力。肌腱附着于骨，由许多胶原纤维构成，且互相交织排列形成瓣状，这种结构可使肌肉力量均匀地作用于肌腱在骨上附着处，同时不因运动时关节角度变化而使肌肉力量受到影响。肌腹收缩力强，当其收缩时，肌腱牵拉骨骼，产生走、跑、跳等动作。

系统地进行体育锻炼，可以使肌纤维变粗，肌肉的体积变大，进而肌肉显得发达、结实、健壮、匀称而有力。正常的人肌肉占体重的 30%~40%，而经常从事体力劳动和体育锻炼的人肌肉发达，可占体重的 50%。

经常参加体育锻炼，可使肌肉组织化学成分发生变化，如使肌肉内的肌糖原、肌凝蛋白、肌红蛋白等含量增加。肌纤蛋白、肌凝蛋白是肌肉收缩的基本物质，这些物质的增加，不仅提高了肌肉的收缩力量，而且还使之磷酸腺等的活性加强，分解的速度加快。肌红蛋白可以与氧结合，其含量增加，肌肉内氧的贮备量也会增加。肌红蛋白可以使肌肉在氧供应不足的情况下，仍能进行紧张工作。

人体在安静时，每立方毫米肌肉内开放的毛细血管只有 80 条左右。当肌肉经过较大负荷的运动后，不仅毛细血管的口径增大，而且"备用"的毛细血管也大量开放，这时每立方毫米肌肉内开放的毛细血管可达 2000~3000 条，比安静时增大约 30 倍。

体育锻炼能提高神经系统对肌肉活动的控制能力。体育锻炼形式多样、动作复杂多变、技巧性又强，经常从事体育运动，一方面能提高神经系统对肌肉的控制能力，另一方面又能使肌肉对神经冲动反应的速度、准确性和动作过程中的主动肌、对抗肌、协同肌之间互相协同配合的能力得到改进和提高。因此，机体在进行复杂困难的动作时，就能协调自如、有条不紊。用较小的能量消耗发挥出较大的运动效能，从而提高肌肉活动的控制能力。

另外，经常运动能防止因体内脂肪堆积，而使身体发胖和肌肉松弛无力，还可以推迟老年性的肌肉萎缩和骨质退化，保持良好的肌力和正常的脊柱外形和体态。

二、体育运动对心血管系统的影响

经常进行体育锻炼或运动训练，能促进人体心血管系统的形态、机能和调节能力增强，从而提高人体机能。其生理功能变化表现在下列几个方面：

（1）窦性心动徐缓。经常锻炼特别是耐力性的锻炼，一般可使安静时的心率减慢。实践证明具有某些优秀耐力的运动员的安静心率最多可降低到 36~40 次/分，这种现象称为窦性心动徐缓。

（2）每搏输出量增多。为了便于了解运动员每搏输出量增多的含义，下面列举运动员和一般不参加锻炼的健康者安静时的最大强度运动时，心输出量的几项数据：

每分钟输出量：心率×每搏输出量

安静时：

不锻炼者：5000mL/分：70 次/分×71mL/次

运动员：5000mL/分；50 次/分×100mL/次

最大强度运动时：

不锻炼者：22000mL/分：195 次/分×113mL/次

运动员：35000mL/分；195 次/分×179mL/次

（mL 为毫升）

从具体数据中可看出，安静状态下两者每分钟输出量相等，但运动员的心率较低，故每搏输出量较大。心肌通过自身调节或在神经体液作用下加强收缩力，增加每搏输出量，以保证每分钟输出量不至于减少。

（3）运动性心脏增大。多数学者认为训练可使心脏增大，并指出运动性增大与病理性增大在功能上有极显著的差别。病理性增大的心脏是扩张、松弛，收缩时射血能力减弱，心力贮备低。而运动性增大的心脏，外形丰富、收缩力强、心力贮备高。因此，运动性心脏增大是对长时间坚持有一定运动负荷锻炼的良好反应。

（4）对心脏病有防治作用。坚持锻炼不仅能增强心脏机能，而且对心血管疾病，如冠心病、心肌梗死、高血压、低血压、动脉硬化症等，起到防治作用。因为体育锻炼能使心肌兴奋性提高，心肌收缩力增强，冠状动脉扩张，血流改善，心肌能力增强，从而改善了心肌代谢。对已患有心脏病的人，适当运动能保持和改善心脏功能和进一步发挥心脏功能的代偿作用。坚持锻炼还有稳压降压的作用，并能提高高密度脂质胆固醇的含量，缓解动脉硬化，并能使血液中纤维溶解蛋白酶的活性提高，减小血小板粘结能力，因而能减少冠状动脉血栓的形成。坚持合理地运动锻炼，能防治心血管系统的疾病，已为世界各国医学界所公认。

（5）坚持体育锻炼能使血管壁肌层增厚，提高血管壁的弹性，改善全身的微循环，有利于血液的流通和人体在工作、学习过程中所需氧气和营养物质的供应。

（6）运动对心血管机能改善有以下特点：

①动员快。运动开始后，能迅速动员心血管系统的功能，以适应运动活动的需要。

②潜力大。进行最大强度运动时，在神经和体液的调节下可发挥心血管系统的最大机能潜力，充分动员心力储备。

③恢复快。运动后恢复期短，也就是运动时机能变化很大，但运动一停止很快恢复到安静水平，并出现机能节省化现象。

三、体育运动对呼吸系统的影响

经常参加体育锻炼者，呼吸肌发达，收缩力增强，肺活量增大，呼吸差也有明显区别。一般健康成人为 6~8 厘米，而经常运动的人为 9~16 厘米。通过系统的训练，呼吸机能的提高表现在以下几个方面：

1. 呼吸深度增加，频率有改变

安静时，一般人呼吸浅而快，男子每分钟约 16~20 次，女子要比男子快 1~2 次；而经常运动者呼吸深而缓，每分钟 8~12 次，以机能省力的方式来维持其需要。

2. 肺活量增大

一般成年男、女肺活量为 2500~4000 毫升，而经常运动者达 4500~6500 毫升，甚至更大。研究表明，一般人运动时每分钟最大通气量为 80 升左右，最大吸氧量为 2.5~3.5 升，只比安静时大十倍；而常运动的人，每分钟通气量达 100~120 升，最大吸氧量可达 4.5~5.5 升，比安静时大 20 倍。

3. 负氧债量大，对缺氧耐受力强

由于长期系统的训练，呼吸中枢的稳定性和灵活性均得到改善，因而对缺氧的耐受力增强，能负荷的氧债量增大，调节呼吸的节奏和形式的能力较强。在剧烈肌肉活动时，氧的吸收率，利用率较高，氧极限水平较高，因而胜任剧烈肌肉工作的能力较强。

4. 对呼吸系统疾病有预防和治疗的作用

呼吸是人体生命的重要标志之一。当人体质下降，免疫和抗感染力降低时，病菌就会乘虚而入，感冒就是一种由呼吸道感染引起的常见病。体育锻炼可使新陈代谢旺盛，心肺功能增强，提高身体的抗御能力，还可使呼吸道毛细血管更加密实，上皮细胞的纤毛活动和肺内的吞噬能力得到加强，这样就能及时消除进入呼吸道的病毒，减少感染和发病的机会。

另外，气管和支气管哮喘也是呼吸系统的一种常见病，它的病因是肺组织弹性减弱，导致肺泡经常处于紧张状态，肺内积存有大量的残余空气，使人不能充分吸气，在呼气时肺泡不能充分收缩，造成呼吸困难，使氧气供应量严重不足，出现呼吸功能变坏的种种症状。这些疾病除药物治疗外，患者还应参加体育锻炼改善呼吸系统功能。

四、体育运动对消化系统的影响

经常参加体育锻炼，增强呼吸系统的功能，增大膈肌和腹肌的活动幅度，使肝及肠胃等器官引起一种类似的按摩作用，这就能有效地预防内脏下垂和便秘等疾病。另一方面，体育锻炼也促进和改善了肝和胃肠道消化器官自身血液的循环。由于血液供应充分，新陈代谢加强，肝和胃肠道消化器官的功能得到增强，有利于器官病变的康复。

五、体育运动对神经系统的影响

（1）体育运动提高大脑皮质兴奋对抑制过程的强度、灵活性、均衡性和综合分析能力。由于运动场上瞬息万变，必须使中枢神经系统迅速作出分析和判断，并要求快速协调身体各器官，各系统的机能及时完成复杂而多变的动作，通过运动，降低了神经传导在细胞突触延搁的时间，加快了传递速度，提高了神经活动的灵活性。

（2）体育运动能丰富神经传递介质。体育运动能丰富神经细胞突触中传递神经冲动的介质（如乙酰胆碱或其他物质），并在传递神经冲动时引起较多介质的释放，缩短神经冲动在突触延搁的时间，加快了突触传递过程。

（3）体育运动能改善脑的血液循环与供能条件，并提高中枢神经的供氧量。

（4）体育运动能消除大脑的疲劳，起到积极性休息作用。

六、体育运动对大学生心理影响

1. 体育运动促进大学生个性发展

体育锻炼对于个性发展的促进作用表现在多个方面。研究表明，经常参加体育活动、运动能力强的学生一般具有行动活跃和外向性的个性特点，他们的兴趣范围广泛，工作学习效率较高，社会动机较为强烈，在同辈团体中地位较高、受到尊重。他们在性格上具有抑郁性少、劣等感少、情绪稳定、积极进取等特征。这说明参加体育锻炼有助于青少年的需要、兴趣与动机结构的完善，有助于理想的树立与信念的坚定，有助于气质性格的重塑与能力的提高。

2. 体育运动可调节大学生的情绪与情感

情感和情绪是在活动中产生、变化和发展的，体育运动是人类的一种重要活动，对情绪或情感发展具有重要意义。大学时期是求知时期，学生经常处于情绪的紧张状态，而运动能起到调节情绪的作用，消除紧张、单调和焦躁的不良情绪，代之以愉快、轻松和奔放的良好情绪。大学时代是伙伴时代。运动项目的集体性和协同性，有助于发展大学生的交往能力，增进伙伴友谊和团结、协作的集体主义情感。大学时代也是人生观、世界观形成的重要阶段，各种高级情感得以迅速形成。而体育运动的教育性、竞争性和功利性，有利于培养大学生高尚的社会主义道德感和理智感，有助于激发大学生的爱国主义热情和社会主义责任感。另外，体育运动的内在美有助于满足大学生深刻、强烈的美的需要，高难的运动技艺使他们受到美的熏陶，提高鉴赏能力。经常参加锻炼还有助于培养美的举止风度与美的形体。

3. 体育运动可锻炼大学生的意志品质

体育锻炼是提高大学生意志品质的最佳行动之一。无论是锻炼还是比赛，都要求人们具有明确的目的，有为实现目的而克服困难的决心和战胜对手的勇气，有在瞬息万变的运动环境中迅速选择应变措施的决断力，有长期艰苦锻炼的坚韧性，有遵守比赛规则和为了集体利益而克服个人欲望的自制力。运动过程是学习过程，需要有对身体痛苦很强的忍耐性，以克服来自主观和客观的困难，因而，体育运动最能培养和发展大学生的勇敢、果断、自制、坚韧等良好的意志品质。这些品质如果运用到工作和学习中去，就会成为提高工作效率和学生成绩的重要心理因素。

4. 体育运动可增强大学生的社会适应能力

体育运动对大学生社会适应性的提高无疑有重要帮助。从广义上看，社会环境是一定政治、经济和文化体制的综合。大学生从事体育锻炼并接受体育教育，强健了身体，锻炼了意志，陶冶了情操，培养了竞争精神、进取精神和创造性品质，培养了良好的道德感以及良好的个性，有助于他们最大限度地适应社会的需要。从狭义上看，社会随着机械化、自动化程度的发展，工厂林立、交通拥挤、人口密集、环境污染、工作强度增大、生活节奏加快，这种环境对人们的身心健康带来一定的消极影响，人们在这样的环境下工作和生活需要很高的心理和生理承受力，体育锻炼无疑是提高这种承受力的积极有效的措施之一。

5. 体育运动能增进健康心理

体育运动是增进心理健康的一种有力措施，这是因为：第一，坚持体育锻炼可以使人体格强健、精力充沛，克服懒惰散漫、胆怯懦弱等不良行为习惯；第二，体育锻炼的成功可以帮助个体提高自信心和抱负水平，正确认识个人的社会价值，培养积极进取精神；第三，体育活动能使人之间彼此接近，产生亲近感，有利于消除隔阂，改善人际关系，提高心理相容性；第四，参加体育锻炼可以为淤积的各种消极情绪提供一个发泄口，尤其可以使遭受挫折后产生的冲动通过体育活动得到升华或转移，从而消除轻微的情绪障碍，减轻或治疗某些心理疾病。

第三章　体育科学的应用与运动处方

对运动机能的了解是每个体育教师和体育科学工作者的首要责任，对体育运动进行科学的分析，可以使其更好地完成任务。

第一节　心脏的生理及锻炼原则

一、心脏的结构和生理特性

心脏位于胸腔内的纵隔内（两肺之间），似倒置的圆锥体，稍大于本人的拳头。心脏是一个中空的，含四个腔室的肌性器官，它在循环系统中起着肌肉泵的作用，将血液泵入肺循环和体循环。

心肌主要由大量心肌细胞组成，但构成心脏各部的心肌细胞在结构和生理功能上并非完全相同。在正常情况下，窦房结是心脏的起搏点，窦房结发出的兴奋信号，主要经过心内特殊传导系统传到整个心脏。心肌细胞彼此之间均以闰盘互相连接，虽然有界限，但兴奋在彼此之间极易传播，在活动时有如单一细胞，在生理学上称为功能"合胞体"。心肌的生理特性除收缩之外，还有自动节律性、传导性、兴奋性。

心室每收缩和舒张一次，称为一个心动周期，这包括心脏接受由静脉回流的血液，并将血液泵入肺循环和体循环。心动周期包括收缩期和舒张期两个阶段：在收缩期，心室收缩，将血液推出心室；在舒张期，心室松弛，心室腔充盈血液，为下一次的收缩作好准备。每分钟心脏搏动的次数称为心率，心率作为血液循环机能的重要指标而在运动中被广泛地应用。

心室收缩时，通常以左心室射入主动脉内的血量称为每搏输出量，每分钟射出的血量称为心输出量，心输出量是心率和每搏量的乘积。人体在安静状态下，每搏输出量约为70毫升，心率平均约为75次/分钟，心输出量约4~5升/分钟左右。由于各个人体重、胖瘦不一样，用心输出量的相对值作为心脏泵血功能的比较指标更为合理，习惯上将空腹安静状态下以每平方米体表面积计算的心输出量称为"心指数"。一般身材的成年人的心指数约为3.0~3.5升/分钟/米^2。

心力储备是指心输出量能随机体代谢需要而增长的能力。一般健康人或优秀运动员安静时心输出量约为5升/分钟，最大负荷运动时，一般人心输出量最多只能达到15~20毫升，而运动员可高达35~40升/分钟，这说明运动员心力储备显著高于一般人。心力储备是决定人体最大摄氧量的主要因素之一。目前已公认，有氧耐力训练是提高心力储备的有效手段。

二、体育锻炼是增强心脏功能的有效途径

经常进行体育锻炼或运动训练，可促使人体心血管系统的形态、机能和调节能力产生良好的适应，从而提高人体工作能力。

根据研究，在 30~70 岁之间，人体约有一半的机能在渐渐衰退，而适当的运动可减缓衰退的速度。一般来说，每年心脏泵血能力下降约 1%，60 岁时从手臂到下肢血流时间比年轻人减慢 30%~40%。深吸气量到老年也有所减少，胸壁活动僵硬，神经传递速度减低 10%~15%，这些现象的出现均可通过运动而延后。

运动时心血管能力的改变取决于运动的方式和强度。大肌群的动力性运动将导致心血管系统的最大反应。心输出量、心率和收缩压有较大的提高，而平均动脉压或舒张压变化很小。小肌群运动时，收缩压、舒张压和平均血压明显升高，而心率和心输出量比较缓和。

耐力运动所引起的心血管机能的适应性变化如下：

（1）安静时心率减慢。安静时心率随年龄增长而逐渐减慢。一般成人心率约 60~80 次/分钟。经过较系统的体育锻炼或劳动的人，安静时心率明显减慢，约 60 次/分钟以下。心率减慢有利于心室充盈，使心肌收缩力增强，心脏收缩时射血增多。

（2）心输出量在安静时或运动时均升高。一般健康成人安静时心输出量约 5~6 升/分钟，运动时可增加到 13~15 升/分钟。一个训练有素的运动员在激烈运动时，心脏的允许输出水平最高可达 35~40 升，这是由于长期运动训练使心脏形态的改变更适应运动的需要。

（3）运动员心脏心室增大，使心脏容积增加、功能增强，心室壁增厚，使心肌收缩力增强。心脏为了适应运动时的机能变化，室壁必须相应地增厚，以维持室壁张力的正常水平，不致使心壁承受过大负荷，所以运动员安静状态下心脏能量消耗较少，是机能节省化的表现。

三、提高和改善心脏功能的锻炼原则

心脏机能活动的特点如下：

（1）安静时保持较低的活动水平，运动时随运动强度的增加而增加，可达到和超过最高水平。

（2）心脏超负荷的反应和限度。研究发现，一次性长时间持续运动到力竭，心泵的功能会出现暂时性障碍。心脏强度超负荷时，一般都会发生心力衰竭反应，心衰反应不能超过一定时间，否则易发生过度负荷而导致心肌功能下降，甚至损伤。

（3）心脏功能服从"用进废退"的原则和适应性的原则，如果心脏的活动始终保持较低水平，生长发育期就不能使它达到更高水平，停止生长后就不能保持和减慢衰退的速度，所以必须使心脏的机能活动超过最高水平，才能适应更高的活动水平，从而提高机能水平，才能保持它的机能水平和有效地减慢它的衰退速度。

（4）心脏的惰性。无论运动强度大小，一般要在运动 2~5 分钟后才能使心脏的机能活动达到相应强度的机能活动水平，这就是说改善心脏机能的持续运动时间一般不能少于

5 分钟。

（5）年龄特点。生长发育期进行运动可以提高心脏机能，生长发育停止后心脏机能衰退，速度是由快到慢，平均每年约减 1%，当衰退到不能满足人体安静状态的需要时，生命就死亡。所以，生长发育期进行运动应提高心脏的功能使它达到更高水平。生长发育停止后，进行运动只能保持和减慢心脏的衰退速度，中老年人进行运动只能减慢心脏的衰退速度，从而达到延年益寿的目的。

四、心脏的锻炼原则

改善心脏机能除了运动别无他法。首先必须确定持续运动的时间，运动强度必须超负荷。如果是跑步，跑速为百米赛跑最快速度的 50% 左右，或者不能低于 12 分钟跑最好成绩的平均速度。重复适应和巩固后，应提高强度，如此反复，才能使心脏机能逐渐提高到更高的水平。

（1）有氧代谢供能是一般耐力运动的主要供能方式。要控制心率增加在适宜范围内，使心输出量达到最大值时对有氧代谢能力的训练才是有效的。根据研究，心率在 150~180 次/分钟时心输出量在最大值。

心率变化受到诸如年龄、性别和训练水平等条件的影响，因此在研究中采用按年龄和性别预计的心率百分比来控制运动强度。一种被广泛接受的有氧训练用心率控制强度的方法，按下式计算：

有氧训练心率=安静心率+0.6×（最大心率−安静心率）

如果一个人安静时心率是 65 次/分钟，最大心率为 205 次分钟，他在有氧训练中适应强度的心率则应当是 65+0.6×（205−65）= 149 次/分钟。一般每周训练 3~4 次，每次 30~45 分钟，用上述强度将能系统地改善循环呼吸功能，提高有氧耐力。

（2）运动持续时间应在 15 分钟以上。因为人体从相对安静状态到进入适宜强度的运动状态需要一个时间过程，用于克服人体内脏器官的惰性。如人体开始运动后 20~60 秒，心率可达到最高，但心输出量在运动开始后 2~3 分钟才急剧增加，逐渐增加到较高水平需 4~7 分钟。从相对安静状态到进入适宜强度的运动状态并非达到了运动的目的，只是完成了克服生理惰性的过程，要使心血管功能得到改善提高，必须使心脏功能在较高的机能状态下持续一定时间的工作，使心脏功能通过锻炼逐步产生机能适应而提高储备能力。库伯认为，心率达到 150 次/分钟以上时，所持续运动的时间最少必须在 5 分钟以上才开始产生效果。另外，完成正式练习后应逐渐减少强度，继续运动 5 分钟以上，使人体由较紧张的肌肉活动状态逐步过渡到相对安静状态，以利于身体的恢复。这段时间的运动称为整理活动，它是完整的锻炼计划中必不可少的一部分。

（3）运动次数。研究发现，每周锻炼少于 2 次时，最大摄氧量不发生变化；每周锻炼多于 3 次时，最大摄氧量增加到一定程度后能保持稳定；每周锻炼多于 5 次，最大摄氧量的增加与每周锻炼 3 次没有明显的差别。如果以健身或康复为目的，一般人的运动频度应以每周 3 次以上为适宜，同时还应结合每次运动的强度、持续的时间、个人的身体恢复情况，以及对运动的适应能力等因素综合考虑。如果每次锻炼的量不大（但要达到锻炼效果的最低限度），也可增加运动频度，每天运动 1 次，甚至 2 次，使体育锻炼成为生活方式中的一部分。只要没有疲劳的积累，对身心健康是有益的。

五、运动提高心脏机能的阶段

经过一段时间的运动练习后（大概 6~8 周左右），心肺功能应有所改善。这时，无论在运动强度和运动时间方面均应逐渐加强，所以应根据个人的进度而调整。在一般情况下，可分为下述三个阶段。

1. 初级阶段

初级阶段指刚开始实行定时及有规律的运动的时候。在这个阶段并不适合进行长时间、多次数和强度大的运动，因为肌肉在未适应运动就接受高强度的训练时易受伤。所以，对大部分人来说，最适宜采取强度较低、时间较短和次数较少的运动处方。例如，选择以慢跑作为练习的运动员应该以每小时 4 公里的速度进行，而时间和次数则应以自己的体能而调节，不过每次的运动时间不应少于 15 分钟。

2. 进展阶段

进展阶段指经过初级阶段的运动练习后，心肺功能已有明显的改善，而改善的进度因人而异。在这个阶段，一般人的运动强度可以达到最大摄氧量的 40%~85%，运动时间也可每 2~3 周便加长一些。这个阶段是运动员体适能改善明显期，一般长达 4~5 个月时间。

3. 保持阶段

保持阶段在训练计划大约进行了 6 个月之后出现。在这个阶段，运动员的心肺功能已达到满意的水平，而他们也不愿意再增加运动量。运动员只要保持这个阶段的训练，就可确保体魄强健。这时，运动员也可考虑将较为刻板沉闷的运动训练改为一些有较高趣味的运动，以避免因沉闷而放弃继续运动。

第二节　肌肉的生理及锻炼原则

骨骼肌的一个最突出的特征就是它的适应性，如果肌肉受到刺激，它就会适应并改善其功能。例如，举重运动员练习手臂和肩部使肌肉粗大，增大其力量以适应增加的负荷。同样，如果肌肉受到小于它平时所习惯的刺激，其功能就会衰退。

体力训练的目的就是使机体系统地适应刺激，以提高运动能力。只有当机体被迫适应运动的应激时，体力训练才是有益的。如果应激并不足以给机体带来超常的负荷，则不会使机体产生适应。而当应激不能为机体所耐受时，就会出现伤害，或造成过度训练。只有在运动训练中给运动员安排适宜的负荷，才会使运动员的运动能力有最大幅度的提高。

一、肌肉的构造

人体的骨骼肌约有 600 余块，绝大多数附着于骨骼上。骨骼肌大多呈梭形，可分为中部的肌腹和两端的肌腱两部分。肌腹由许多肌纤维构成，上百条肌纤维集合起来，由结缔组织薄膜包裹构成小肌束。许多小肌束集合起来，也由结缔组织薄膜构成肌束。若干大肌束集合起来，最后由结缔组织薄膜包裹构成整块肌肉的肌腹。肌腱缺乏收缩性，但很坚韧，可抵抗较大的张力。肌腱附着于骨，由许多胶原纤维构成，且互相交织排列形成辫状，这种结构可使肌肉力量均匀地作用于肌腱在骨上附着处，同时不因运动时关节角度变化而使肌肉力量受到影响。肌腹收缩力强，当其收缩时，肌腱牵拉骨骼，产生走、跑、跳等动作。

人体的肌肉可分为随意肌和不随意肌两种，随意肌的两端因附于骨骼上并跨越骨关节，所以又称为骨骼肌。它收缩时能带动骨骼活动，而不同组合的肌肉收缩时会产生不同的运动模式。

根据肌肉收缩的快慢，人体的骨骼肌又可分为慢肌和快肌两类。它们有着多种明显的分别：在颜色方面，快肌比较白而慢肌比较红；快肌比慢肌较容易兴奋和有较快的收缩速度，但慢肌的耐力就比快肌为好。在人体的组织内，慢肌和快肌互相混在一起，不易区分，但不同种类的肌肉，其快肌纤维和慢肌纤维的比例却各有不同。慢肌适合做长时间的重复收缩，维持身体姿势的肌肉便含有大量的慢肌纤维。人类的快肌纤维和慢肌纤维的比例主要是受遗传因子的影响。例如，黑人就含有特别丰富的快肌纤维，所以他们在爆发力方面表现较佳。

二、肌肉的物理特性

1. 伸展性和弹性

肌肉在外力作用下，可被拉长（伸展性），当外力解除后，又可恢复原状（弹性），这与柔韧性密切相关。在运动中有目的、有计划地发展肌肉的伸展性和弹性，对于加大运动幅度、增强关节柔韧性和预防肌肉拉伤有极大帮助。

2. 粘滞性

粘滞性是指肌肉收缩或拉长时，肌纤维之间、肌肉之间或肌群之间发生摩擦的外在表现。它使肌肉在收缩或被拉长时会产生阻力，并额外消耗一定的能量。温度低时，粘滞性大，反之则小。因此，在运动时应首先做好充分的准备活动，增加体温，从而减少肌肉的粘滞性，提高肌肉收缩和放松的速度，并可避免肌肉拉伤。

一般认为，肌肉的收缩均可导致肌肉的长度缩短。根据肌肉的长度变化，肌肉收缩可分为以下三大类：

（1）等长收缩，指肌肉收缩时，肌肉的长度不变。例如在吊环运动项目中，运动员在进行十字悬垂的时候，身体肌肉便做等长收缩来维持身体的位置不变。

（2）向心收缩，指肌肉收缩时，肌肉的长度缩短。例如体操运动员在进行引体向上时，他的肱二头肌便要向心收缩，从而将身体向上升。

（3）离心收缩，指肌肉收缩时，长度伸展。例如在跑下斜坡或下楼梯时，人的腿部肌肉就要做离心收缩。

这三种肌肉收缩的形式，对肌肉造成不同的压力，尤其是离心收缩对肌肉施加的压力特别大，因为肌肉同时收缩及伸长，产生强大的张力，加上伸长的肌肉使肌肉的横切面减少，于是强大的张力只可平均地分散到这细小的肌肉横切面中，而对肌肉造成更大的磨损。离心收缩特别容易造成延迟性肌肉酸痛，因为这类肌肉的收缩对肌肉造成的伤害最大。为了尽量避免延迟性肌肉酸痛，完善及渐进式的运动处方就显得尤为重要。同时，离心收缩也不适合作为初期参加运动者的重点项目。

三、体育运动对肌肉形态结构的影响

（1）肌肉体积的增大。主要表现在各种围度的增加上，不同专项运动对不同部位肌肉体积增加的影响不同。

（2）肌纤维中线粒体数目增多，体积增大。线粒体是细胞的供能中心，它参与细胞内物质氧化和形成ATP。在耐力性练习如长跑中，肌纤维线粒体数量有所增加，为肌肉提供更多的能量，以适应耐力的需要。耐力训练对线粒体的影响最为明显，而力量训练对线粒体的影响甚微。

（3）肌纤维周围毛细血管增多。

（4）肌肉内化学成分的变化。长期坚持锻炼，肌肉内肌糖原、肌球蛋白、肌动蛋白、肌红蛋白、水分的含量等均增加，这有利于提高肌肉的收缩能力。

四、肌肉的锻炼原则

"用进废退"的规律在人体肌肉上表现得最为明显。仅一两个月的卧床休息，就可使下肢骨瘦如柴，肌力下降；反之，锻炼一两个月后，肌肉可变得发达。可见，肌肉的形态结构和功能不是固定不变的，而是与肌肉使用程序密切相关。使用增多，肌肉的合成代谢大于分解代谢，肌肉就会强壮。

一般认为，经常用最大肌力的20%～30%进行锻炼，可防止肌肉萎缩，保持现状；用最大肌力的50%～80%进行锻炼，可使肌肉增强。但不宜用100%的肌力锻炼，以免引起运动损伤。

锻炼时要注意锻炼的频率和间隔。频率合适，肌肉达到适度疲劳，肌肉消耗的物质可在休息和进食中得到恢复和补充——"超量恢复"，这是肌肉增大、变强的基础。而锻炼过频，肌肉来不及消除疲劳，导致疲劳累加，肌肉不仅不能增大和加强，反而会产生运动损伤。运动间隔太长，"超量恢复"会自行消退，只有间隔适当，超量恢复才能得以巩固，积累起来让肌肉强健。

要想使身体发育得匀称，全身各部位的肌肉得到锻炼，必须采用多种多样的锻炼方式，让身体得到全面发展。我们知道，身体的力量、耐力、速度、灵敏性、柔韧性等素质，都是互相联系的。只有在全面锻炼的基础上，才能提高某一项单项成绩。比如跑步，只有身体的力量大了，才能跑得快、跑得远，遇到障碍物也能灵活地越过去；再如打篮球，只有速度快了，才能多抢到球，才能跳得高、跑得远，机智灵活。这也说明，力量、速度、耐力、灵活是不可孤立分开的。如果不注意全面发展，不仅不能提高整个身体的素质，还容易引起身体的畸形，如单手练习投手榴弹和铅球，右臂锻炼的机会多，肌肉就发达，左臂得不到锻炼，肌肉就萎缩，天长日久，就发生右臂粗、左臂细的现象。如果单练习举重，脊椎骨及上肢用力过大，由于重力的压迫，身体往往长不高。所以我们在锻炼的过程中，要注意灵活多样，既练习增强力量的举重投掷，又练习增强速度的短跑、跨栏；既练习增强耐力的长跑、竞走，又练习增强灵活性、柔韧性的器械体操。打篮球、排球、乒乓球、踢足球、游泳、长跑等对身体的锻炼作用比较强。

五、训练各部位肌群的顺序安排

全身各部位肌肉群的训练要有顺序。

（1）每个部位的肌肉群在一周内应得到两次以上的训练。

（2）每周除了保持全身各部位肌群都有训练机会外，还必须让每一局部肌群有一天以上的休息时间。

（3）训练顺序分配计划如下：

周一：胸、肩、肱二头肌、肱三头肌、大腿、臀、小腿、腰腹

周三：胸、背、肱二头肌、肱三头肌、大腿、臀、前臂、腹

周五：胸、背、肱三头肌、肱二头肌、前臂、小腿、腹

六、肌力训练

1. 肌力训练的目的

肌力训练的目的有三：健美、锻炼力量、锻炼耐力。

（1）健美。所谓健美，就是把人体各部分的肌肉发展到最佳状态，或者借着健美运动改善体格，达到健美水平。参加者可通过肌力训练器材如杠铃、哑铃等，改善形体，达到肌肉均匀和有线条美。如要追求更高水准，例如要达到"健美先生"或"健美小姐"的标准，就要使肌肉发达起来，并要比例匀称和减少体脂等。

（2）力量。所谓力量，是指肌肉在一次收缩时所产生的最大力量，又称肌力。受训者要以绝对重量为训练目标，即要比其他人举得更重，通过重量的刺激把运动员的最大举重量推至极点，形体健美与否反属次要。

（3）耐力。所谓耐力，是指肌肉做重复收缩或维持静态收缩的能力。由于运动员在比赛时竞争非常激烈，除技术外，良好的体能（即心肺功能和肌肉耐力）也相当重要，因为有好的肌肉耐力才能发挥出好的技术。

2. 肌力训练的种类

我们已经知道，肌力训练有三种不同的目的，针对这三种目的，训练也可分为三种，其标准见表3-1。

表3-1 肌力训练的标准

目的	组数	重复次数	组间休息时间
健美训练	3~4	8~12	适中（1~1.5分钟）
力量训练	3~5	1~6	较长（2~3分钟）
耐力训练	3~4	15或以上	较短（30~40秒）

（1）健美训练。为了健美而进行的肌力训练，主要是令肌肉有适当的刺激，从而提高其发达及结实程度。对从未参加过肌力训练的人来说，一般以训练大肌群为主，绝对不宜接受过量的重量训练。每组肌肉群做1~2个动作，每个动作做3~4组，每组每个动作

则维持 8~12 次的重复次数。这种程度对初学者来说既能刺激肌肉，又不致太吃力。待日后体能提高了才能逐渐加重负荷。人体主要肌肉及其训练动作，见表 3-2。

表 3-2　　　　　　　　　　人体主要肌肉及其训练动作

肌肉种类	训练动作
胸大肌	卧推举
背阔肌	背下拉
大腿肌	蹲　起
三角肌	推　举
肱三头肌	臂屈伸
肱二头肌	臂弯举
腹　肌	仰卧起坐
小腿肌	提　踵

（2）力量训练。训练的目的是要增强肌肉的爆发力，重点在于利用重量的加强，而不是次数的多少。这种训练主要是训练大肌肉群，每种肌肉群选择 1~2 个动作，每个动作做 3~5 组，每组则做 1~6 次。

（3）耐力训练。要训练肌肉耐力，其方法与训练力量恰好相反：重量低而次数少是其特色之一。所用的重量以轻度至中度为佳，次数则以 15 次或以上为适宜。这种耐力训练对增强女士肌肉的结实方面，亦有相当显著的效果。

第三节　运动处方的制定

一、运动处方简介

我们常说，生命在于运动，运动有益于健康。但是，并非所有的运动对身体都有良好的作用，也并非所有的人从事某种同一的运动都有同样好的效果。

对于同一种运动量，不同的个体所产生的反应可以有极大的差异。比方说，一种运动量对一般健康人来说正好可以对机体产生良好影响，但对运动员就可能达不到效果，而对于一些患有疾病的人来说，可能已超过他最大机能限度，因而可能导致疾病的加重，甚至危及生命。因此，不同的个体应有适合本人机能需要的不同运动。如何科学地从事体育锻炼，才能使机体最大限度地保持或提高机能水平，才能使某种疾病得到有效的防治或消除，使机体尽快地康复。这就需要针对不同的对象和需要制定不同的运动计划，即运动处方。

可见，运动处方是针对个人的具体身体状况而制定的一种科学的定量化的体育锻炼计划。具体讲就是为准备从事体育锻炼的人，根据体检资料，按健康的体力情况及心血管功能状态及个人特点用处方的形式，制订适当的运动种类、强度、时间、频率，使其进行有计划的周期性锻炼的指导性方案。运动处方被认为是体育科学化的重要标志。

运动处方并非一套一成不变的方程式，它是根据个人的体能、需要和进度而灵活制订的。也就是说，每个人都有适合自己的时间表和计划。对个别人而言，最合适的运动处方就是可以帮助他将运动融为一种生活习惯，从而增加运动次数的那一种。

运动处方种类繁多，可根据不同的目的分为健身性运动处方、预防保健性运动处方、治疗康复性运动处方、竞技性运动处方等。制定运动处方的基本内容包括：运动目的、运动种类、强度、时间、实施的时间带、频度及注意事项。

二、运动处方的目的

运动处方的目的可以说是因人而异，一般可根据不同人士的兴趣、需要、背景和身体状况而定。一般来说，主要有以下方面：

(1) 增强体适能，即增强体质，激发活力，提高工作学习效率。

(2) 增进健康，预防保健，治疗疾病，康复身体，减低发病率。

(3) 促进生长发育，延缓衰老，健身美体。

(4) 丰富文化娱乐生活，调节心理状态，提高生活质量。

(5) 学习掌握运动技能和方法，提高竞技水平。

三、运动的种类

运动种类是确定运动处方性质的重要因素，必须根据运动目的来选择。在制定运动处方中，较常应用的运动练习的分类有下述几种。

1. 按肌肉活动特征分类

以肌肉收缩形式表现的性质，可分为动力性练习与静力性练习。动力性练习时，身体有多数环节移位，如走、跑、跳等。这类练习出现疲劳较晚。静力性练习时，身体多数环节相对固定，肌肉处于持续性紧张收缩状态，如十字悬垂、平衡、静态姿势等。这类练习出现疲劳较早。

2. 按动作结构特征分类

以动作的结构特点，可以将运动练习分为周期性、非周期性和混合性三大类。周期性练习是按一定程序周而复始地重复相同动作的练习，如走、跑、游泳、自行车，其结构简单，强度容易控制，在运动处方中较多采用；非周期性练习是按一定顺序进行，前后不相似的连续动作的练习，如体操、武术、羽毛球、乒乓球，这类练习可提高兴趣，保持运动中的兴奋性；混合性练习是既有周期性成分，又有非周期性成分的练习，如跳高、跳远、篮球、足球，其运动过程中的跑动属周期性，跳跃、投篮、射门、传球属非周期性。

3. 按肌肉工作的相对强度分类

肌肉工作的相对强度可以分为极量强度、次极量强度、大强度和中等强度。极量强度又叫最大速度，指持续最大速度在10~30秒的练习，如100米跑、200米跑、50米游泳、跳高、跳远、投掷、举重、跳马等；次极量强度指肌肉紧张工作能持续30秒至3~5分钟的练习，如400~1500米跑、100~200米游泳、自由体操、武术、散打、拳击等；大强度指肌肉紧张工作能持续 5~30 分钟的练习，如 1500~10000 米跑、400~1500 米游泳等；中等强度，指能持续 30 分钟以上的周期性练习，如马拉松跑（42195 米）、公路自行车、长距离游泳等。

4. 按运动中能量供应的特点分类

运动中能量供应的特点可分为有氧练习和无氧练习。人体活动的直接能量来源于 ATP 分解，若供能后不再合成，只能使肌肉收缩 3~4 次。运动中 ATP 的合成来源于有氧氧化合成和无氧代谢。运动中所需的 ATP 来自三种不同的能源系统。

（1）ATP-CP 系统。肌肉运动开始时，所需能量都是由 ATP、CP 分解供能，不需氧，该系统的供能只能维持激烈运动约 7 秒，如 30~60 米疾跑，取决于肌肉中 ATP、CP 的含量。反应式为：$CP+ADP \rightarrow ATP+Cr$。

（2）乳酸系统（无氧酵解系统）。糖在无氧条件下酵解，释出的能量可供合成少量的 ATP。反应式为：糖$+ADP+Pi \rightarrow ATP+$乳酸，供能时间不超过 3 分钟。

（3）有氧代谢系统。糖、脂肪、蛋白质在氧气充足的条件下，完全分解成水和 CO_2，在此过程中产生大量的能量。反应式为：糖、脂肪、蛋白质$\rightarrow CO_2+H_2O+ATP$。产生的能量可合成大量的 ATP，在运动后 2~5 分钟达到最高水平。

无氧供能为主的练习称为无氧练习，包括极量强度和次极量强度的运动，持续时间在 20 秒以内的各种快速、爆发力的运动，是以 ATP-CP 系统供能为主；不间断地持续 30~100 秒的各种速度性、力量性运动多以乳酸系统供能为主。有氧供能为主的练习称为有氧练习，如竞走、慢跑、健美操、球类运动。

5. 按机能和素质分类

以发展力量为主的练习称为力量性练习；以发展最大肌力为目的的练习称为肌力性练习，如举重、摔跤；以发展速度为主的练习称为速度性练习，如短距离跑、冲刺、30 米疾跑；以发展耐力为主的练习称为耐力性练习，如长距离跑、竞走、赛车、游泳；柔韧性练习则以发展柔韧性为主，主要是发展关节活动的幅度、范围、肌肉与韧带的伸展能力，如压腿、劈叉等；灵敏性练习以发展随机应变的灵敏度为主，如对抗性的球类、击剑、散打。

制定运动处方的种类时，一般认为，全身性、持久性运动种类比局部性和短时间性效果要好。为达到全面身体锻炼的效果，现代较推广的运动处方要求包括以下三种主要运动类型：

（1）有氧耐力性运动——改善或提高心肺功能，预防，康复。

（2）抗阻力量性运动——增强力量、健美肌肉、形体。

（3）伸展柔韧性运动——调节呼吸节律，调节机体平衡，安神调心。

四、运动强度

运动强度是运动处方中决定运动量的最主要因素，选择不当也会导致不良的后果，这是非常危险的。有研究发现，一次性长时间持续运动到力竭，心泵的功能会出现暂时性障碍。确定运动强度的方法一般有 $\% VO_{2max}$，$\% HR_{max}$，RPE（Rate of Perceived Exertion）。VO_{2max} 指每分钟由呼吸系统吸入，并由循环系统运输到肌肉，并被肌肉利用的最大氧量。

最大摄氧量（VO_{2max}）需在标准实验室测定，使用起来不方便。实际运动一般以%HR_{max}来控制强度。心率指每分钟心跳的次数，运动时心率加快，但每个人心率增加都有一个限度，这个极限值就是最大心率（HR_{max}）

HR 可采用测脉搏的方法进行。在运动后即刻测 10 秒的心率数，再乘以 6。有氧运动时，心率与运动强度成正比。经过一段时间练习，运动强度不变而运动后心率会减少，说明心脏功能已有改善，此时需加大强度。

对身体健康的人来说，运动时的适宜强度应当是最大心率的 60%～80%。最大心率比较简单的计算方法是：最大心率=220-年龄；老年人、儿童或体弱者最大心率=220-年龄×0.8。根据计算，运动时的适宜心率应当是 120～160 次/分左右。太低达不到锻炼心肺功能的效果，过高则不能保持相当的运动时间，对心肺功能反而有损害。

但是，在进行运动时测定运动中心率经常是困难的，在这种情况下，依靠主观感觉来进行强度设定的方法是方便的。这种方法是运动实施者在运动过程中，依靠主观感觉去判断运动强度，见表 3-3。

表 3-3 　　　　　　　　　　主观运动强度（RPE）测定表

RPE	主观运动感觉	相对强度（%）	相应心率（次/分）
6	安静	0.0	
7	非常轻松	7.1	70
8		14.3	
9	很轻松	21.4	90
10		28.6	
11	轻松	35.7	110
12		42.9	
13	稍费力	50.0	130
14		57.2	
15	费力	64.3	150
16		71.5	
17	很费力	78.6	170
18		85.8	
19	非常费力	190	
20		100.0	200

健身运动中，强度的设定以控制人体在有氧代谢工作的范围内为原则，60%～80% HR_{max}为适宜强度，120～160 次/分钟为适宜强度。即按肌肉工作相对强度分类中的大强度、中等强度以下运动的强度，或按肌肉运动供能特点分类中有氧供能为主的练习。强度

太低达不到锻炼的效果，过高对心功能反有损害，并且不能保持相当的运动时间。

五、运动时间

运动时间指每次进行体育锻炼持续的时间，是组成运动量的重要因素。在持续的周期性运动中，运动时间乘以运动强度就是运动量。健身运动中较适宜的运动时间至少应有15分钟，这是因为：

（1）人体开始运动后20~60秒，心率即可达到必要的水平，但心输出量、摄氧量在运动开始后2~3分钟才急剧增加，逐渐增加到较高水平需4~7分钟。

（2）从相对安静状态到进入适宜强度的运动状态只是克服生理惰性，要使心血管功能得到改善提高，必须使心脏功能在较高的机体状态下持续一定时间的工作，所持续的时间最少在5分钟以上才开始有效。

（3）完成正式练习后应逐渐减少强度，继续运动5分钟以上，以利于身体的恢复。这是完整运动处方中的整理活动。

若是减肥运动，则应持续运动在30~60分钟。对大部分人而言，运动量强而时间短的运动是不值得推荐的。多数人都适宜运动量较低而时间较长的运动，并且可以减少受伤的机会。根据研究，每次持续运动20~60分钟，对于提高心血管系统的功能和有氧工作能力较适宜。

运动强度和运动持续时间是相互联系的，如果活动的总能量消耗相等，则在较低强度和较长时间完成的活动与较高强度和较短时间相比，其身体素质的提高是相似的。由于较高强度的运动和较低强度相比，存在着较大的心血管意外的危险性和较多创伤的可能性，因此，向大多数人推荐的计划中应强调较低到中等强度和较长时间的锻炼方式。

六、运动频度

运动频度是指每周体育锻炼的次数。体育运动的效果是在每次运动对人体产生的良性作用的逐渐积累中而显示出来的，是一个量变到质变的渐进过程。所以，要求经常性的锻炼，而不能仅凭一时兴趣，"三天打鱼，两天晒网"。如果一次运动后，运动对机体的良性作用完全消退后再进行第二次运动，则前一次运动的效果不能被蓄积；如果一次运动后，运动对机体的良性作用还未出现就紧接着进行第二次运动，则前一次运动的疲劳被蓄积。以上两种运动间隔形式都不能取得满意的效果，后一种形式如长期下去还将对机体造成过度疲劳。

如果以健身或康复为目的，一般人的运动频度应为每周3次以上为宜。如果每次锻炼的运动量不大，可以每天运动1~2次，作为每天生活中的习惯性活动。

七、运动的时间带

运动的时间带指一天中什么时候进行运动，特别是饭后的间隔时间和运动的开始时间。对人体24小时血液流变学指标检测表明，在凌晨至8点血液黏度显著增度。国内资料报道，人体血液流变学各项指标从20点至凌晨6点呈不同程度上升趋势。其中血液黏度、红细胞压积和红细胞聚集指标呈线性上升，尤其0点至6点升高明显。这种生理节奏变化引起的血液黏度增高是激发脑和心肌梗死的主要原因，也是在凌晨脑出血发病增多的主要原因。所以，心血管运动的时间带应避免在清晨8点以前。当然，清晨在空气清新的环境中做一些轻松的活动，如散步、练气功、打太极拳、做柔韧体操等，对增进健康是非常有益的。

在所有康复体育中，空腹时进行运动会出现很多问题，其中特别是胰岛素依赖型糖尿病患者，有可能导致低血糖的危险，所以不宜清晨空腹进行剧烈运动。关于饭后的运动，由于影响消化和吸收，所以在饭后半小时内不宜进行剧烈的运动。

八、注意事项

（1）懂得必要的体育卫生知识，如运动后不能立即坐下或躺下，以免引起"重力性休克"或其他不适。不能立即吃生冷的食物。不能马上游泳或冷水浴。

（2）下列情况不宜进行医疗体育：疾病的急性或亚急性阶段；发热、脏器功能丧失代偿期；运动过程中可能会发生严重并发症，如动脉瘤、血管和神经干附近有金属异物等；癌症有明显转移倾向时（但气功疗法可以考虑）。

第四节　运动处方的实施

一、运动锻炼的组成及阶段性

运动锻炼由三个阶段组成，即准备阶段、正式锻炼阶段（或训练阶段）和整理阶段。

准备阶段是通过准备活动，使身体机能由相对安静状态过渡到适宜强度的运动状态的过程。任务是提高神经中枢和肌肉的兴奋性，加强心脏活动和呼吸功能，增加肌肉的血流量和供氧量，使体温升高，肌肉粘滞性下降、弹性增强。时间一般在10分钟以上，强度应低于正式活动。

训练阶段是使身体维持在相对较高机能状态下持续运动锻炼的过程。任务是达到和保持适宜的运动强度，促使心血管呼吸系统及有氧代谢系统等持续高效率的工作，从而提高机体潜力，尤其是心脏功能储备力。时间至少应有10分钟。

整理阶段指由激烈运动状态逐渐过渡到相对安静状态的过程。可做一些较轻松的身体练习，尽量使肌肉放松，还可做一些拉长肌肉的练习，有利于疲劳的消除。时间一般在5分钟以上。

二、运动量的自我监控

运动时间和运动强度共同组成了运动量，如果活动的总能耗相等，则在较低强度和较长时间完成的活动与较高强度和较短时间相比，其身体素质的提高是相似的。由于较高强度的运动和较低强度相比，存在着较大的心血管意外的危险性和较多创伤的可能性，因此多采用较低到中等强度和较长时间的训练。

训练者应根据运动过程中和运动后身体的反应情况，掌握运动量的自我监测和调节。首先要学会计算自己的心率，熟练地测定自己的脉搏。主观强度感觉判定法是目前欧美国家研究较多并已广泛应用的一种简单而有效的评价运动量的方法。观察每次运动后疲劳的恢复情况，运动量适宜的标志是第二天早晨起床疲劳感完全消除，感觉轻松愉快，睡眠良好，体力充沛。运动后次日基础心率每分钟波动不超过 3~4 次，呼吸频率每分钟不超过 2~3 次，血压变化上下在 10 毫米汞柱（1.33kPa）以内，体重减少在 0.5 公斤以内。如数日内有脉搏、血压明显的持续上升，或肺活量、体重等明显的持续下降，则说明运动量偏大，有疲劳积累的征兆，应及时减少运动量。

三、如何选择适合自己身体条件的锻炼项目

（1）根据爱好选择锻炼项目。爱好长跑的就可选择长跑，喜欢武术就可选择武术，对打羽毛球感兴趣就可以选择羽毛球为主要项目进行锻炼。

（2）根据身体条件选择锻炼项目。身体条件好的，年纪不太大的，可以选择运动量大的锻炼项目，如足球、篮球、长跑、长距离自行车等。如果身体条件不好，年纪大则可选择运动量小的项目，如太极拳、散步、乒乓球等。再以跑步为例，身体条件好的，可以跑的速度快一些，距离长一些；身体条件差的，可以跑得速度慢一些，距离短一些；身体条件更差的，可以走跑交替或慢跑。

（3）根据工作的性质选择锻炼项目。如工作需要长时间站立的人，因为长期站立，下肢血液回流不畅，容易引起下肢静脉曲张，宜选择一些活动腿部的运动项目，如跳跃运动、仰卧抬腿等；经常弯腰干活的人需要加强腰部肌肉的锻炼，宜选择一些活动腰部的运动项目，如扭腰转身、仰卧起坐、引体向上等；经常用眼的人，眼睛容易疲劳，除了选择眼睛保健操外，还要结合体育锻炼，开展望远运动；经常伏案工作的人，需要选择一些扩胸、伸腰、仰头的运动项目。

（4）根据所患疾病选择锻炼项目。有颈椎病及神经性头痛的人，应多练习一些头部运动；有肺结核及胸膜炎的人，多练习一些呼吸运动和扩胸运动；有下肢静脉曲张的人，多练习一些高抬腿及改变体位的运动；有高血压、神经衰弱的人，多练习气功、太极拳、八段锦等。

（5）根据气候、地点选择锻炼项目。如冬天练习滑冰、滑雪、长跑；夏天练习游泳、球类、体操；在山区练爬山、登高；水区的练游泳、冷水浴。还有些人可以结合上下班练习长跑、竞走、骑自行车等。

第四章　体育卫生与保健知识

第一节　体育锻炼的卫生常识

人类心理和身体的发展，以及身体机能的维护，除了先天因素外，还受客观环境的影响，这就是说，为了使人体得到最好的发展，必须给予各种不同的外界刺激。在此，极为重要的外界刺激首先是积极运动。在运动过程中，首先要注意个人卫生。如用眼卫生、运动中的服装穿戴、合理的生活制度、健康的心理状况、正确的饮食等；其次要注意运动环境，如气候季节的变化，空气质量的影响，场地条件等；第三，加强自身的医务监督，如运动时的自我感觉、运动后的睡眠与食欲情况、脉搏、体重变化、肺活量的检查、肌力反应情况，在现代医学中，体育运动成为一种预防和治疗的医学手段，它的重要价值及意义在于能使人们在身体发展，精神及心理发展各方面获得综合性影响。

运动保健是顺利开展体育运动，确保运动安全，使体育运动真正作为人们预防疾病，强健体魄手段的保证。加强对体育运动卫生保健知识的学习和了解，对更好增进人体健康有着重要意义。

体育锻炼是增强体质的重要手段，在进行体育锻炼时，必须遵循科学的原则，遵守卫生要求，才能收到良好效果。

一、体育运动的场地与环境卫生

体育运动的场地设备，要求地面是平坦的，无坑凹、碎石浮土和其他杂物，土质要结实且具有一定弹性、有较好的排水系统且经常保持一定湿度，有条件的场地一定要美化周围环境，有些场地必须设栏杆及网屏，以使运动者和观众心情愉快，完全无伤害。

体育运动的环境应空气新鲜，避免污染。在进行体育锻炼时应根据空气卫生状况，正确选择和掌握合适的锻炼时间和地点，例如，一般大雾天不利于有害气体的扩散，这时尽量不要在室外跑步或将跑步速度减慢些。若在市中心则应避开上午或下午交通最频繁的时间，并远离交通干道 20 米以外。树木、花草、绿地、林带和水边空气都较新鲜，而且它们具有明显的净化空气作用，因此，有条件的尽量选在这些地方锻炼为宜。

在进行水上运动时必须注意水的卫生，以防因水质不清洁而引起的疾病，例如痢疾、伤寒、眼结膜炎以及血吸虫病等。

二、准备活动与整理活动的重要性

1. 准备活动

准备活动是指在进行正式锻炼活动前所进行的身体练习，其目的是为正式锻炼做准备。

为什么要做准备活动？一是因为准备活动可以提高中枢神经系统的兴奋性，克服内脏器官特别是心血管系统的生理惰性，提高它们的功能活动水平，使之在正式锻炼开始后更快地适应运动的需要，提高肌肉代谢水平，适当升高肌肉温度和体温，使肌肉、肌腱、韧带的粘滞性减小，弹性和伸展性加大，从而扩大动作幅度，预防运动损伤。这一点，在寒冷的季节尤为重要。

准备活动的安排必须根据季节，体育活动项目以及身体条件来安排。对于以健康为目的的体育锻炼来说，一般采取活动量不大，动作不激烈的步行、慢跑、活动全身关节，做几节体操的方法即可。冬季应适当延长准备活动的时间，待身体出现稍微发热后，再进入正式活动。

2. 整理活动

科学家发现，在紧张的运动后进行轻度的活动，如走和慢跑，能保持肌肉中的血流量在运动后一段时间内处于较高水平，促进乳酸的消除和疲劳的消除。同时也可防止因运动骤停后血压降低而产生的暂时性脑缺血引起的不良感觉。因此，体育活动后应安排一些较轻松的身体练习，使人体由紧张的肌肉活动状态逐步过渡到安静状态，加速疲劳的消除，这称之为整理活动。

整理活动内容的安排一般是由慢跑过渡到步行，然后安排一些伸展性活动，做几次深呼吸，放松肌肉。在运动强度较大的体育锻炼后也可做一些肌肉按摩来促进肌肉的放松。

三、疲劳及消除疲劳的方法

1. 疲劳的表现

由于活动使工作能力及身体机能暂时降低的现象称为疲劳。疲劳一般可分为肌肉疲劳、神经疲劳和内脏疲劳三类。当肌肉疲劳时出现肌肉僵硬、肿胀和疼痛、肌力下降等；当神经疲劳时，常表现为反应迟钝、判断错误、注意力不能集中、动作协调性受到破坏等，当内脏疲劳时常出现呼吸节律紊乱，呼吸浅而快，心悸、胸痛、恶心、呕吐以致心电图改变等。

2. 消除疲劳的措施

合理的睡眠是消除疲劳、恢复体力的最好方式。锻炼结束后进行温水浴和局部热敷是简单易行的消除疲劳方式，按摩是消除疲劳的重要手段，积极性休息如音乐欣赏，合理营养等都是消除疲劳不可缺少的措施。此外，为了尽快地消除运动后的疲劳，适当地选用一些药物是必要的。如维生素 B_1、B_6、B_{12}、C 以及刺五加、三磷酸腺苷（ATP）等。有条件者还可采用氧气和负离子吸入。

四、"极点"与"第二次呼吸"

在进行剧烈运动时，由于运动开始阶段，内脏器官的活动赶不上运动器官的需要，往往产生一种非常难受的感觉。此时感到呼吸困难，肌肉酸疼，动作迟缓，情绪低落，简直不愿再继续跑下去，这种现象叫"极点"。经过对呼吸、步频等的调整和坚持，呼吸将自如而且跑得轻松，这叫作"第二次呼吸"。

"极点"现象的出现，是身体从安静状态突然转入剧烈活动时，各器官、系统工作配合不协调引起的。因此运动前要充分作好准备活动，使"极点"现象推迟或减轻。"极点"出现时不要紧张，不必中断运动，要有意识地进行深呼吸，这样"第二次呼吸"就会很快到来。此时，第二信号系统的参与有助于"第二次呼吸"的来临，如运动或比赛时的呼声、掌声有助于运动者克服"极点"。

五、运动中及运动后的饮水、进餐卫生

体育运动中或比赛后有时会产生强烈的口渴感，这往往并不是体内真正缺水造成的，而是由于运动时呼吸加快，咽喉部分的黏膜干燥，刺激了该处的神经末梢而产生的。在剧烈运动时或运动后大量喝水是不适宜的。这是因为在剧烈运动时或运动后，一次喝大量的水，不仅增加肠胃负担，同时由于大量水分进入血液使血量迅速增加，从而加重心脏负担，加速疲劳出现。

正确的饮水方法是：一次喝水量不应太多，每次少量，多次补充，并可喝少量淡盐水。不要喝生水，以免引起疾病。在紧张的运动中最好喝温开水。凉水会刺激胃肠，使蠕动加强，易引起腹痛、腹泻。过冷刺激还易使咽喉发炎，嗓子嘶哑。

运动与进餐的间隔时间一般来说，如果是参加运动量很大的激烈运动或比赛，间隔时间应有 1~2 小时；而一般学生平时的课外锻炼并不算激烈，运动量和强度也不会太大，因此饭前运动与进餐只需半小时左右的时间间隔就够了。这就是说，课外锻炼结束后，做好整理活动，回宿舍洗换完毕，略作休息，待呼吸和心率等平复下来时，再去进餐正合适。

六、女子运动卫生常识

成年男女在身体形态、机能发展和心理方面都有很大差别，例如女子的心脏比男子小，肺活量均比不上男子大。因此，女同学不宜多做单纯的支撑、悬垂和静力性练习，而应多做能促进腹肌和骨盆发育的练习，例如坐位的两腿前举、仰卧起坐等。从运动项目来说，以游泳、体操、田径、艺术体操、球类等为宜。女同学参加体育运动时要注意经期卫生，可根据个人健康状况、经期反应和训练水平作不同的安排。一般无不良反应者均可继续参加锻炼，以促进体内新陈代谢，改善盆腔血液循环；减轻经期盆腔充血，小腹下坠和腹痛。同时，体育运动能使人心情愉快，大脑皮层兴奋和抑制过程更加协调，这对克服经期烦躁心情也大有好处。但是经期毕竟和平时有所不同，要避免做剧烈的跑、跳和增加腹压的练习。经期不要游泳，以免细菌入侵而引起内生殖器官炎症。如果经期有明显腰酸背疼、下腹疼痛较重、血量过多等现象，则应暂时停止体育运动。

第二节　人体健康与营养素

一、健康的概念

随着人类对自身认识逐步深入，健康的含义也在不断发展变化，目前一般认为，健康不仅是身体上没有疾病，而且在精神上和社会适应上也处于完满的状态。世界卫生组织将健康的内容概括为 10 个方面：（1）足够充沛的精力，能从容不迫地应付日常生活和工作的压力而不感到过分紧张；（2）处事乐观、态度积极、乐于承担责任，事无巨细不挑剔；（3）善于休息，睡眠良好；（4）应变力强，能适应环境的各种变化；（5）能抵抗一般性感冒和传染病；（6）体重得当，身材均匀，站立时头肩臂位置协调；（7）眼睛明亮，反应敏锐，眼睑不易发炎；（8）牙齿清洁、无空洞，无痛感，齿龈颜色正常，无出血现象；（9）头皮有光泽，无头屑；⑩肌肉、皮肤具有弹性，走路感到轻松。

二、健康与环境

1. 环境对健康的影响

随着社会经济的发展，科学技术的进步，人类生活的环境也在不断地发展变化，因而环境对人类的影响也在不断变化。目前，环境对人类健康的影响主要表现在如下几个方面。

（1）现代生产方式对人类健康的影响。现代生产方式的特点是社会生产朝着机械化、自动化发展。它要求生产者具有丰富的知识，能准确、协调地操作或掌握精密复杂的机械和技术，即社会劳动向智能化发展，而体力劳动的强度大大减弱，造成中枢神经系统负担加重而身体缺少活动。长期如此，将会引起身体出现"不活动性萎缩""新陈代谢低下""适应能力降低""肌肉衰退""神经衰弱"等现代文明病的病症。

（2）城市化生活及城市工业化对人体健康的影响。由于城市工业化带来的大气和水源污染，绿化面积减少，大气中烟雾、CO_2、SO_2 等有毒气体逐年增多，进一步恶化了人体的生活环境。城市化生活和城市工业化也扩大了城市面积，迫使人类越来越依赖于现代化的交通和通信联络工具，减少了人类步行运动的机会，而现代化家用电器的广泛使用，又进一步减轻了人类日常生活的活动强度。城市化生活也改变了人类的膳食结构，脂肪和肉、鱼、禽、蛋等食品在人类饮食中所占的比重越来越大。随之而来的将是"运动缺乏、营养过剩""生活能力低下"等社会现象。冠心病、高血压、肥胖症等现代文明病的发病率逐年增加。

（3）现代生活的快节奏对人体健康的影响。现代生产方式要求生产者有较高的工作效率，完成较高的定额，要求接受和处理大量工作，要求具有敏捷的应变能力。由于工作紧张，生活节奏大大加快。在快节奏的环境中，人们会感到精神振奋、生活充实、积极奋进，但快节奏的生活也使大脑长期处于紧张状态下，过度的生理和心理紧张将使人脑神经细胞产生疲劳。若不能及时调整，将会使大脑工作能力下降，引起神经衰弱等多种疾病，进而影响心理健康。如此恶性循环，将引起内分泌系统和植物神经系统紊乱，诱发甲状腺功能亢进、糖尿病、神经官能症以及心脏、肾脏等的损伤，因此，现代生活环境要求人类应更加注意机体的自我休整、保养。

（4）身体锻炼环境对人类健康的影响。社会生产的现代化及城市化生活方式给人类带来的影响都要求人体应加强体育锻炼，身体锻炼是现代生活中最常见的一种自身调节措施，但如果在污染严重的环境中进行锻炼，由于运动时呼吸加深加快，进一步增加了人体吸收有害气体的机会，反而给身体带来不利影响。如易出现头晕、恶心现象，严重时，可造成昏迷甚至死亡。因此，选择污染少，空气清新的地区进行身体锻炼是保证良好锻炼效果的必要条件。

2. 自然力锻炼与健康

自然力锻炼是指利用日光、空气和水等自然因素进行锻炼、促进新陈代谢，增强人体各器官系统功能，提高人体对自然环境的适应能力和抗病能力，增进健康，增强体质。

（1）日光浴。主要利用日光的温度和生物化学作用来增强机体代谢，杀灭细菌，促进维生素 D 的合成。进行日光浴前应体检，凡有出血倾向、发烧者等不宜进行。日光浴时必须遮盖头面部。日光浴时间最好每日上午 9～11 时，或下午 3～5 时，夏天在上午 8～10 时或下午 16～18 时进行，饭前后 1～1.5 小时内不宜进行。

（2）水浴。锻炼方法有擦身、冲洗、淋浴、游泳等。主要利用水的温度、水的机械作用和化学作用以达到训练体温调节中枢，增强新陈代谢，按摩身体及水疗等目的。其中机体对冷水浴刺激反应最强烈。冷水浴锻炼宜从夏季开始，以后逐渐降低水温，水浴时间不宜过长，一般不超过 5 分钟。

（3）空气浴。空气浴，是利用空气温度、湿度、气流、气压等作用达到刺激中枢神经系统，加强新陈代谢，提高机体抵抗力。空气浴不受时间、地点限制，简单易行。

三、营养

生命的存在，有机体的生长发育，各种生理活动的进行，都有赖于体内的物质代谢过程。体内进行的物质代谢必须不断地从外界摄取一定数量的新物质，获得和利用食物的综合过程，即称为营养。

营养和体育运动两者都是维持身体健康的主要因素。营养是构成机体组织的物质基础，体育运动可以增强机体活动的功能，但营养对于运动更有重要的意义。运动参加者体内代谢加剧，能量消耗较大，所以必须供给充足的能量才能满足机体的需要。若单纯运动而缺乏必要的营养保证，体内消耗的营养物质得不到补偿，会引起身体消瘦、体力下降、运动能力降低、抵抗力减弱等现象。反之，若只注意营养而缺乏体育锻炼，就会使人体肌肉松弛、肥胖无力、活动能力减弱。可见，科学的锻炼同合理的营养相结合，才能更有效地增强体质和提高运动水平并加速运动后体力的恢复。

四、人体所需的营养素

1. 营养素的种类

营养素是指能在人体内消化吸收供给热能，构成机体组织，调节生理机能，为人体进行正常物质代谢所必需的物质。人体所需要的营养素分为六大类。

（1）糖。糖供能约占人体每日总发热量的 50%~70%，且经济、方便、来源广、供能快。糖能构成体内细胞中的核糖核酸、糖蛋白、糖原等，能维持心肌和骨骼肌的功能。当心肌缺糖原时表现为心绞痛，骨骼肌缺糖原时表现为耐力不足，糖是大脑的唯一能源，血糖水平正常才能保证大脑的功能正常，糖可增加肝糖原的贮存，加强肝功能，参与肝脏的解毒功能。此外，糖能节省脂肪的分解，减少酸中毒的可能。

（2）蛋白质。蛋白质占人体成分的 18%，如肌红蛋白、血红蛋白等，在调节生理机能方面可维持胶体渗透压、维持酸碱平衡、承担氧气运输、形成抗体等。此外，蛋白质也可供能，但耗氧较糖多。

（3）脂肪。脂肪构成机体组织，有保护作用和保温作用。供脂溶维生素的溶解，能增加食物的美味，产生饱腹感。1 克脂肪氧化供能 37.7 千焦，耗氧 1.99 升。

（4）维生素。维生素按其溶解性质可分为水溶维生素（如 $VitB_1$、B_2、B_6、B_{12}、C、PP）和脂溶维生素（如 VitA、D、E、K）。各种维生素在体内有其特殊功用，缺乏时易患营养缺乏病。维生素共同的功能是调节物质代谢，保证生理机能。

（5）无机盐。无机盐即矿物质，是构成机体组织和调节生理机能的重要物质，其中含量较多的有钾、钠、钙、磷、硫、氯 7 种；其他含量较少的称"微量元素"，如铁、碘、锌、氟等。无机盐在食物中分布很广，一般都能满足机体需要，其中较易发生缺乏的为铁和钙。缺铁易导致缺铁性贫血，缺钙则影响骨骼、牙齿的生长发育，同时骨骼肌兴奋性增高出现肌肉痉挛，而心肌则表现为收缩无力。

（6）水。水约占体重的 55%~67%，其参与体内物质代谢（如消化、吸收、生物氧化、排泄），可调节体温（如出汗），还可维持正常的血容量。

以上 6 种营养素的功用及占人体成分百分比见图 4-1。

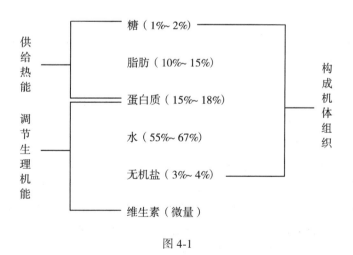

图 4-1

2. 营养缺乏症

营养缺乏到一定程度时，机体表现出营养缺乏的症状。常见的有以下几种。

（1）热能缺乏症。指膳食中热能长期供给不足。其主要表现为体重明显减轻、头晕、全身无力、怕冷、倦睡、浮肿、贫血、皮肤苍白等。有的女性表现为闭经、对疾病抵抗力减弱。

（2）蛋白质缺乏症。早期仅下肢出现凹陷性水肿，严重者会出现全身性水肿、贫血、疾乏等。

（3）铁缺乏症。主要引起缺铁性贫血，表现出心慌、气喘、皮肤黏膜、指甲苍白及匙状指。严重者会导致贫血性心脏病。

（4）维生素 A 缺乏症。主要引起"夜盲症"，即眼睛的暗适应机能障碍。此外，初期时表现皮肤干燥脱屑及眼干燥，泪腺分泌减少。

（5）维生素 B_1 缺乏症。主要引起"脚气病"（脚气病不同于"脚癣"）。表现为消化不良、食欲减退、精神欠佳、疲乏无力。长期缺乏维生素 B_1（如长期食用精白米、精白面粉）会引起肌肉萎缩、水肿、失眠、心慌、气促、胸闷等。

（6）维生素 B2 缺乏症。主要引起眼结膜炎、眼角膜炎、口角炎、舌炎、唇炎及脂溢性皮炎及阴囊脱屑、干痒甚至糜烂等（脂溢性皮炎指在皮脂分泌较多的皱襞处，如鼻唇沟、眉间、耳后、头皮边缘等部位，油脂分泌增加，并呈现轻度红斑及皮脂积留现象）。

（7）维生素 C 缺乏症。主要引起"坏血病"。表现为齿龈松肿、出血、血管壁脆性增加（如皮下出血点及紫癜，毛囊周围淤血点等），抵抗力降低，肌肉关节酸痛等。

第三节　运动性伤病的预防与急救

运动性伤病是运动员在锻炼或比赛的过程中所出现的病理状态，它分为运动性疾病和运动性损伤两大类。

一、运动性疾病

运动性疾病是指因运动引起或与体育有直接关系的一系列疾病的统称。在健身锻炼中常见的主要有运动中腹痛、游泳性中耳炎、肌肉痉挛，以及中暑等几种。

1. 运动中腹痛

运动中腹痛多见于初参加体育锻炼的人中，尤其是在进行长跑、自行车健身运动中发病率较高。初参加健身锻炼的人，由于心脏功能差，心搏无力，影响静脉血回心，从而引起肝、脾淤血肿胀，使肝脾被膜张力增加而引起腹痛。运动前不做准备运动或准备活动不充分即进行紧张剧烈的活动，也会因内脏器官不能适应运动中急剧变化而发生腹痛。此外，运动时间安排不当，饭后过早参加运动，运动前吃得过饱、喝得过多（特别是冷饮过多），胃肠内食物充盈时剧烈运动，均会引起机械性震动而发生胃痉挛，或运动牵引肠系膜引起腹痛。空腹锻炼，因胃酸或冷空气进入，对胃的刺激也会引起腹痛。

只要按照循序渐进的原则，坚持体育锻炼，提高心肺功能，合理安排膳食和运动时间，运动前准备充分，即可预防运动中腹痛的发生。如果已出现运动中腹痛，则应适当减少运动速度，加深呼吸，调整好呼吸与动作节奏，用手按压腹部疼痛部位或弯着腰跑一段距离，疼痛就能减轻或消失。如经上述处理后，疼痛仍不减轻则应停止活动。大多数人停止活动后，疼痛会立即消失，如仍无效，应请医生处理。

2. 游泳性中耳炎

游泳时，当水进入外耳道后，将使鼓膜泡软，这时如用棉花棒或手指在耳道中盲目乱掏，鼓膜则可能破损，细菌进入中耳，引起中耳炎症。其表现为耳内剧烈疼痛，有时还会引起发热和头痛，也可见黄色流体自外耳道流出。此外，游泳时呛水，细菌也可能从咽鼓管进入中耳，引起中耳炎症。

为了预防中耳炎，游泳时可用耳塞堵住外耳道口，防止水进入耳道内。游泳中若耳内灌水，可采用头偏向耳朵有水一侧，用同侧腿进行原地跳的方法将水排出，然后再用棉花拭于外耳道，切忌挖耳。患感冒、上呼吸道感染、中耳炎时应停止游泳。如已发生中耳炎症，应及时请医生处理。

3. 肌肉痉挛

肌肉痉挛是指肌肉不自主地强直收缩，此时发病局部肌肉发硬，疼痛难忍，俗称"抽筋"。肌肉痉挛常见于小腿腓肠肌及足底的屈拇肌和屈趾肌。健身锻炼中的游泳和足球运动发病率较高。

肌肉痉挛与运动环境关系密切。在游泳时，皮肤感受器可因突然遇冷而受到刺激，通过神经系统引起肌肉强烈兴奋而抽筋。在炎热的夏季，运动时大量排汗导致体内水盐平衡破坏，可引起肌肉痉挛。此外，在长时间紧张激烈的运动中，如足球比赛中，小腿肌肉在疲劳下坚持工作，如做突然用力的动作也易发生抽筋。

预防肌肉痉挛、锻炼前应做好充分的准备活动，对易发生抽筋的肌肉，锻炼前应进行适当按摩。在肌肉疲劳的情况下，应尽量避免进行剧烈运动。如果肌肉痉挛已经发生，可采取被动伸展痉挛肌肉的方法来消除痉挛。例如，小腿腓肠或足底抽筋时，可采取坐位，双手紧握抽筋腿的前脚掌，伸直膝关节，蹬脚跟用力伸足背，并慢慢用力牵引使小腿后方的肌肉拉长，重复2~3次，然后再在小腿肌肉处进行适当按摩，即可消除肌肉痉挛。

4. 中暑

中暑是因较长时间的日照和高温引起的一种机体体温调节机能紊乱的急性病症。炎热的夏天，在高温、高湿、不通风的环境中进行长时间体育活动时，由于机体不能维持体热平衡，体温上升，这时便会引起中暑。特别是在天气闷热，大量分泌汗液，体内水盐代谢失调，缺乏水分补充和头部直接受到强烈的阳光照射等情况下，中暑就更容易发生。

中暑发病较急，在发病早期，病人往往感到头昏、眼花、全身无力等先兆症状。随后出现头痛、烦躁心慌、恶心呕吐、口渴、体温升高、面色潮红、皮肤灼热，或有流鼻血、脉快而强、呼吸急促的症状。严重时，会昏迷不醒、面色苍白、出冷汗、脉细而弱、呼吸浅表、血压下降。

中暑的预防，在炎热的夏季进行健身锻炼时，应合理地安排运动时间，选择干燥、通风的环境进行锻炼，如将锻炼安排在早晚进行。在身体疲劳，患病情况下应停止锻炼。在锻炼中出现中暑先兆时，应迅速离开高热环境，移至阴凉通风处休息，并适当补充清凉饮料、浓茶或淡盐水，患者通常可迅速恢复。如发生昏迷，可指掐人中穴或用氨水刺激患者嗅觉，如仍不能苏醒，应立即送医院处理。

5. 运动性晕厥

运动中由于脑部突然血液供应不足而发生的一种暂时性失去知觉的现象，叫作运动性晕厥。有些人在长时间站立、下蹲过久骤然起立，精神过分激动或带病参加运动等情况下，都可能发生晕厥。这种现象的产生主要是由于心血管系统的神经调节受到暂时障碍，因而脑部突然供应不足，引起暂时性失去知觉，过后不久，因血液循环改善，又可逐渐恢复过来。

在田径运动中，运动员到达终点如果立即站立不动，由于下肢的静脉失去了肌肉收缩对它们的挤压作用，加上血液本身的重力关系，大量血液积骤在下肢舒张的血管中，回心血量减少，因而心输出量减少，使脑部突然缺血，导致晕厥，这种晕厥叫"重力休克"。

晕厥时，患者失去知觉而昏倒。昏倒前常感到全身软弱、头昏、耳鸣、眼花、面色苍白。昏倒后，手足发凉、脉慢而弱、血压下降、呼吸缓慢、瞳孔缩小。一般在昏倒片刻后，由于脑贫血的消除，知觉恢复而清醒过来，醒后精神不佳，仍有头昏感。

发生晕厥后，应迅速将患者放平仰卧，头部放低，足部抬高，并松解衣领，注意保暖，用热毛巾擦脸，同时还可自小腿到大腿作向心按摩（重推摩和全手揉拍），在知觉恢复前，不能给予任何饮料或服药，如有呕吐，应将患者头偏向一侧。如停止呼吸，应立即进行人工呼吸或注射兴奋呼吸中枢的药物进行急救。醒后给予热茶或糖开水，并注意保暖休息。

当有晕厥的先兆出现时，应立即蹲下或平卧就可能避免发生昏倒。轻的重力休克，晕厥前搀扶着患者走一段路可使症状消失。

平时要坚持参加体育锻炼，增强体质，提高健康水平，久蹲后不要突然起立，要慢慢地站立起来。病后体力恢复期，不可参加运动和比赛，疾跑后不要立即站立不动，而应继续慢跑，并作深呼吸。

二、常见运动损伤的一般处理

1. 运动损伤的常见类型

运动损伤是指在体育运动过程中发生的各种损伤。运动医学对运动损伤的分类方法很多，通常可以按损伤的器官组织分类，分为骨折、关节脱位、软组织损伤、脑震荡等。但在一般健身锻炼中常见的是软组织损伤，它们又可按是否在皮肤表面处的伤口而分为开放性和闭合性软组织损伤两大类。

2. 运动损伤的原因和预防对策

（1）运动损伤的常见原因。体育锻炼中出现的运动损伤，其原因有一定的共性，主要可归纳为下面几方面：

①没有按体育科学规律进行锻炼。主要表现为没有遵循循序渐进原则，不量力而行，争强好胜，运动负荷过大，又没有做好充足的准备活动。据调查，这是各类运动损伤的主要原因。

②身体状况不良时进行锻炼。身体疲劳、患病或病后初愈等身体状况不良条件下，机体各器官系统的功能、协调性、适应性均降低，此时急于进行锻炼，且不注意准备活动，常常会引起意外的损伤事故。

③锻炼条件不良时进行锻炼。如场地选择不当，地面凹凸不平或地上有易于引起身体不平衡的杂物；锻炼器械质量问题；气温过高、过低，或锻炼环境能见度低，都易引起运

动损伤的发生。

（2）运动损伤的预防。为了预防体育锻炼中出现的运动损伤，在锻炼时应注意以下问题。

①对体弱者和病后进行锻炼者来说，在开始进行锻炼前，应进行健康检查，根据身体检查结果，与保健医生、体育教师一起商定锻炼计划，严格按计划进行锻炼。在执行锻炼计划期间，也应定期检查，根据身体情况的变化，及时调整锻炼计划，如发现不良反应，应暂停锻炼及时请教医生。

②循序渐进，量力而行，切忌争强好胜，急于求成。

③每次锻炼前应做好充分的准备活动，夏天锻炼应防暑，冬天锻炼应注意保暖。

④选择空气新鲜、通风、洁净、地面平整的场地进行锻炼。马路跑应选择路面质量好，来往车辆少的马路，在能见度好的条件下进行。如利用器械进行练习，应预先对器械的质量进行检查。

3. 运动性损伤的处理

（1）挫伤与处理。挫伤是钝性外力直接作用于身体某部位而引起的闭合性损伤。

①损伤原因。运动时互相冲撞，或被踢打，或身体某部碰在器械上，皆可发生局部挫伤。

②症状。单纯挫伤（即无并发症）仅在伤部有疼痛感、肿胀，局部皮肤青紫、压痛、功能障碍等。如是严重挫伤且有并发症时，还可出现全身症状或某些特殊体征。

③处理。a. 轻度局部可擦舒治酒，再贴樟脑膏；b. 较重者，伤后立即抬高伤肢，冷敷，加压包扎和止痛；c. 严重挫伤时，如果怀疑有其他组织器官损伤并出现休克，应立即进行抗休克处理，并速送医院急救治疗。

（2）肌肉拉伤与处理。当肌肉猛烈的主动收缩，超过了它的负担能力，或突然被动拉长，超过了它的伸展性时，都可引起肌肉拉伤。

①损伤原因。准备活动不充分；肌肉的弹性、伸屈性、力量差；疲劳或负荷过度，使肌肉机能降低、力量减弱、协调性下降；技术动作不正确，动作过猛；场地不良。

②症状。伤部疼痛、肿胀、压痛，肌肉紧张或痉挛，触之发硬，功能障碍。

③处理。a. 可按挫伤处理办法处理；b. 24 小时后在伤部作轻推摩，伤部周围作揉、捏、搓等按摩，同时点压伤部周围的穴位，亦可局部注射肾上腺皮质激素类药物；c. 肌肉、肌腱完全断裂者，可局部加压包扎，固定患肢后，立即送医院手术缝合。

（3）扭伤与处理。扭伤是由于受外力的冲击，使关节和韧带产生非正常的扭动而致伤。多发生在关节和韧带部位。

①损伤原因。受外力的触击或撞击；运动时身体全落地，重心不稳，向一侧倾斜或踩在他人足上、球上或高低不平的地面上而致伤。

②症状。伤后局部功能立即丧失，有明显肿胀、疼痛等。

③处理。a. 伤后立即抬高患肢，冷敷，加压包扎、固定休息，使毛细血管收缩，防止肿胀；b. 24 小时后即可拆除包扎，可采用热敷、理疗，使毛细血管扩张，促进血液循环；c. 严重扭伤，如韧带断裂、关节脱位，应尽快到医院缝合或做固定处理。

（4）出血与处理。血液从损伤的血管流出，称为出血。

①症状。按出血的部位不同，分为外出血和内出血两种。外出血指血液从皮肤创口处向体外流出，是运动损伤中较为常见的一种。内出血指血液从损伤的血管内流出后向皮下组织肌肉、体腔（包括颅腔、胸腔、腹腔和关节腔）及胃肠和呼吸器官内注入。内出血较外出血性质严重，因其初期不易被察觉，容易发展成为大出血，故危险性很大。

②处理。a. 抬高伤肢法：用于四肢出血。使出血部位高于心脏，从而使出血部位的血压降低，减少出血。b. 加压包扎法：用于小静脉和毛细血管出血。在伤口涂红药水，撒上消炎粉后，垫盖纱布块，用绷带包扎起来。c. 加垫屈肢法：用于前臂、手、小腿和足出血。将棉垫放在肘窝或腋窝，使关节尽量屈曲，再用绷带作"8"字形缠好。d. 指压止血法：用手指用力压迫在血管的出血处，将血管压闭塞，断其血流，达到止血的目的。如动脉出血压在出血口的上端，静脉出血压在出血口的下端，毛细血管出血直接压伤口上。

（5）休克与处理。休克是一种急性血循环功能不全综合征。其发病原因是有效血循环量不足，引起全身组织和脏器的血液灌注不良，导致组织缺血缺氧和脏器功能障碍。

①症状。短时间内出现意识模糊、全身软弱无力、面色苍白、出冷汗、反应迟钝、心率加快、血压降低、呼吸缓慢，进而出现昏迷，甚至死亡。

②处理。a. 迅速将伤员平卧，使之安静休息。要保持病人体温，在天气寒冷时更要注意，但也不能过热。有时可给以姜糖水、热茶等饮料。b. 针刺或掐点内关、足三里、合谷、人中等穴位，对休克有一定的疗效。c. 针对病因处理，如由于外出血而引起的休克，应立即选择止血法进行止血；内出血时可做冷敷；外伤剧烈疼痛引起的休克，要用镇痛剂止痛；发现骨折要使伤肢安静，并用夹板固定。

（6）骨折与处理。骨的完整性遭到破坏的损伤，叫作骨折。骨折可分为闭合性骨折和开放性骨折两种。运动中发生的骨折多为闭合性骨折，是较严重的一种运动损伤，但是比较少见。

①损伤原因。主要由直接或间接暴力，或肌肉强烈收缩所致。

②症状。受伤肢体剧烈疼痛，骨折处有明显压痛，肿胀及皮下淤血，受伤肢体功能丧失，关节正常位置改变，出现畸形。完全骨折，局部可出现类似关节的活动，移动时可产生骨摩擦声。

③处理。a. 骨折属严重的运动损伤，有时会引起休克，因此，一旦发生骨折，首先要注意预防休克，发现休克要及时处理。b. 对有伤口或开放性骨折的伤员，首先应采取适当的止血方法止血，然后包扎伤口，再固定骨折。c. 临时固定。骨折时，用夹板、绷带把折断的部位固定、包扎起来，使伤部不再活动，称为临时固定。这是骨折的急救方法，其目的是减轻疼痛、避免加重损伤，且便于伤员的转送。

临时固定的注意事项：

①固定前不要无故移动伤肢。②固定时不要试图修复。如果畸形很厉害，可顺伤肢长轴方向稍加牵引。③夹板的长度和宽度要与骨折的肢体相称，其长度必须超过骨折部上、下两个关节。④固定的松紧要合适、牢靠。

各部位骨折的临时固定法，要根据不同的部位，采用不同的骨折固定方法，确保送往医院过程中，不再出现第二次损伤。具体方法如下：

①上肢骨折：肱骨骨折时，用一块夹板放在伤臂的外侧，再用两条绷带将骨折的上下部绑好，然后用悬臂带将前臂挂在胸前，最后用绷带把上臂固定于胸部。

前臂骨折时，用两块长短合适的夹板，放在前臂的掌侧和背侧，再用两条绷带固定，然后用大悬臂带吊起。

②下肢骨折：小腿骨折时，用两块夹板，一块在外侧，自大腿中部至足部，另一块在内侧，自腹股沟至足部，然后用 4~5 条宽带分段固定。

大腿骨折时，伤员取卧位，用长夹板两块，分别置于伤肢的外侧和内侧。用 5~8 条宽带分段固定夹板，在外侧作结。

护送骨折伤员去医院时，必须轻放在担架或门板上，途中不许或尽量减少颠簸，并随时注意患者呼吸循环情况，以免发生意外。

第五章 篮 球

第一节 篮球运动概述

一、篮球运动的起源与发展

篮球运动 1891 年起源于美国，由马萨诸塞州斯普林菲尔德市基督教青年会训练学校体育教师詹姆士·奈史密斯博士所创。最初是将竹篮钉在室内墙上，向竹篮投球的一种游戏，1893 年才形成了近似现代的篮板、篮圈和篮网等装备的篮球运动。初期的比赛并无固定规则和人数的限制。1936 年第 11 届奥运会，男子篮球被正式列为比赛项目，从此有了统一的比赛规则。女子篮球在第 21 届奥运会上也成为了正式的比赛项目。

二、篮球运动的特点与作用

篮球运动的技术动作是由各种各样的跑、跳、投等基本动作所组成，是以积极争夺控球权为手段，以投篮为目的进行运动的。篮球比赛的双方队员既是同场竞技，又是攻守交错。

篮球运动有较强的集体性，它要求队员在比赛中必须齐心协力、密切配合、相互帮助，发挥集体的力量，以争取比赛胜利。

由于上述特点，篮球运动具有如下作用：

（1）能培养运动员团结友爱的集体荣誉感、严格的组织纪律、顽强的意志和积极拼搏的精神。

（2）能提高队员各感受器官的功能，对提高神经中枢的灵活性及其协调支配各器官的能力、改善内脏器官的功能，都有良好作用。

（3）能促进运动员力量、速度、耐力、灵敏度等身体素质的全面发展。

（4）具有较大的吸引力，参与者不受年龄、性别的限制。既能增强体质、促进健康，又能丰富人们的业余文化生活。

（5）篮球运动对增进友谊，加强国际友好交往，加深各国人民之间的了解，都有积极的意义。

第二节 篮球运动基本技术

篮球运动的技术分为进攻与防守两大部分。进攻技术有传接球、投篮、运球、持球突破、抢进攻篮板球和进攻中的移动等；防守技术有防守对手、抢球、打球、断球、抢防守篮板球和防守中的移动等。

一、移动

移动是运动员在篮球比赛中，控制自己身体和改变位置、方向、速度，争取高度所采用的各种动作方法的总称。在进攻中，队员移动是为了摆脱对手，完成选择位置、切入、接球，或者是快速而准确并合理地完成传球、运球、突破、投篮等持球进攻技术动作。在防守中，移动是为了抢占有利的位置，防止对手的摆脱，或者是及时而果断地进行抢球、打球、断球、抢篮板球等。

1. 起动

起动是队员在球场上由静止状态变为运动状态的一种脚步动作。起动要做到快移重心，蹬地起步突然，碎步加速。

2. 跑

跑是队员在球场上改变位置，提高速度的重要方法，分为放松跑、变速跑、变向跑、侧身跑、后退跑等。

3. 滑步

滑步是防守移动的一种主要方法，它易于保持身体平稳，可向任何方向移动。可分为侧滑步（横滑步）、前滑步和后滑步。

4. 急停

急停是队员在运动中突然制动、停止的一种脚步动作。常用的有跨步急停、跳步急停两种。

5. 转身

转身是队员以一只脚作中枢脚，另一只脚用力蹬地，使身体旋转，从而改变身体方向的一种脚步动作。

二、传、接球

传、接球是篮球比赛中进攻队员之间有目的地转移球的方法，是进攻队员在场上相互联系和组织进攻的纽带，是实现配合的具体手段，是比赛中运用最多的基本技术。

1. 传、接球的动作

传球的动作包括双手胸前传球、双手低手传球、双手头上传球、单手肩上传球、单手胸前传球、单手体侧传球和单、双手反弹传球。

接球的动作包括双手接胸部高度的球、双手接头部高度的球、双手接反弹球和单手接球。

2. 注意事项

（1）传球应力求做到及时、快速、准确，便于同伴顺利完成下一个进攻动作。

（2）传球队员要扩大视野，全面观察场上情况。

（3）传球时要善于运用假动作迷惑对方，摆脱防守的干扰，及时捕捉传球时机，准确地把球传给同伴，做到人到球到。

（4）接球时要观察、了解场上情况，不要原地站着等球，要积极移动迎前接球。

三、投篮

投篮是进攻队员为将球投向球篮而采用的各种专门动作的总称，按其手法可分为单手投篮和双手投篮两种，可以在原地、行进间和跳起空中完成。

1. 原地投篮

（1）双手胸前投篮。双手胸前投篮是双手投篮中最基本的动作方法。其优点是投篮的力量大、距离远，便于与传球、运球突破相结合（见图5-1）。

图 5-1

（2）双手头上投篮。此法持球部位高，不易受防守队员的干扰，便于与头上球相结合。缺点是不便于与运球突破相结合（见图5-2）。

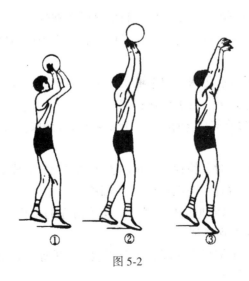

图 5-2

（3）单手肩上投篮。以右手投篮为例，右手持球于肩上，左手扶球的左侧，右臂屈肘，上臂与地面接近于平行。两脚前后或左右开立，两膝微屈，重心落在两脚之间。投篮时，下肢蹬地发力，右臂向前上方伸直，手腕前屈，食中指用力拨球，通过指端将球投出（见图5-3）。

图 5-3

2. 行进间投篮

（1）行进间单手肩上投篮。以右手为例，右脚跨出一大步的同时接球，接着左脚跨出一小步并用力蹬地起跳，举球至肩上。当身体接近最高点时右臂向前上方伸直，手腕前屈，食、中指用力拨球，通过指端将球投出（见图5-4）。

（2）行进间单手低手投篮。以右手为例，右脚跨出一大步的同时接球，左脚接着跨出一小步并用力蹬地起跳，右腿提膝，双手向前上方举球。当身体接近高点时，左手离球，右手外旋，掌心向上，并充分向球篮的方向伸展，接着屈腕，食、中指用力拨球，通过指端将球投出（见图5-5）。

（3）行进间双手低手投篮。这是快攻和运球突破到篮下的一种投篮方法，一般在摆脱防守后运用较多（见图5-6）。

（4）行进间反手投篮。多在沿球场端线运球越过篮下时运用（见图5-7）。

3. 跳起投篮

（1）原地跳起单手肩上投篮。以右手投篮为例，双手持球于胸前，两脚前后或左右自然开立，两腿微屈，重心在两脚之间。起跳时两腿迅速屈膝、脚掌用力蹬地向上起跳，双手举球至肩上，右手持球，左手扶球的左侧方。当身体接近最高点时，左手离球，右臂向前上方伸直，手腕前屈，食、中指拨球，通过指端将球投出。落地时，屈膝缓冲，准备下一个动作（见图5-8）。

（2）急停跳起投篮。急停跳起投篮有接球急停和运球急停投篮两种基本方法。

（3）转身跳起投篮。背向或侧向球篮持球时，用左（右）脚为轴做前（后）转身

图 5-4

图 5-5

面对球篮。两腿弯曲，两脚迅速蹬地跳起，同时双手持球上举。当身体接近最高点时，左手离球，右臂向前上方伸直，手腕前屈，食、中指用力拨球，通过指端将球投出（见图 5-9）。

图 5-6　　　　　　　　　　　　　　　　　　　　　图 5-7

图 5-8

4. 补篮

补篮是在球未投中从篮板或篮圈弹出时，迅速判断球的反弹方向，及时起跳，在空中

图 5-9

直接托球或点拨球入篮的投篮方法。

四、运球

运球是持球队员用手按拍借于地面反弹起来的球的动作。身体姿势如图 5-10 所示,手型如图 5-11 所示。

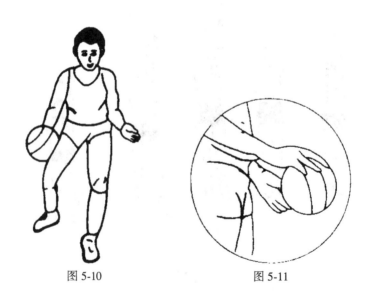

图 5-10   图 5-11

运球技术动作方法较多,简单概括可分为以下几种:高运球 (见图 5-12)、低运球 (见图 5-13)、运球急起急停 (见图 5-14)、体前变向换手运球 (见图 5-16)、背后运球

（见图 5-17）、运球转身（见图 5-18）和胯下运球（见图 5-19）。

图 5-12

图 5-13

图 5-14

图 5-15

图 5-16

图 5-17

五、持球突破

持球突破主要由脚步动作、转体探肩、放球和加速几个技术环节所组成。

图 5-18

图 5-19

1. 交叉步持球突破

以从防守队员左侧突破为例。突破时，用左脚掌内侧向左后方用力蹬地，迅速向防守人左侧跨出一大步，同时弯腰屈膝、上体右转探肩，贴近对手身体，在右脚离地前，用右手立即将球拍至左脚右侧前方，右脚迅速蹬地跨步，加速超越对手（见图 5-20）。

2. 侧步（顺步）持球突破

准备姿势与交叉步相同。突破时，右脚向右前方跨出一步，向右转体探肩，重心前移，左脚前脚掌迅速蹬地，向右前方跨出，突破防守（见图 5-21）。

图 5-20

图 5-21

六、防守对手

1. 防守无球队员

防守离球较近的对手时，防守者面向对手，身体侧向球站位，近球侧的手臂前伸，干扰对手的接球路线，脚步随球的变化灵活移动，时刻注意堵截对手、摆脱对手，与同伴协防和抢断球。防守距球远的对手时，身体侧向对手并采用平步站立，人球兼顾，随球的转移而变换步法和方法，随时准备进行协防和抢断球（见图5-22）。

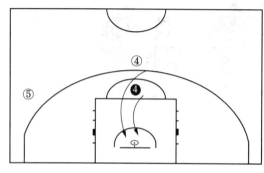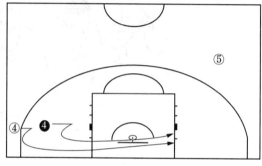

图 5-22

2. 防守有球队员

当对手离篮较远，对方投篮的准确性较差时，防守者主要是防运球，堵截对手向纵深方向运球。可采取两脚平行的防守姿势，距离稍大于肩宽，两膝弯曲，臀部下坐，背要直，两手位于膝部以下，肘关节靠近身体，手心向上并稍向内侧相对，五指自然张开，当对手开始运球时，迅速逼近堵截，迫使对手停止运球或将球传出。当对手运球至距篮6米的范围内时，防守者主要防投篮、防突破，斜步防守，一手臂斜上举，另一手臂侧伸，有利于防守能投能突的对手。

七、抢篮板球

1. 抢进攻篮板球

当同伴或自己投篮时，处在近篮的进攻队员首先应判断球的反弹方向，利用假动作，诱开身前的防守队员，抢占有利位置，借助跨步或助跑起跳，跳至最高点补篮或抢篮板球。落地时，两膝弯曲，重心放在两脚之间，将球持于胸腹之间，两肘外展。

2. 抢防守篮板球

对方投篮时，必须先采用跨步、撤步和后转身等移动方法，挡住对手冲向篮下的路线。两脚开立屈膝，两臂屈肘张开，扩大占据空间面积。判断球反弹高度和落点，及时起跳，伸展手臂至最高点摘球。如果没有在空中将球传给同伴发动快攻的机会，就应迅速将球持于胸前或头上。落地同时侧对前场，然后及时传出或运球突破。

第三节　篮球运动基本战术

一、攻防战术基本配合

战术基本配合是指两三人之间所组成的简单配合方法，它是组成全队攻防战术的基础。

1. 传切配合

传切配合是进攻队员之间利用传球、切入等技术组成的简单配合。

示例 1：如图 5-23 所示，④传球给⑤后，立刻摆脱对手向篮下切入，接⑤传来的球投篮。

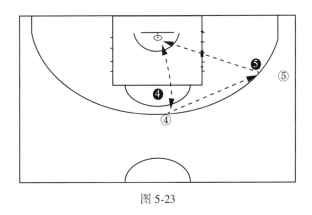

图 5-23

示例 2：如图 5-24 所示，在⑤与⑥互相传球之际，④乘对手不备之机，突然空切篮下，接外围同伴的传球，然后投篮。

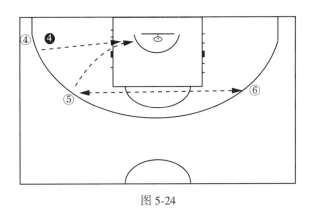

图 5-24

2. 突分配合

突分配合是持球队员突破后，利用传球与同伴配合的方法。

示例：如图 5-25 所示，⑤突破后，遇到⑦迎上补防，立刻把球传给切入篮下的⑦，⑦接球后投篮或与其他同伴配合。

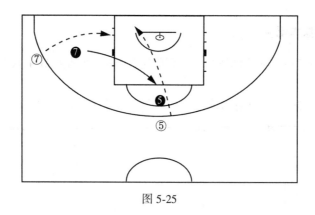

图 5-25

3. 掩护配合

掩护配合是指进攻者以合理的行动，用身体挡住同伴防守者的通路，为同伴摆脱防守，创造接球和投篮机会的一种配合方法。

（1）前掩护。前掩护是掩护队员站在同伴的防守者前面，用身体挡住防守者向前移动的路线，使同伴借机摆脱防守的一种配合方法。如图 5-26 所示，④传球给⑤后，先做向篮下切入的假动作，然后突然跑到❺身后，形成前掩护。⑤接球后投篮或做其他进攻动作。

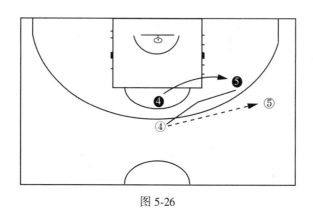

图 5-26

（2）后掩护。后掩护是掩护队员站在同伴的防守者身后，挡住他的移动路线。使同伴借以摆脱防守。如图 5-27 所示，⑤传球给④的同时，⑥到❺身后做掩护。⑤传球后先做切入假动作，然后利用同伴的后掩护摆脱防守，切入篮下，接④的传球投篮，⑥及时转身跟进。

4. 策应配合

策应配合是指进攻队员背对篮或侧对篮接球，以他为枢纽，与同伴相配合而形成一种

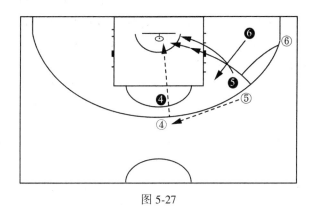

图 5-27

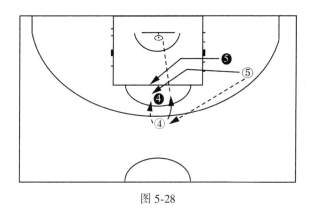

图 5-28

里应外合的配合方法。

示例：如图 5-28 所示，⑤传球给④后，利用假动作作摆脱防守，上提到外策应位置接④的传球做策应，④传球后摆脱防守，然后接球投篮或突破上篮。

二、攻防战术的整体配合

1. 快攻与防守快攻

（1）快攻。快攻是由防守转入进攻时，以最快的速度、最短的时间，在人数上造成以多打少的优势，或在人数相等以及人数少于对方的情况下，趁对方立足未稳，果断而合理地进行的一种快速进攻战术。

长传快攻是队员在后场获球后，几个队员在快速奔跑过程中运用短而快的传接球，迅速推进过中场迫近对方篮下进行攻击的一种配合。

快攻战术的结构分为发动与接应、推进、结束三部分：

① 发动与接应：发动是快攻战术的前提，接应有固定接应和动机接应两种。

② 推进：紧接第一传的配合，是快攻的桥梁。

③ 结束：指快攻进行的前场最后完成攻击所运用的配合。

（2）防守快攻。防守快攻是在由攻转防的过程中，队员有组织地运用个人战术行动和几个人之间的协同配合，主动堵截对手，积极抢、断球，破坏其快攻战术，力争控制对手进攻的速度，以达到稳定防守，迅速组织起各种不同形式的全队防守战术的目的。其方法和手段是，提高进攻成功率，积极拼抢前场篮板球，封堵快攻第一传和截断接应。

2. 半场人盯人防守与进攻半场人盯人防守

（1）半场人盯人防守。半场人盯人防守是在篮球比赛中由进攻转入防守时，全队有组织地迅速退回后场。在半场范围内进行盯人防守的一种全队战术。

其基本要求如下：

① 防守队应根据双方队员的身高、位置和技术水平，合理地进行防守分工，尽量与对手力量相当。

② 由进攻转入防守时，要迅速退回后场，找到自己的对手，积极抢、断球，夹击和补防。

③ 防守有球队员时，要逼近对手，主动攻击球，积极封盖投篮，干扰传球。

（2）半场人盯人防守战术方法。半场人盯人防守战术方法是根据半场人盯人防守战术的特点，从每个队员的具体实际出发，综合运用传接球、投篮、运球、突破等个人技术动作，及传切、掩护、策应等几个人之间的战术基本配合，所组成的一种全队进攻战术。共分三个阶段：

① 第一阶段：准备阶段，即推进前场，快速落位做好进攻部署阶段，避免中场停球。

② 第二阶段：发动阶段，即运用战术配合投篮攻击阶段。注意队形的合理变化。

③ 第三阶段：结束阶段，即完成配合投篮攻击阶段，投篮后，有组织地争夺前场篮板球和调整位置，保持攻守平衡。

3. 区域联防与进攻区域联防

（1）区域联防。区域联防是指由进攻转入防守时，防守队员退回半场后，各按分工负责防守一定的区域，严密防守进入本区域的球和进攻队员，并与同伴协同防守，形成一定的队形，有机地组成集体防守战术。其特点是，位置较为固定，分工明确，有利于组织抢后场篮板球和发动快攻，但容易在局部区域被对方以多打少。

区域联防的常用形式有："2—1—2""2—3""3—2"等阵容。其战术要求如下：

① 根据攻守双方的特点合理布置。一般是把快速灵活善于抢断队员放在外防区，把身材高大、力量好、补防意识强，可控制篮板球的队员放在内线防区。

② 5个队员要积极协同配合，以球为主，人球兼顾，有球紧、无球松，整体队形随球的转移而及时调整。

③ 要充分利用"关门"、夹击、补防等防守配合，严防背插、溜底线和突破等攻击性较强的进攻配合。注意保护中锋。

（2）进攻区域联防。进攻区域联防是根据对方防守的队形和本队的特长所采用的进攻配合战术。其常用形式有"1—2—2""1—3—1""2—1—2""2—3"等。其战术要求如下：

① 快攻是进攻区域联防的有效方法之一。进攻争取在对方尚未退回后场组织好防守队形之前，积极发动快攻。

② 进攻队应针对防守队形，采用插空站位的进攻队形。

③ 进攻是要利用各种配合声东击西、内外结合的攻击，借以打乱防守队形，创造投篮机会。

④ 要积极争抢前场篮板球并随时准备退守。

第四节 篮球运动竞赛规则简介

一、球场（图 5-29）

1. 比赛场地

（1）球场是一个长方形的坚实平面，无障碍物。

（2）对于国际篮联主要的正式比赛，球场尺寸为：长 28 米，宽 15 米，球场的丈量是从界线的内沿量起。

（3）对于所有其他比赛，国际篮联的适当部门，如地区委员会对地区或洲的比赛，或国家联合会对所有国内的比赛，有权批准符合下列尺寸范围内的现有球场：长度减少 4 米，宽度减少 2 米，只要其变动互相成比例。

（4）天花板或最低障碍物的高度至少 7 米。

（5）球场照明要均匀，光度要充足。灯光设备的安置不得妨碍队员的视觉。

（6）所有新建球场的尺寸，要与国际篮联的主要正式比赛所规定的要求一致：长 28 米，宽 15 米。

2. 线

（1）界线。①球场要用线条按第二条规定画出，并且界线距观众、广告牌或任何其他障碍物至少 2 米。②球场长边的界线叫边线，短边的界线叫端线。

（2）中线。从边线的中点画一平行于端线的线叫中线；中线要向两侧边线外各延长 0.15 米（15 厘米）。

（3）罚球线、限制区、合理冲撞区和罚球区：

①罚球线。罚球线应画成与每条端线平行。从端线内沿到它的最外沿应为 5.80 米，其长度为 3.60 米，其中点应落在连接两条端线中点的假想线上。

②限制区。限制区应是画在比赛场地上的一个长方形区域，它由端线、延长的罚球线和起自端线（外沿距离端线的中点 2.45 米），终于延长的罚球线外沿的线所限定。除端线外，这些线都是限制区的一部分。限制区内必须着色。

③合理冲撞区。从篮圈落地中心画出一个 1.25 米为半径的半圆，这个区域为合理冲撞区。

④罚球区。罚球区是限制区加上以罚球线中点为圆心，以 1.80 米为半径，向限制区所画出的半圆区域。在限制区内的半圆要画成虚线。

罚球区两旁的位置区供队员在罚球时使用。画法如下：

①第一条线距离端线内沿 1.75 米，沿罚球区两侧边线丈量。

②第一位置区的宽度为 0.85 米（85 厘米），并且与中立区域的始端相接。

③中立区域的宽度为 0.40 米（40 厘米），并且用和其他线条相同的颜色涂实。

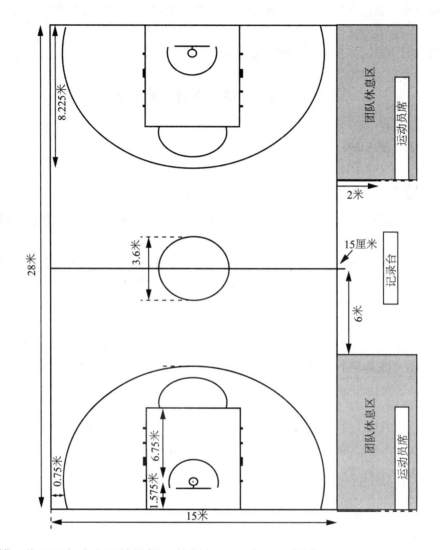

④第二位置区与中立区域相邻，宽度为 0.85 米（85 厘米）。

⑤第三位置区与第二位置区相邻，宽度为 0.85 米（85 厘米）。

⑥所有用来画这些位置区的线条，其长度为 0.10 米（10 厘米），并垂直于罚球区边线的外侧。

（4）中圈。中圈要画在球场的中央，半径为 1.80 米，从圆周的外沿丈量。如果在中圈内部着色，它的颜色必须与限制区内部的着色相同。

（5）3 分投篮区。某队的 3 分投篮区域是除对方球篮附近被下述条件限制出的区域之外的整个比赛场地的地面区域。这些条件包括：

①从端线引出两条垂直于端线的平行线，其外沿距离边线的内沿 0.90 米。

②以对方球篮中心正下方场地上的点为原点，画一个半径（圆弧外沿）是 6.75 米的圆弧。此原点距离端线中点的内沿是 1.575 米，且该圆弧与两平行线相交。

3 分线不是 3 分投篮区的一部分。

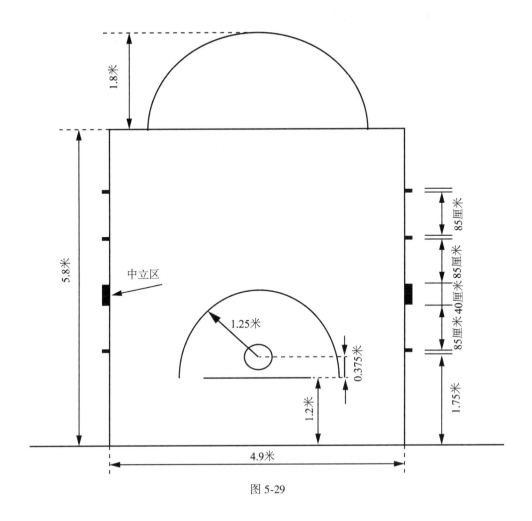

图 5-29

（6）球队席区域如下：

①球队席区域应由两条线在场外画出。每个区域分别由一条从端线向外延伸至少 2 米长的线，和另一条离中线 5 米且垂直于边线并至少长 2 米的线所限定。

②球队席区域内必须有 14 个座位供教练员、助理教练员、替补队员和随队人员使用。任何其他人员应在球队席后面至少 2 米处。

（7）掷球入界线。两条 0.15 米长的掷球入界线应画在记录台对侧、比赛场地外的边线上，其外沿距离最近端线内沿是 8.325 米。

二、比赛通则

（1）比赛应由 4 节组成，每节 10 分钟。

（2）在第 1 节和第 2 节（上半时）之间，第 3 节和第 4 节（下半时）之间以及每一决胜期之前应有 2 分钟的比赛休息时间。

（3）两个半时之间的比赛休息时间应为 15 分钟。

（4）如果第 4 节的比赛时间结束时比分相等，比赛有必要再继续一个或几个 5 分钟的决胜期来打破平局。

三、违例及其罚则

违例是违犯规则的行为有以下几种：

1. 带球走

比赛中持球队员超出规则限制的范围移动，则判其带球走违例。规则规定持球队员可在下列限制的范围内向任何方向持球移动：

（1）队员静立时接球，可用任何一脚作中枢脚进行旋转。

（2）队员在移动中接球或运球结束时，可采用两拍节奏停步或将球脱手。

第一拍发生在：

① 接球时，在接到球的一刹那，如任一脚正接触地面。

② 如双脚离地时接球，在接球后任一脚或双脚同时接触地面。

第二拍发生在第一拍后，任何一脚或双脚同时接触地面时，队员在两拍节奏的第一拍时确已停步，在做第二拍时不得有新的移动。

（3）队员静立时接球或持球时合法停步。

① 当投篮或传球时，可提起中枢脚或跳起，但必须在一脚或两脚再次接触地面前将球脱手，即使一防守队员用一手或双手触着球，也要将球脱手。

② 开始运球时，在球离手前不准提起中枢脚。

超出上述限制的持球移动为带球走违例。

罚则：将球判给对方队员在违例地点最近的边线掷界外球。

2. 非法运球

队员控制球后将球掷、拍或滚，在球触及另一队员之前再触及球为运球。每次运球中，必须使球与地面接触。队员运球后，用双手同时触及球的一刹那或使球在一手或双手中停留的一刹那，运球即完毕。队员第一次运球结束后不得再次运球。如果再次运球，则为非法运球。但下列情况不算运球：连续投篮；接球不稳失掉球，然后恢复控制球；与对方队员抢球时用连续挑拍以图制球；拍击另一队员控制的球；拦截传球并获得该球；等等。

罚则：将球判给对方队员在违例地点最近的边线掷界外球。

3. 拳击球和脚踢球

篮球是用手进行的运动项目，凡踢球或用拳击球均属违例，但比赛中脚或腿偶然地碰球不算违例。

罚则：将球判给对方队员在违例地点最近的边线掷界外球。

4. 球回后场

控制球的队员在前场不得使球回后场，包括掷界外球。当球触及有部分身体接触中线或位于中线后的该队队员，或球接触后场地面后又被该队队员首先触及，即为球进入后场。

罚则：判给对方队员在边线中点处掷界外球。掷界外球队员两脚分别站在中线延长部分的两侧，有权将球传给场上任何地方的队员。

5. 干扰球

干扰球是指干扰处于篮圈上的球，有两种情况：

（1）攻方干扰球。不论投篮或是传球，当球完全在篮圈水平面上，并正好是在限制区上下落时，进攻队员不得触及球。

罚则：球成死球，不能得分。将球判给对方队员在违例地点最近的边线掷界外球。

（2）守方干扰球。对方队员投篮，当球完全在篮圈水平面上开始下落后，防守队员不得触及球。当投篮的球在篮圈上时，防守队员不得触及本方球篮或篮板；当球在球篮之中时，防守队员亦不得触及球或球篮。

罚则：球成死球。判给投篮队员得 2 分；如在 3 分投篮区投篮，则判给投篮队员得 3 分；如投篮成功，由防守队在端线后掷界外球继续比赛。

6. 使球出界

球出界前触及了队员，甚至又触及其他物体而出界，最后触球的队员是使球出界队员。使球出界为违例。

罚则：判给另一队掷界外球。如裁判不能判定是哪一队使球出界，则应判为争球。

7. 掷界外球违例

队员掷界外球时不得违反下列规则：

（1）在球触及另一队员前，掷界外球队员不得在场内与球接触，不得在球离手时脚踏场地。球离手前不得超过 5 秒钟。

（2）掷界外球队员在球离手前，不得从裁判员指定地点沿边线移动超过正常的一步。

（3）在球掷过界线前，任何其他队员身体的任何部分不得越过界线。

（4）掷界外球离手后，在球接触场上队员前，球不得触及界外任何物体。

罚则：将球判给对方队员在原掷界外球地点的边线掷界外球。

8. 罚球违例

当球已交给罚球队员可以处理后：

（1）他应在 5 秒钟内投篮。

（2）罚球时，球在飞向球篮的途中，他和任何其他队员都不得触球。当球在篮圈上时也不得触及篮板或球。

（3）罚球队员在球触及篮圈前，不得触及罚球线或罚球线前的地面。

（4）在球离开罚球队员的手之前，或罚球后球触及篮圈前，任何一队的其他队员均不得进入限制区。

罚则：

（1）如仅罚球队员违例，罚中无效，球成死球，将球判给对方队员在正对罚球线的边线掷界外球。

（2）如罚球队的队员违反第 2 款，则罚中无效，按上述罚则处理。如双方违反此款，罚中无效，在罚球线跳球继续比赛。

（3）如罚球队的队员违反第 4 款，并罚球成功，则得分有效，违例不究。否则判对方队员在正对罚球线的边线掷界外球。

9. 跳球违例

跳球时，队员应遵守以下规定：在球到达最高点之前，任一跳球队员都不得拍球，在拍球前不得离开自己的位置。在球触及非跳球队员、地面、球篮或篮板前，任一跳球队员都不能抓住球或触及球超过 2 次。在球被拍击前，如一名跳球队员离开跳球位置或非跳球队员进入圆圈，裁判员应立即判违例。如双方违例应重新跳球。

罚则：将球判给对方队员在违例地点最近的边线掷界外球。

10. 时间规则上的违例

（1）3 秒违例。某队控制球时，该队队员不得在对方限制区内停留持续超过 3 秒钟。

（2）5 秒违例：

① 罚球队员在 5 秒内未把球投出。

② 掷界外球队员未在 5 秒内把球掷入场内。

③ 持球队员被严密防守 5 秒内未能处理球。

（3）8 秒违例。一个队从后场控制球开始必须在 8 秒内使球进入前场，否则违例。

（4）24 秒违例。当一名队员在场上控制一个活球时，该队必须在 24 秒钟内完成投篮。

罚则：将球判给对方掷界外球。

四、侵人犯规、技术犯规及处理

1. 侵人犯规

侵人犯规是队员和对方队员的接触犯规，无论球是活球或是死球。

队员不准通过伸展臂、肩、髋、膝和过分地弯曲身体成不正常姿势，以阻挡、拉人、推人、撞人来阻碍对方进行，也不准使用任何粗野动作，否则即为侵人犯规。

罚则：在所有情况下，都登记犯规队员一次侵人犯规，并按下列情况处理：

（1）如被侵犯的队员未做投篮动作，应由被侵犯队员在犯规地点最近的边线掷界外球。

（2）如被侵犯的队员在做投篮动作，则投中得分有效，再判罚一次罚球；如 2 分投篮未成功，判给 2 次罚球；如 3 分投篮成功，判给 3 次罚球。

（3）每节全队累计犯规超过 4 次时，对未做投篮动作的队员发生犯规则执行罚球。

2. 队员技术犯规

队员漠视裁判员的劝告或有不正当的行为，如：

（1）同裁判员谈话或接触时没有礼貌。

（2）使用可能引起冒犯的语言或行动。

（3）戏弄对方或在对方眼睛附近摇手妨碍其视觉。

（4）妨碍迅速掷界外球以拖延时间。

（5）被判犯规后，在裁判员要求举手时不按规则要求举手。

（6）没有通知记录员或裁判员擅自更换号码。

（7）替补队员进场没有报告记录员。

（8）离开场地区获得不正当的利益。

（9）队员抓住篮圈，并把整个身体的重量悬挂在篮圈上。

（10）裁判员对违反规定的队员和他的队长提出警告后又重犯时，应判技术犯规。

罚则：

（1）登记该队员犯规次数，累计全队每节 4 次犯规之内，由对方队长指定罚球队员罚球 2 次。

（2）对行为十分恶劣或屡次违反规定的队员，应取消比赛资格并令其退出比赛。

第六章　足　　球

第一节　足球运动概述

足球运动是当今世界上开展得最广泛，也是最有影响的体育项目，被誉为"世界第一运动"。足球运动起源悠久，最早起源于中国战国时代（公元前 475—前 221 年），称为蹴鞠。到了唐代，我国的蹴鞠在场地器材方面也逐渐完善，并发展到以射门为目标的两队对抗性比赛，规则也逐渐完善。到了宋、元、明三个朝代，逐渐建立起了球会组织，宋代民间的球会称"齐云社"。清朝时已把足球运动作为专门训练王室军队的体育活动之一。

1963 年 10 月 26 日，英国人在伦敦成立了世界上第一个足球运动组织——英国足球协会，并统一了足球规则。1904 年 5 月 21 日，在巴黎成立了国际足球联合会（FIFA，简称国际足联），目前已有近 160 个国家和地区加入了这一组织，使国际足联成为世界上规模最大的单项体育组织。1896 年，在第一届奥运会上，足球被列为正式比赛项目。当前，世界上规模最大、水平最高的足球比赛是世界足球锦标赛，每 4 年一届。

第二节　足球运动基本技术

足球的基本技术包括：踢球、停球、顶球、运球及运球过人、抢截球、假动作、掷界外球和守门员技术等。

一、踢球

踢球是指运动员有目的地用脚的某一部位把球击向预定的目标。踢球的方法有脚内侧踢球、脚背正面踢球、脚背内侧踢球、脚背外侧踢球、脚尖踢球和脚跟踢球等。

1. 脚内侧踢球

用脚内侧部位（跖趾关节、舟骨和跟骨所构成的三角部位）击球，其特点是脚与球接触面积大、出球平稳准确，多用于短距离传球和射门。

动作要领：踢定位球时，直线助跑，支撑脚踏在球的侧方 15 厘米左右处，膝关节微屈，两臂自然张开。在支撑脚着地的同时，踢球腿以髋关节为轴由后向前摆动，在前摆过程中屈膝外转，踢球腿的内侧正对击球方向，小腿加速前摆，脚头稍翘起，脚掌与地面平行，用脚内侧部位击球后中部。向左（右）侧踢球时，支撑脚踏在球的后方，用右（左）脚脚弓对准击球方向，提起大腿，并用以带动由右（左）向左（右）横摆，同时身体重心向出球的相反方向移动，用推送动作将球踢出（见图 6-1）。

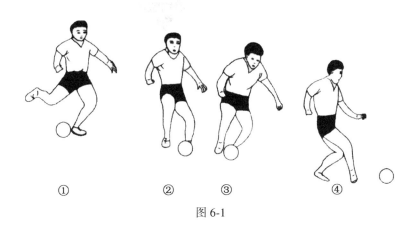

图 6-1

2. 脚背正面踢球

用脚背的正面部（楔骨和跖骨的末端）击球，其特点是踢球腿摆幅大、摆速快、踢球力量大，多用于长距离传球和射门等。

动作要领：踢定位球时，直线助跑，最后一步稍大，并积极着地，支撑脚踩在球的侧方 12~15 厘米处，脚尖正对出球方向，膝关节微屈，两臂自然张开。踢球腿在支撑脚前跨和助跑的最后一步离地面时，顺势向后摆起，膝弯曲，在支撑着地的同时，以髋关节为轴，大腿带动由后向前摆动，当膝盖摆至接近球的正上方的刹那，小腿做爆发式的前摆，脚背绷直，脚趾扣紧，以脚背的正面踢球后中部，踢球腿随球继续前摆（见图 6-2）。

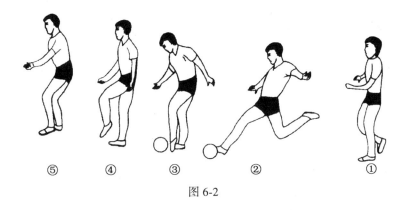

图 6-2

踢反弹球时，要判断好球的落点，当球落地时，踢球腿的小腿急速前摆，在球刚反弹离地时，踢球的后中部（见图 6-3）。

3. 脚背内侧踢球

用脚背内侧部位几个楔骨、趾骨末端击球，其特点是踢球腿的摆幅大、摆速快、踢球的力量大。由于助跑方向、支撑脚选位灵活性较大，出球方向变化幅度较大，因此可踢出

65

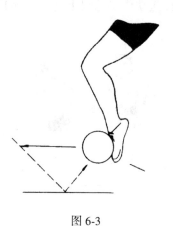

图 6-3

平球、远距离弧线球等，也便于转体踢球。在比赛中多用于中长距离的传球和射门等。

动作要领：踢定位球时，斜线助跑，助跑方向与出球方向成 45 度角。支撑脚以脚掌外沿积极着地，踏在球的侧方向 20～25 厘米处，屈膝，脚尖指向出球方向，身体稍向支撑脚一侧倾斜。在支撑脚着地的同时，踢球腿以髋关节为轴，大腿带动由后向前摆，在身体转向出球方向，膝盖摆到接近的内侧正上方刹那，小腿做爆发式的前摆，脚尖稍向外转，脚面绷直，脚趾扣紧，脚尖指向斜下方，以脚背内侧部位击球的后中部（踢高球时，击球的中下部），然后踢球脚继续前摆（见图 6-4）。

①   ②   ③   ④   ⑤

图 6-4

踢过顶球时，支撑脚可踏在球的侧后方，踢球脚不必过于绷直，踢球的后下部，稍有下切的动作。踢球后，脚不随球前摆，使球产生向后的旋转，以控制球速，使球呈抛物线下落，这种球可使接球人便于接球（见图 6-5）。

转身踢球时，助跑最后一步略带胯动作，支撑脚的脚尖和膝关节要尽可能地转向传球方向，利用腰的扭转协助摆腿和踢球（见图 6-6）。

4. 脚背外侧踢球

与正脚背踢球的动作基本相同，只是用脚背的外侧触球（见图 6-7）。在踢球的一刹那，脚背要绷直，脚趾用力下扣，脚尖内转，踢球的后中部（见图 6-8）。

图 6-5

图 6-6

踢弧线球时，支撑脚踏在球两侧左右处，身体稍向支撑脚一侧倾斜，踢球脚的脚腕用力，并以外脚背切削球的侧后方。踢球后，踢球腿向支撑脚一侧的前上方摆出，以加大旋转力量（见图 6-9）。

二、停球

停球是指运动员有目的地用身体的合理部位把运行中的球停在所需要的控制范围内。在比赛中停球不是最终目的，而是为传球、运球、过人和射门做准备。常用的停球方式有

67

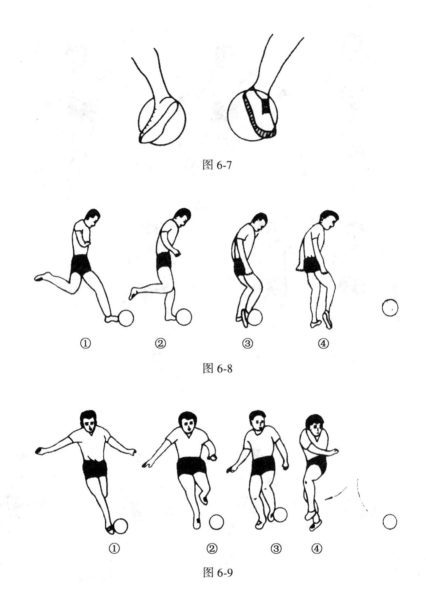

图 6-7

图 6-8

图 6-9

脚内侧停球、脚底停球、胸部停球、脚背外侧停球、脚背正面停球、腹部停球和大腿停球等。

1. 脚内侧停球

脚接触球的面积大，易将球停稳，并且便于改变方向和结合下一个动作，多用来停地滚球、反弹球和空中球。

（1）停地滚球。支撑脚正对来球，膝关节微屈，停球腿屈膝外转并前迎，脚尖稍翘起，当脚与球接触前的一刹那开始后撤，在后撤过程中用脚内侧接触球，缓冲来球力量，把球控制在衔接下一动作所需的位置上（见图 6-10）。

（2）停反弹球。支撑脚踏在球的落点的侧前方，膝关节弯曲，上体稍向前倾并向停

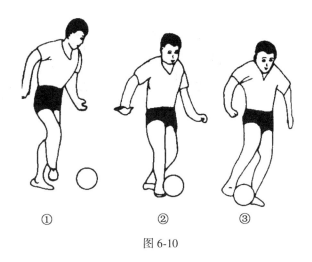

图 6-10

球方向微转，同时停球腿提起，踝关节放松，用脚内侧对准来球的反弹路线，当球落地反弹刚离地面时，用脚内侧推球的中上部（见图 6-11）。

图 6-11

（3）停空中球。一种方法是，根据来球的高度，将停球脚前迎，脚内侧对准来球路线，在脚与球接触前的刹那开始后撤。在后撤过程中用脚内侧触球，缓冲来球力量，把球控制在所需要的位置上。另一种方法是，将脚提起稍高于选择的停球点，在脚与球接触的一刹那开始下切，在下切过程中用脚内侧切于球的侧上部，将球停在地上。接空中球时，先提大腿，腿弓正对来球。触球时，小腿放松下撤（见图 6-12）。

2. 脚底停球

脚底接触面积大，易将球停稳。比赛中多用于停正面来的地滚球和反弹球。

（1）停地滚球。支撑脚站在球的侧后方，膝关节微屈，停球脚提起，膝关节自然弯曲，脚尖翘起高过脚跟（脚跟离地面稍低于球高），踝关节放松，用前脚掌触球的中上部。

（2）停反弹球。支撑脚踏在球落点的侧后方，当球着地的一刹那，用前脚掌对准球

图 6-12

的反弹路线，触球的后上部。

3. 脚背正面停球

这种接球方法适用于接高处下落的球。身体正对来球，接球腿屈膝提起，以脚背对准来球，当球与脚接触的一刹那小腿和脚跟放松下撤，缓和来球力量，使球落在身前（见图 6-13）；另一种接法是在球接近地面时，用正脚背触球，随球下撤落地。

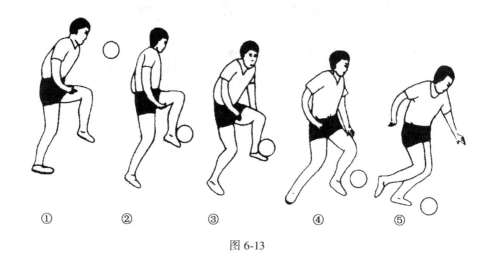

图 6-13

4. 胸部停球

胸部停球面积大、有弹性、位置高，适用于停高球和平直球，胸部停球有挺胸停球和收胸停球两种方法。

（1）挺胸停球。一般用来停高于胸部的下落球。身体正对来球，两臂前后开列，重心落在两脚之间，两膝微屈，两臂自然张开，上体稍后仰，收下颚，当球与胸部接触前的刹那，脚跟提起，向上挺胸，使球弹起，然后落于体前。

（2）收胸停球。一般用来停胸部高度的水平球。身体正对来球，两脚前后开立，两臂自然张开，挺胸迎球。当球与胸部接触的刹那间迅速收胸，收腹以缓冲来球力量，把球停在身前（见图 6-14）。

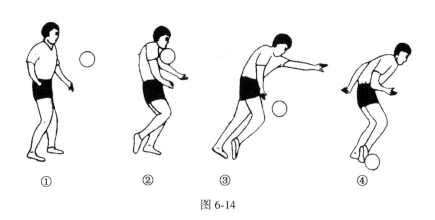

① ② ③ ④

图 6-14

5. 大腿接球

适用于接高球。接球时，大腿抬起迎球，当与球接触的一刹那即随球下撤，使球落在身前（见图 6-15），也可用大腿上抬垫球，使球平稳弹下，如做转体接球时，以支撑腿为轴向左（右）转体，把球接到身体左或右侧。

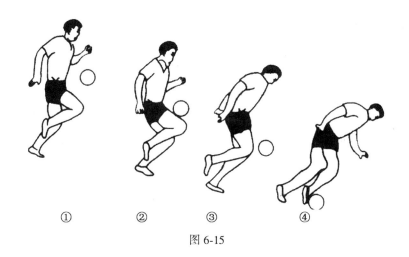

① ② ③ ④

图 6-15

6. 腹部接球

适用于接反弹球。身体正对来球，两脚平行站立，当球从地上弹起时，两臂张开，上体前倾，提气、收腹，缓冲来球力量，将球接在身前（见图 6-16）。

三、运球

运球是运动员在跑动中用脚连续推拨球，使球处于自己的控制范围内的动作，是完成

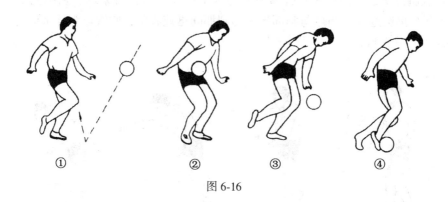

① ② ③ ④

图 6-16

个人突破与战术配合必不可少的技术。常用的运球方法有脚背正面运球、脚背内侧运球和脚背外侧运球等。

脚背内侧和外侧运球灵活，便于迅速奔跑和改变方向，是比赛中常用的运球方法。跑动时身体自然放松，上体前倾，步幅可大可小。脚背外侧运球时，运球脚提起，脚尖稍内转，以脚背外侧推球前进；脚背内侧运球时，运球脚提起，脚尖稍向外摆，以脚背内侧推球前进。

四、头顶球

头顶球是运动员在比赛中为了争取时间和取得空中优势，用头部的前额部位击球的动作，常用来传球、抢截球和射门，是进攻和防守中不可缺少的重要技术之一。头顶球分前额正面顶球和前额侧面顶球，这两个部位都可以做原地顶球、跑动中顶球、跳起顶球和鱼跃顶球等。

1. 原地前额正面顶球

身体正对来球，两脚前脚后开立，膝关节微屈，两臂自然张开，上体稍向后仰，眼睛注意来球。当球运行到身体垂直部位前的一刹那，后脚用力蹬地，身体重心由后脚跟移向前脚的同时，迅速向前摆体，颈部紧张、快速摆头，用前额正面顶球的后中部，接着上体随球继续前摆（见图 6-17）。

2. 原地前额侧面顶球

两脚前后开立，出球方向的同侧脚在前，两膝微屈，上体和头部稍向出球的相反方向侧屈，身体重心放在后脚上，两臂自然张开，两眼注视来球。当球运行到出球方向同侧肩上方的一刹那，脚用力蹬地，上体迅速向出球方向扭摆，同时颈部紧张地摆头，以前额侧面顶球的后中部（见图 6-18）。

五、抢截球

抢截球是防守中的主要行动，是转守为攻的积极手段。抢截球包括抢球和截球两个内容。

图 6-17

图 6-18

1. 正面跨步抢球

面向对手两脚前后开立，两膝微屈，在对手运球脚触球后即将着地或刚着地时，支撑脚立即用力后蹬，抢球脚以脚内侧对着球跨出，膝关节弯曲，上体前倾，身体重心移至抢球脚上，另一脚立即前跨，如双方脚同时触球时，则要顺势向上提拉，使球从对方脚背滚过，同时身体重心要迅速跟上，把球控制好，如离球稍远可用脚尖抢截（见图 6-19）。

图 6-19

2. 侧面冲撞抢截

当与对方平行跑争球时，身体重心要降低，两臂紧贴身体。当对方后侧脚着地时，可用肩和上臂作合理冲撞动作，使对方失去平衡，从而截获其球。侧面冲撞抢截用于抢截者和运球者平行跑动时抢截球。

3. 侧后铲球

防守人追到距运球人侧后 1 米左右，可用脚掌或脚背外侧进行铲球。当运球人将球拨动时，先蹬腿，抢球腿跨出，以脚掌或脚掌外侧在地面滑行，将球踢出，小腿、大腿、臀部、上体依次着地，侧后铲球适用于对手运球刚越过防守者时。

六、假动作

假动作必须在接近对方适当距离时进行，假动作慢，真动作快、突然，真假的动作衔接要快速、适当，做到真真假假，使对方捉摸不定，防不胜防。

1. 踢球假动作

传球前可假向左（右）方做踢球动作，诱使对方向该方向堵截，待其重心移动后，突然向右（左）方踢球突破。

2. 接球假动作

接球前，如对方上前抢截，可假做向左（右）接球，诱使对方堵截左（右）侧，然后突然改为向右（左）接球。

3. 运球假动作

对方迎面抢截球时，可采用身体虚晃动作，使对方捉摸不定，从而越过对手。如果对手侧面抢截，则可以先快速带球前进，诱使对方追赶，这时带球人可突然降低速度或做假动作停球，使对手也放慢速度，然后又突然加速甩开对手，带球切进，运球射门。

七、守门员技术

守门员技术高低、反应敏捷程度、竞争意识，直接影响全队最后一道门户的牢固程度。

1. 接地滚球

接地滚球分直立接球和单膝跪立接球两种。直立接球时，两脚要自然并拢不留空隙，脚尖对准来球，上体前屈，两臂自然下垂近地，手指自然张开，手心向前，两手接球底部。接球后，两臂同时弯曲、并互相靠拢，将球提前紧抱。单膝跪立接球时两腿向侧前方开立，前腿弯曲，后腿跪立，膝关节触地面，并靠近前脚跟，不留中空，上体前倾，两臂下垂，掌心对准来球方向，两手接球底部，接球并将球抱至胸前（见图 6-20）。

2. 接高球

两手自然张开，拇指相对，食指与拇指成"桃形"，当手触球时，手腕和手指适当用力将球接住，同时屈肘，回缩并下引，顺势翻掌将球抱于胸前。要求判断球路与落点要准，跑动、起跳要准，控制高度要快。

3. 接平球

接球前，两臂屈肘置于胸前两侧，在球接触胸前的一瞬间，两臂夹紧，收缩两手，抱

图 6-20

住球的侧上部，迅速置于胸前。

八、掷界外球

掷界外球时要充分发挥蹬地，腰腹和手腕力量，整个动作过程要连续不断。

1. 原地掷界外球

手指自然张开，持球的后半部，两脚前后或左右站立，膝微屈，将球举在身后，上体后仰，掷球时两脚蹬地，收腹屈体，两臂快速前摆将球掷出（见图 6-21）。

图 6-21

2. 助跑掷界外球

助跑时将球持于胸前，在最后一步迈到的同时，将球举至头后，蹬地、收腹、向前快速摆臂，并用扣腕力量将球掷出。

第三节　足球运动基本战术

足球比赛攻守过程中采取的个人行动和集体配合，称为基本战术。足球战术可分为进攻战术和防守战术两大类，在进攻战术和防守战术中都包含着个人和集体的战术。

一、比赛阵形

比赛阵形是指比赛场上队员基本位置排列，是本队防守力量搭配和分工的形式，选择阵形要以本队队员的特长、体能、技术、水平以及对方的特点为依据。

根据队员的职责和排列的层次，分为后卫线、前卫线和前锋线。阵形的人数排列原则是从后卫数向前锋，守门员不做计算。

目前，世界上普遍采用的阵形有"3—5—2""4—3—3""4—4—2""4—1—2—3"等，在以上阵形中，除"4—4—2"阵形以防守为主、反击为辅外，其他阵形均以进攻为主，尤以"3—5—2"阵形更为突出。

阵形绝不是僵化的规定，它只是队员在场上活动的大体安排。可根据临场情况不断变化，场上每个队员都应在明确基本位置和主要职责前提下，进行创造性的活动。

二、各位置的主要职责

1. 守门员

守门员的主要职责是守住球门，不让对方把球射进球门，兼顾攻防战术的组织与变换。

2. 后卫

左右后卫的主要职责是防守住对方左右边锋，不让对方随意将球从边线切入，突破射门。

3. 中卫

中卫是防守的核心人数，主要是保护球门前最危险的区域，制止对方射门，并与另一中卫协调，相互补位防守。

4. 前卫

前卫的主要职责是控制中场，起后卫与前锋的桥梁作用，为全队的枢纽，前卫一般要看守对方一前卫或拖后的前锋。

5. 内锋和突前中锋

他们位于进攻的最前线，主要职责是传递配合，突破射门。要经常交叉换位，扰乱对方防守，为同伴创造射门机会。

6. 边锋

边锋经常活动在球场两侧边线的地区，主要职责是从边线突破对方的防守，带球切入射门或传中，为同伴射门创造机会。

三、进攻战术

进攻战术包括基础战术和整体战术两方面。

1. 基础战术

个人和二三人的局部进攻战术，是组成整体进攻战术的基础，称为基础技术。比赛中，两人的局部配合在任何场区都可能出现。

（1）传切配合，指控制球队员向防守队员身后空隙传球时，另一队队员超过防守队员，切入得球的默契行动。局部的一传一切如图 6-22 所示，⑧向△身后传球，⑦快速切入得球；再如图 6-23 所示，⑦先回拉接应，⑧在防守队员△盯逼时，将球传入△背后，⑦反向切入得球。

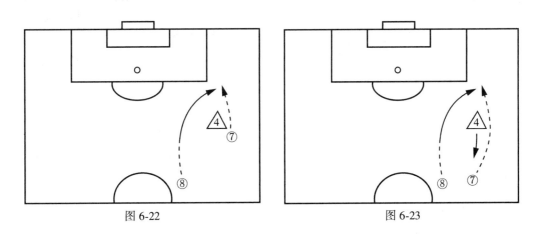

图 6-22　　　　　　　　　　　　　　　　　　图 6-23

（2）二过一战术配合，指在局部地区两个进攻队员通过 2 次以上的连续传球配合，越过一个防守队员的默契行动。二过一战术配合的形式有：

① 斜传直插二过一（见图 6-24）：⑦ 横传给⑧，然后直插△背后，⑧再斜传给⑦，左侧的⑩与⑪的配合与此相同。

② 直传斜插二过一（见图 6-25）：⑧横传给⑦后斜插到△背后，⑦直传给⑧，⑩与⑪的配合与此相同。

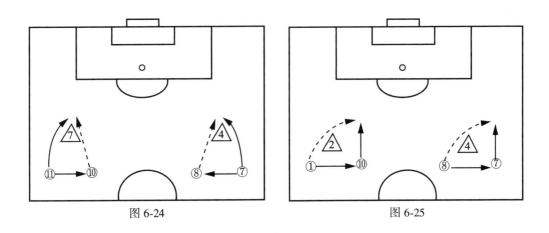

图 6-24　　　　　　　　　　　　　　　　　　图 6-25

③ 踢墙式二过一（见图 6-26）：⑧向⑨脚下传球，球如碰到墙上而弹向△背后的空位，⑧切入接球。

④ 横、回传反切二过一（见图 6-27）：⑦先回撤接⑧的传球，当△向前盯逼时，可

回传给⑧，再前插或反切到 △4 背后空接，⑧斜传给前插的⑦。另一侧的配合方法类同。

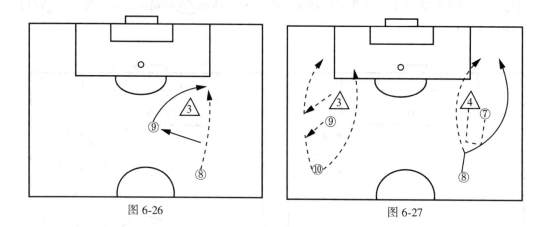

图 6-26   图 6-27

二过一战术配合要求如下：

① 抓住战机。若二过一配合稍一迟缓，防守队员就会回防到位，形成二对二的不利局面。

② 避免越位。如果防守队员是最后一名后卫，则要注意起动时间，避免越位。

③ 注意纵深。动用反切二过一时，要有一定的纵深距离，特别在中间地带，还要估计守门员可能冲出断截的情况。

④ 用力适当。"踢墙式"二过一配合时，运球队员"做墙"的同伴脚下传球时，要适当用力，传球准确，便于"做墙"队员直接传接，传球到位。

⑤ 尽量快传。二过一战术配合最后一传是关键，应掌握传球时机、力量、方向。当同伴离自己较近对手又紧逼，周围防守队员又较多时，一般要直接传球，才能收到突破效果。

（3）掩护战术配合。掩护战术配合是指在局部地区两个进攻队员在运球交叉换位时，以自己的身体掩护同伴突破的默契行动。

掩护战术配合的要求如下：

① 掩护的配合要快速、紧凑和连贯。

② 交叉互换运球时要贴近，否则起不到掩护的作用。

③ 运球人必须用离对手较远的脚运球，接球人要向运球人有球脚一侧跑动，并用与运球人同侧脚接球。

④ 掩护时掩护队员必须做连续运球的假动作，吸引防守队员。

⑤ 掩护时要避免造成阻挡犯规。

2. 局部防守战术

基本的局部防守战术有保护、补位、围抢等。

（1）保护。保护是指在同伴紧逼控球的对手时，自己选择有利位置来配合同伴，防止对手突破的默契行动。在选择配合位置的时候，当控制球的队员被同伴逼向外线，内线已被封堵时，应当撤到同伴的斜后方保护同伴。当控制球队员被同伴逼得横向运球时，应选择同伴侧后方的有利位置。如果不能判断进攻队员被逼向外线还是内线时，保护队员应选择紧逼队员成 45 度角的有利位置。

（2）补位。补位是指防守队员间的互相协助的防守配合行动。通过同伴间的相互补位，可以有效地扼制和破坏对方的进攻行动，并由被动局面转化为主动局面。如图 6-28 所示，中卫给边位补位，⑦运球突破△，△来不及转身堵抢时，中卫△放弃自己的对手补位于边卫的防守位置，边卫补中卫的位置。

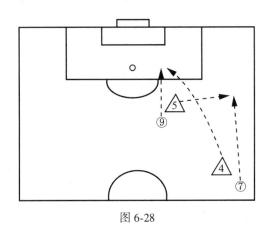

图 6-28

（3）围抢。围抢是指防守队员在防守时，几名队员同时围堵，打乱某局部地区对方控制球队员的默契行动。

围抢一般在对方推进速度慢，补传、挡传或个人运球较多时进行比较有利。前场、后场的四个死角，中场的两个边是围抢的有利位置。

3. 整体进攻战术

整体进攻战术是指进攻面较广、投入的人较多的进攻的整体配合，其方法主要有快速反击、边路、中路、转移和破密集防守进攻等。

（1）快速反击。快速反击是指在中、后场抢断球后，利用准确的中长传，把球传到对方后卫背后空当，让本队突前前锋高速切入突破射门，或传给快速插上的同伴配合突破射门（见图 6-29），⑥抢得球后，长传至后卫背后，⑪快速运球切入，突破后传给快速切入的⑦射门。另一种是把球传给中前场策应的同伴，然后利用个人运球突破射门（见图 6-30）。

快速反击要求中后场传球及时、准确，突前队员进攻意识好，切入及时迅速，个人应变能力强。

（2）边路进攻。边路进攻是指在对方半场两侧地区发动的进攻。方法是由守转攻时，获球队员可将球传给边锋或其他队员，从边路发起进攻（见图 6-31）。

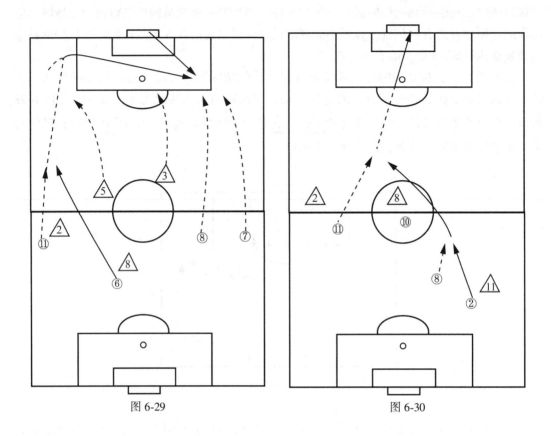

图 6-29   图 6-30

（3）中路进攻。常用的中路突破方法有：中路3人连续二过一突破，两内锋（或中锋与前卫）一抢一插。如图6-32所示，⑩回撤拉大空当，⑧切入突破射门。两内锋快速二过一突破。中锋式前卫运球强行突破射门。

中路进攻时，必须要求两边锋拉开，借以牵制对方的两个后卫，诱使对方中间区域闪出较大的空隙，为中路进攻创造有利条件。

（4）转移进攻。转移进攻是指一侧进攻不能奏效，而改变进攻方向的进攻战术。转移进攻有边转中、中转边、左（右）转右（左）边的大转移进攻等。

四、整体防守战术

整体防守战术方法主要有区域防守、人盯人防守和综合防守。

1. 区域防守

根据场上队员位置的分布，每个防守队员防守在一个区域，在对方某一队员跑入本区域时行积极防守，限制对方进攻活动的配合方法。

2. 人盯人防守

人盯人防守是指由攻转守时每个防守队员盯住一个对手，封锁对方的进攻路线，控制对方活动和传控球时机的配合方法。

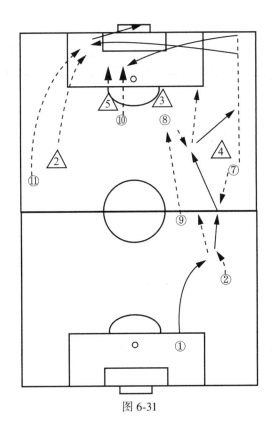

图 6-31

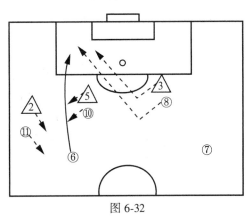

图 6-32

3. 综合防守

综合防守是指人盯人与区域防守相结合的防守方法。

五、定位球战术

定位球战术是指比赛开始或成死球后重新恢复比赛时采用的进攻战术配合，包括中圈开球、任意球、角球、球门球、点球、掷界外球等。

1. 中圈开球战术

中圈开球的战术配合一般有两种：一种是利用对方在比赛刚开始思想不集中，队员站位不妥或有较大空隙时候进行突袭；另一种是先控制球，进行试探性进攻，在了解到对方布置情况后，再按照预定计划逼近对方球门。

2. 任意球进攻战术

（1）罚球区附近的任意球战术有：

① 直接射门。当防守组织的人墙有漏洞或守门员位置不当时，可以直接射门。

② 配合射门。如果没有空当，可以配合射门。

（2）罚球区两侧的任意球有：

① 把球传到防守队员背后，其他队员包抄冲上射门。

② 当守方回守较多时，可以回传或接球射门。

3. 角球战术

（1）由踢弧线球较好的队员主发角球，并由头球较好的队员争顶射门。

（2）短传配合的战术，一般在对方身体高大，争顶头球能力强，对方身体较短、头球较差或碰到较大的逆风时运用这种方法，运用时要争取时间，不等防守队员站好位置就立即发球。

第四节　足球运动竞赛规则简介

（1）足球比赛场地必须是长方形，在任何情况下长度必须长于宽度。一般场地长度为 90~120 米，宽度为 45~90 米。国际比赛场地长 100~110 米，宽 64~75 米。设在 400 米跑道的田径场内的足球场，以长 104 米、宽 68 米为宜（见图 6-33）。

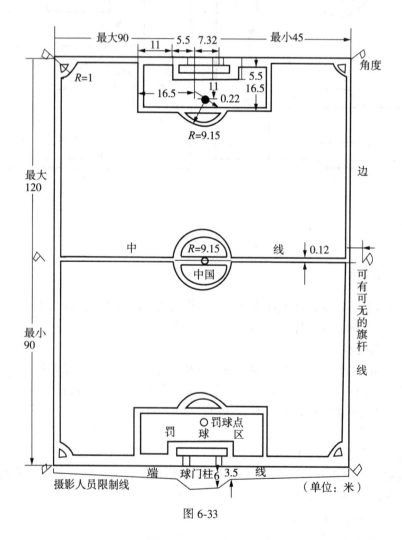

图 6-33

（2）足球场由四线、三区、二点、一圈、一弧组成。四线即边线、端线、中线和球门线；三区即罚球区、球门区和角球区；二点即开球点和罚球点；一圈即中圈；一弧即罚球弧。

（3）足球比赛判断是否出界或进门，是以球的整体是否从地面或空中的倒直线越出边线、端线或球门线，不以队员所处的位置为依据。足球场上的各线宽度均不得超过 12 厘米。

（4）在足球比赛中，有以下 7 种情况将球直接踢进球门都不算胜一球：中线开球；球门球；掷界外球；间接任意球；直接任意球直接踢进本方球门；裁判员坠球，即球着地后未经其他队员接触即进球门；攻方队员用手或臂将球掷入、带入或故意碰入球门。

（5）足球门宽 7.32 米，高 2.44 米。

（6）国际足球比赛开始前，裁判员对比赛用球要进行严格的检查。按规则要求，开始比赛时，球的圆周不得超过 71 厘米少于 68 厘米，球的重量不得超过 453 克、少于 396 克，球的气压为 0.6 千克/厘米^2。

（7）足球比赛，每队上场队员不得多于 11 人，其中必须有 1 个人为守门员。在比赛或比赛进行中，某队队员人数不足 7 人时，比赛应终止。

（8）正式国际比赛每队每场最多替补 3 名队员，一般比赛或友谊赛，可由举办单位或比赛双方确定替补人数。

（9）一场足球比赛中，裁判一般由 1 名裁判员、3 名巡边员和 1 名替补裁判员组成。

（10）在足球比赛中，有以下 5 种情况裁判员必须鸣哨：比赛开始开球、进球、罚点球、停止比赛和结束比赛。

（11）足球比赛中全场时间为 90 分钟，上下半场各 45 分钟，除经裁判员同意外，中间休息时间不得超过 15 分钟。如果进行决胜期比赛，加时 30 分钟，15 分钟交换场地，中间不休息。

（12）判罚队员越位，必须同时具备以下条件方可判罚：该队员处在对方半场内；该队员较球更接近于对方端线；该队员与对立端线之间的对方队员少于 2 人；同队队员在触球后刹那，该队员正在干扰比赛或干扰对方，或企图从越位位置获得利益。

（13）在足球比赛中，凡队员故意违反下列 9 项规定之一者，裁判员都应判罚直接任意球：踢或企图踢对方队员；摔绊对方队员，即在对方身前或身后，伸腿或屈体绊摔对方；跳向对方队员；猛烈地或带有危险性地冲撞对方队员；除对方正在阻挡外，从后冲撞对方队员；企图打或打对方队员，或向其吐唾沫；拉扯对方队员；推对方队员；手触球，即用手或臂部携带球、击或推（守门员在本方罚球区内除外）。

（14）在足球比赛中，凡队员故意违反下列规定之一者，裁判员都要判罚间接任意球：裁判员认为其动作有危险者，例如企图去踢已被守门员抓住的球；当球并不在有关队员控制范围时，目的不是争球，而用肩部去做所谓的合理冲撞；故意阻挡对方队员而不踢球者，例如在球与对方之间跑动或插进球与对方之间，为的是阻挡对方队员；冲撞守门员，但下列情况除外：

①当守门员抓住球时；

②当守门员挡阻对方队员时；

③当守门员在本方球门区以外时。

守门员在本方罚球区内有下列情况时：

①以手控制球后朝任何方向行走 4 步以上，一面行走一面持球、拍或向空中抛球再接住，未使球进入比赛状态；

②以手控制球后，使球进入状态，在球未出罚球区前，不准有守方队员触球过渡给守门员；

③裁判员认为守门员故意延误时间，以使本队获得不正当利益。

（15）在足球比赛中，凡队员有下列行为时，裁判员应给队员以警告：比赛开始后，队员进场或重新进场加入比赛，或在比赛进行中离场（意外事故者除外），不论哪一种情况事先未得到裁判员示意允许者、持续违反规则者、用言语或行动对裁判员的判决表示不满者、有不正当行为者。

（16）在足球比赛中，裁判员认为队员有下列行为时，应被罚令出场：有恶劣行为或严重犯规；有粗言秽语辱骂性语言；经警告后，仍坚持其不正当行为。

（17）合理冲撞是指在比赛中，球在双方控制范围内和在机会均等的情况下，用肩部做力量适当和不带危险性的冲撞动作，即接触方式上允许做的合乎情理的冲撞。

合理冲撞应具备如下条件：冲撞的目的在于争球；球必须在肘关节以上的体侧部位，去冲撞对方相同的部位；力量要适当，不得猛烈地带有危险性；冲撞时手臂不得扩展。

第七章 排　　球

第一节　排球运动概述

1895 年美国马萨诸塞州霍利克城基督青年会体育干部 G. 摩根创造了排球比赛。场上每队 16 人，随着技术、战术的发展，逐渐减少为 12 人、9 人、6 人制的比赛。

排球运动在美国产生以后传入欧洲和亚洲，由于是基督教青年会的传教活动，排球于 20 世纪初先后传入印度、中国、日本、菲律宾。国际排球联合会成立于 1947 年，已有 140 个国家和地区成为其会员，目前世界性最高层次的排球比赛有世界锦标赛、奥运会排球赛、世界杯排球赛等。

中国女排以技术全面、全攻全守、高打快攻、灵活多变的打法独树一帜，分别在 1981 年第 3 届世界杯女排锦标赛、1982 年第 10 届世界女排锦标赛、1984 年第 13 届奥运会女子排球赛、1985 年第 4 届世界杯女排锦标赛和 1986 年第 11 届世界女排锦标赛上荣获"五连冠"。之后，古巴女排转而称雄。

世界排球发展趋势可以归纳为"点、线、面、体"的几何轨迹。开始由固定位置（二、四号位）的单点进攻，渐渐发展为沿网平行的多点进攻线，进而又在网上不同高度和空间差形成了不同网距的各种进攻线，然后又有网上不同高度和空间的进攻战术。目前，排球技术、战术的发展动向是"高、快、全"的结合。

高——是指运动员身体高度的提高，这必然使今后网上争夺更为激烈，并为技术、战术的变化带来创新。

快——是指各国排球队频繁交往、相互渗透、博采众长。两种流派相互融合，将世界排球运动推向一个新的高度，其主要体现在进攻战术的快速多变上。

全——主要体现在全面掌握技术上。

排球比赛场地长 18 米，宽 9 米，以一条中线把球场分为两个场地，在中线上空设长 9.50 米，宽 1 米的球网将两个场区隔开。根据排球规则规定，正式赛网高是男子 2.43 米，女子 2.24 米。排球比赛上场的双方各有 6 名队员，分别按照场上六个区域站位。由双方队长抽签确定谁先发球。在球发出前，双方队员按六个区站好位、不得越位。发球时，由站在一号位的队员先发球。每一方只允许击球 3 次（拦网除外）。击球时不能持球或连击，后排队员不能在限制线前完成进攻性击球。比赛每局满 25 分为一局，正式比赛一般采用五局三胜制，每局为每球得分制。

排球运动对场地设备要求不高。参加者不受年龄、性别的限制，可以根据自己的体力来掌握运动量。经常参加排球运动，能促进身体全面发展，增进内脏器官的功能，能提高弹跳灵敏度、耐力、速度、力量等身体素质以及反应能力。不仅如此，排球运动还可以培养团结战斗的集体主义精神和精确快速的判断能力以及勇敢顽强、坚毅果断、机智灵活的意志和品质。

第二节 排球运动基本技术

排球的基本技术包括准备姿势、移动、发球、垫球、传球、扣球和拦网等技术。

一、准备姿势与移动

1. 准备姿势

准备姿势是为了迅速起动、快速移动、及时起跳和倒地，便于完成各种击球动作。按身体重心高低，准备姿势分为稍蹲、半蹲和低蹲三种，运用最多的是半蹲准备姿势。

半蹲准备姿势动作要领：两脚左右开立（略宽于肩），一脚稍前，两脚尖适当内收，脚跟稍提，膝关节保持一定的弯曲度，上体前倾，重心靠前，膝部的垂直线应当在脚尖前面，两臂放松，自然弯曲，双手置于腹前，目视来球，两脚保持移动待发状态（见图 7-1、图 7-2）。

图 7-1   图 7-2

2. 移动

移动主要是超动和制动。常用基本步法有以下几种：

（1）并步与滑步。当来球距离身体一步左右时，可采用并步移动。如向前移动时，后脚蹬地，前脚向来球方向跨出一步，后脚迅速跟上，做好击球前的准备姿势。连续并步移动称为滑步。

（2）跨步与跨跳步。当来球较低，离身体二三米左右时采用跨步。如向前移动，则后脚用力蹬地，前脚向前跨出一大步，膝部弯，上体前倾，身体重心移至前脚上。若来球低而远，可采用跨跳步，它是在跨步的基础上，后脚蹬离地面，有一个腾空阶段，前脚落地后迅速屈膝，后脚及时跟上，同时重心降低，上体前倾，准备击球。

（3）交叉步。当来球在体侧 3 米左右时，可采用交叉步移动。如向右侧交叉步时，上体稍向右转，左脚前面向右交叉跨出一步，然后右脚再向右跨出一步，同时身体转向来球方向，保持击球前的姿势（见图 7-3）。

（4）跑步。球距人较远时须采用跑步，跑步时两臂要配合摆动。球在侧方或后方时，

图 7-3

应边转身边跑动（见图 7-4）。

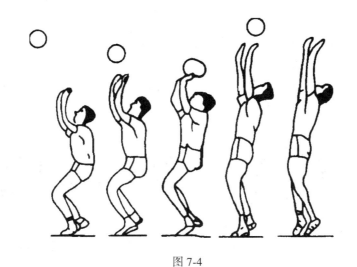

图 7-4

二、传球

传球是排球运动的基本技术，是进行比赛和组织战术的基础，主要用于衔接防守和进攻。

1. 正面双手上手传球

正面双手上手传球是传球最基本的方法，是掌握、运用其他传球技术的基础（见图7-5）。

（1）准备姿势。采用稍蹲准备姿势，身体站稳，上体适当挺起来看球，双手自然抬起置于脸前。

（2）迎球或击球。当来球接近额前时，开始蹬地、伸膝、伸臂、两手微张从脸前向前上方迎球，击球点在额前上方约一球距离处。

（3）手型。当手触球时，两手自然张开呈半球型，使手指与球吻合，手腕稍后仰，

图 7-5

以拇指、食指和中指托住球的后下部，手指、手腕保持适当的紧张，以承担球的压力，两拇指相对，接近"一"字形，两手间要有一定距离（不超过球的直径）。用拇指内侧、食指全部、中指的二三指接触球，无名指和小指在球的两侧辅助控制。两肘适当分开，两前臂之间约成 90 度角，如图 7-6 所示。

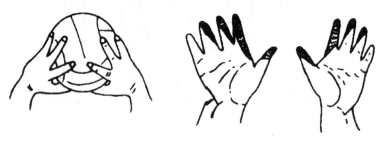

图 7-6

　　（4）用力。传球动作是由多种力量合成的。如伸臂力量、手指手腕的反弹力量、身体伸腿蹬地的力量、主动屈指屈腕的力量以及球的弹力等。正面传球主面靠伸臂的力量，配合蹬地的力量，通过球压在手上使手腕所产生的反弹力将球传出。

　　运用正面双手传球，可以传正面一般拉开球，传正面集中球（包括传小夹角球、传大夹角球、传平冲来球、传近网高球、传低球）。

　　2. 背传

　　二传队员背对传球目标的传球叫背传，主要用于组织进攻（见图 7-7）。

　　动作要领：传球前背对传球目标，上体保持正直或稍后仰，击球点比正面传球要高，迎球时，微仰头挺胸，在下肢蹬地的同时，上体向后上方伸展。击球时，手腕适当后仰，掌心向后上方击球的底部，利用抬臂、送肘的动作和手指手腕主动向后上方传出。

　　运用背传可传拉开球，也可以传近体快球和短平快球。

图 7-7

3. 侧传

二传队员侧对传球目标，并将球向体侧方面传出，叫侧传。

动作要领：传球前的准备姿势手型与正面传球相同。迎球时，通过下肢蹬地使身体重心向上伸展，但上体和手臂应向侧上方用力，触球下方，传球方向异侧手臂的运作幅度和用力要大于同侧手臂。

侧传具有隐蔽性的特点，可以传各种快球以增强进攻的力量。

4. 其他姿势的传球

如调整二传、倒地二传，这两种姿势的传球是针对一传不到位而采取的传球办法。晃传、二传假扣而向后转移传球，主要是传快球，以增大网上的进攻面。

三、垫球

垫球主要用于接发球、接扣球、接拦网球，有时也用来组织进攻。按动作方法可分为正面双手垫球、跨步垫球、体侧垫球、挡球等。

1. 正面双手垫球

（1）准备姿势。根据球的落点，迅速移动成半蹲姿势站立。

（2）手型。当球接近腹前时，两手掌根紧靠，两手手指重叠后合掌互握，两拇指平行，手腕下压，两臂外翻形成一个平面（见图 7-8）。

（3）击球。当球距腹前一臂距离时，两臂夹紧前伸插到球下，向前上方蹬地抬臂，垫击球的后下部，身体重心随击球的运作前移。

（4）用力。主要靠手臂上抬力量增加球的反弹力，同时配合蹬地、跟腰动作，使重心向前上方移动。两个手臂要适当放松，便于灵活控制垫球的方向和力量。

（5）垫球部位。应保持腹前击球，触球时用前臂腕关节以上 10 厘米左右桡骨内侧平面为宜（见图 7-9）。

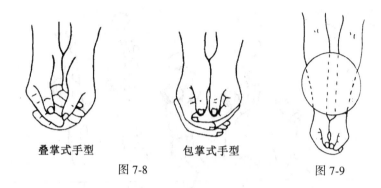

叠掌式手型　　　　　包掌式手型

图 7-8　　　　　　　　　　　　图 7-9

（6）手臂角度。根据来球的角度和要垫出的方向，运用入射角与反射角原理，调整手臂与地面的角度和转动左右手臂平面来控制垫球方向（见图 7-10）。

图 7-10

2. 体侧垫球

球正向体侧飞来，队员来不及接来球时，可用双臂体侧垫球。如球向左侧飞来，右脚掌内侧蹬地，左脚向左跨出一步，重心移至左脚上，右臂弯曲夹紧向左侧伸出，右肩微向下倾斜，用向后转腰收腹的动作，配合两臂自左后方向前截住飞行的路线，用两前臂垫击来球的后下部。切忌随球向左侧摆臂击球，这样会造成球飞向侧方（见图 7-11）。

图 7-11

3. 滚翻垫球

做滚翻垫球时，应快速向来球方向移动，最后跨出一大步，重心下降并落在跨出脚上，上体前倾，使胸部贴近大腿，双臂伸向来球方向。同时，两脚继续用力蹬地，使身体向来球的落地点方向腾出，用小臂、虎口或手腕部分击球的下部。击球后脚尖内转，以大腿外侧、臀部侧面、背部、跨出腿的异侧肩部依次着地，然后迅速低头、收腹、团身做单肩后滚翻成低蹲姿势（见图 7-12）。

图 7-12

4. 挡球

当来球高于肩且力量大，来不及后退，不宜用传球和垫球时，可采用双手挡球和单手挡球的方法。双手挡球的手型有并掌法和包掌法两种（见图 7-13）。

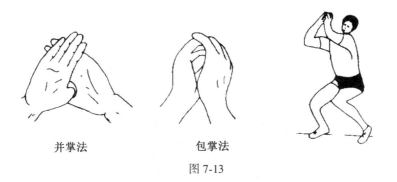

并掌法　　　　　　　　包掌法

图 7-13

四、扣球

扣球是排球的基本技术之一，是得分、争发球权的主要手段。扣球的成败，体现全队的战术质量和效果，是能否取胜的关键。

现代排球运动的扣球技术，已打破位置分工的限制，更多地运用各种变步和变向的助跑起跳，充分利用网长和纵深，采用立体进攻。

1. 正面扣球

（1）准备姿势。采用稍蹲姿势，两臂自然下垂，观察来球，做好向各个方向助跑起跳的准备。

（2）助跑。助跑的步数要视球的远近和个人习惯采用一步、二步、三步等不同的步法。扣球助跑可采用并步法起跳、跨跳法起跳（见图7-14、图7-15）。

图 7-14

图 7-15

现以两步助跑右手扣球为例。助跑时，左脚先向前迈出一步，接着右脚再迅速跨出一大步，左脚及时并上，踏在右脚之前，脚尖稍向右转。第一步小、第二步大，脚跟先着地过渡到令脚掌着地。两臂配合起跳，有力地向上摆动。两腿从弯曲制动的最低点，猛力蹬地向上跳起。

（3）空中击球。起跳后挺胸展腹，上体稍向右转，右臂向后上方摆起，身体成反弓形。挥臂时，以迅速转体、收腹动作发力，依次带动肩、肘，腕各关节成鞭甩动作向前上方挥击。击球时，五指微呈勺形，并保持紧张，以全手掌包满球，掌心为击球中心，击球的后中部，同时主动用屈腕指向前推压，使扣出的球加速上旋。击球点在起跳的最高点和伸直手臂最高点的前上方（见图 7-16）。

图 7-16

（4）落地。前脚掌先着地，再过渡到全脚掌着地，顺势屈膝、收腹（见图 7-17）。

图 7-17

2. 近体快球的扣球

快球有近体快球、背快、短平快、半快球、平拉开快、调整快等许多种，不论采用哪种，都应注意以下两点：

（1）助跑的步伐要轻松、快速、灵活、有节奏，起跳时间要准确。

（2）击球时，上体动作和挥臂动作的振幅要小，主要利用前臂和手腕加速甩动击球。

近体快球动作要领：近体快球是在二传队员体侧约 50 厘米处扣的快球。扣球队员要在二传托球的同时，助跑到网前，助跑角度一般与网成 45 度左右。当二传队员传球时，扣球队员应在二传队员前近网处迅速跳起，紧接着快速挥臂，将刚传出网口的球扣过网去。击球时，利用含胸、收腹动作带动前臂和手腕迅速甩挥，以全手掌击球的后上部。

五、发球

发球技术有正面发球、侧面下手发球、正面上手发球、正面上手飘球、勾手大力发球、高吊球等，近几年又出现了跳起发球和上手砍式发球。发球技术由准备姿势、抛球和击球几部分组成。

发球必须注意以下几点：

（1）抛球要稳：要求掌心向下平稳地把球抛起。

（2）击球要准：要求用力方向必须与所要发出球的方向相一致。如击球的后下方，球向前上方飞出；击球的正下方，球向正上方飞出；击球的后中部，球向正前方飞出。

（3）手法要正确：击球的手法不同，发出球的性能也不同。如发旋转球时，必须使手撑包住球，在击球时有推压动作。

1. 侧面下手发球（以右手发球为例）

左肩对网，两脚左右开立，与肩同宽。两膝微屈，上体稍前倾，重心落在两脚之间，左手持球于腹前。左手将球平稳抛至胸前约一臂距离，离手约 30 厘米高。在抛球的同时，右臂摆至右侧下腹前，用全掌击球的后下方。击球后，立即进入场地进行比赛（见图 7-18）。

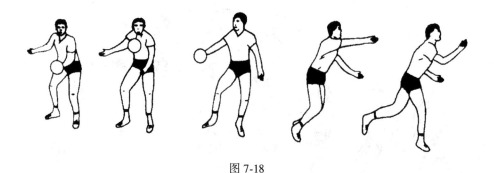

图 7-18

2. 正面上手发球

两脚自然开立，左脚在前，左手托球于身前。用抬臂和手掌的平托上送，将球平稳地垂直抛于右肩的前上方，高度适中。在左手抛球的同时，右臂抬起，屈肘后引，肘与肩平，上体稍向右侧转动。挥击时，利用蹬地使上体向左转动，同时收腹，带动手臂挥动。在右侧肩上方伸至手臂的最高点，用全手掌击球的中下部，击球时手指自然张平与球吻合，手腕要迅速主动做推压动作，使击出的球呈上旋飞行。击球后，随着重心前移，迅速进场比赛（见图 7-19）。

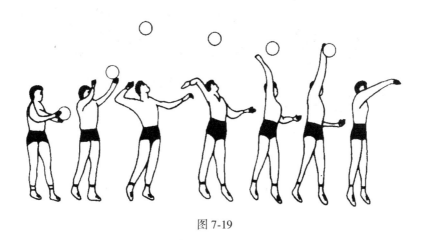

图 7-19

3. 大力发球

无论是上手还是勾手大力发球（见图 7-20、图 7-21），除做好准备姿势、抛球和挥臂外，关键是击准球。击球时，利用蹬地转体和迅速收腹的力量，带动手臂迅速而猛烈地向前方挥动击球，身体重心随之移至左脚上，手臂尽量伸直，在右肩的前上方，用全手掌勾击球的中下部，同时手腕有适应的推压动作。

图 7-20

4. 正面下手发球

发球前，面对球网，双脚前后开立，左脚在前，右脚在后，两膝微屈，上体前倾。左手持球置于腹前，右臂自然下垂，两眼注视球。发球时，左手将球在体前右侧抛起，离手20～30 厘米，在抛球的同时要做好右臂后摆动作。击球时，右脚踏地，身体重心前移，右

图 7-21

臂伸直，以肩为轴，向前摆动到腹前，用虎口、掌根或手掌击球的后下部（见图 7-22）。

图 7-22

六、拦网

1. 单人拦网

（1）准备姿势。队员面对球网，两脚平行站立，距离 30 厘米，约与肩同宽。两膝稍屈，两臂在胸前自然屈肘。

（2）移动。运用并步、交叉步、跑步移动。

（3）起跳。起跳时，重心降低，两膝弯曲，用力蹬地，使身体垂直起跳，起跳技术要与跑步技术相结合。

（4）空中击球。起跳时，两手从额前贴近并从平行于球网上沿的前上方伸出，两臂伸直，尽量上提。前臂靠近网，两臂保持平行。拦网时，两臂尽力过网伸向对方上空，两手自然张开，屈指屈腕呈钩形。当手触球时，两手要突然紧张，手腕用力下压盖住球的前上方（见图 7-23）。

图 7-23

（5）落地。如已将球拦回，可面对对方，屈膝缓冲，双脚落地；如未拦到球，则在下落时就要随球转头，转身面对后场，做下一个动作的准备。

2. 集体拦网

集体拦网有双人拦网和三人拦网两种，集体拦网技术动作除要求具备个人拦网技术要求外，还应注意互相配合。

（1）集体拦网要确立以谁为主，密切协调配合。

（2）起跳时应避免互相冲撞或干扰。

（3）起跳后，手臂在空中既不要互相重叠，也不要间隔太大，以免造成拦击面小而漏球。

（4）身材高矮不同的队员要加强配合。

（5）身材高、弹跳力强的或拦网好的队员，应排到拦网重要的 3 号区域，或对准对方的主攻者。

第三节　排球运动基本战术

一、阵容配备、交换位置、信号联系

1. 阵容配备

它是合理地使用本队队员的一种组织手段，目的在于把全队的力量有效地组织起来，最大限度地发挥每一名队员的特长和作用，发挥总体优势。

（1）"4—2" 配备

安排 4 个进攻队员，2 个二传队员。4 个进攻队员又分为 2 个主攻、2 个副攻队员。

二传、主攻、副攻各成对站立。

（2）"5—1"配备

如全队的扣球、传球和防守技术较全面时，为了加强进攻，可采用 5 个扣球队员和 1 个传球的配备。传球队员在前排时，打"中边一二"战术或两次球战术。传球队员在后排时，则采用"插上"战术。

（3）"3—3"配备

一个扣手间隔一个传球队员，这样在任何轮次上前后排都保持 1~2 个传手和扣手，便于组织"插上"和"两次球"战术，也便于转为"中、边一二"的进攻战术。

（4）"2—4"配备

2 个传球安排在对称位置上，其余的安排扣手。这样在前后排能保持 1 个传球和 2 个扣手，便于组织多种进攻战术，这种配备在一般球队中常被用。

2. 交换位置

在规则的允许下，为了最大限度地发挥每个队员的特长，弥补由于队员身高、技术的不平衡带来的缺陷，以达到整体效益，可采用交换位置的方法。一般有以下两种：

（1）前排队员之间的换位。前排把二传、主扣和拦网队员换到最有利的位置，后排队员之间的位置交换也是如此。交换时机是发球队员发球的一刹那间。

（2）上排队员的换位。把善于防守的队员换到防守任务的区域上，二传队员换到易于行进间插上 1 或 6 号位置上。

3. 信号联系

快速多变进攻战术的实现，必须通过信号联系来统一场上队员的行动。

（1）语言联系。语言联系就是用语言直接进行联系，其中可将战术编成代号，也可真假反用、真假结合。

（2）手势信号联系。可通过事先确定的各种手势，进行规定的战术配合，手势一般由二传队员和进攻队员发出。

二、个人战术

1. 发球的个人战术

根据临场比赛的情况，采用发准确性球控制落点，发攻击性球和不同性能的球，从而达到直接得分和削弱对方进攻战术的目的。

（1）加强攻击性发球。尽量准确地发出弧度平、速度快、力量很大、旋转性强或飘度大的攻击性球，以破坏对方一传，并争取直接得分。

（2）控制落点的发球。将球准确地发到对方两个队员之间的联系接区、前区、后区死角、三角地带或对方交换位置活动区，以破坏对方一传。

（3）发给一传差、信心不足、连续失误、情绪不稳、精力分散的队员。

2. 扣球个人战术

根据对方情况，灵活运用扣球战术。如避开拦网队员的手、利用拦网队员的手、找人找点地扣球。临场时，针对对方的弱点实施进攻，力求主动，达到得分和削弱对方进攻的目的。

（1）扣球时避开拦网队员的手的方式有：

① 扣球时运用路线的变化，灵活采用扣直线、斜线、小斜线。

② 运用转体，转腕扣球技术，达到突然扣球线路的目的。

③ 运用超手扣球或吊球技术，从拦网队员手上方进攻突破。

④ 运用时间差扣球使对方达不到拦网目的。

（2）扣球时利用拦网队员的手的方式有：

① 利用打手出界来破坏对方严密拦网。

② 运用轻扣球，造成球随拦网队员一起落下。

（3）根据临场情况采用的扣球战术有：

① 运用二次球扣球，或佯传突转扣使对方来不及拦网。

② 找人找点扣球。找对方技术差者或空当进行扣球。

3．一传个人战术

本队集体战术成功的基础就是一传，多变的集体战术要求有多变的一传个人战术，具体有组织快攻、两次球战术、交叉战术和短平快战术。

4．二传个人战术

二传队员是组织全队战术的核心，二传个人战术主要利用时间差、位置差、空间差和动作的变化为进攻创造有利的形势。

（1）二传队员是组织全队战术的核心，二传个人战术主要利用本队的特长组织集中与拉开、近网、中网与远网、弧度高与弧度低等传球技术，组织进攻战术。

（2）可根据对方拦网部署，选择拦网薄弱环节强攻。

（3）掌握对方心理特点，利用多种战术变化，打乱对方的防守步骤。

（4）根据临场情况处理球或调整球。

5．拦网个人战术

拦网是被动的，要变被动为主动，关键在于隐蔽，造成对方扣球队员判断错误而使本方拦网成功。

（1）拦网队员可站直拦斜、站斜拦直、正拦侧堵、侧堵正拦，并可运用取位和空中变化的假动作迷惑对方。

（2）有时可制造假象，使对方受骗。如假装露出中路空当，引诱对方队员扣中路之后突然拦关门球。

（3）如发球扣球队员要打手出界或平扣时，可在空中及时将手撤回，造成对方扣球出界。

（4）在估计到对手扣球威力不大时，要防止对方吊球、轻扣等。

三、接发球及其进攻战术

接发球进攻简称一攻，一般由一传、二传、扣球三部分组成。接发球进攻战术有如下四种形式：

1．"中一二"进攻战术

"中一二"战术是由3号队员作二传把球传给2号位或4号位或后排队员扣球。这种战术容易组织，但变化少，战术意图易被对方识破，其突然性和攻击性小。"中一二"战术有如下两种：

（1）集中与拉开。二传队员根据临场情况向 2 号位或 4 号位队员用忽而集中、忽而拉开的传球迷惑对方拦网（见图 7-24）。

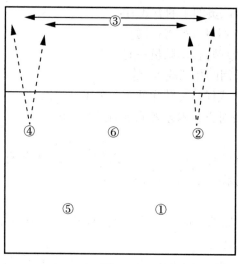

图 7-24

（2）跑动掩护进攻。为了增加战术的突然性，可以通过主、副攻手的跑动、换位和相互掩护，变定点进攻为活点进攻，设法摆脱对方的集体拦网。造成一对一的局面。

2."边一二"进攻战术

接发球时，把球垫给前排 2 号队员，由他给 3、4 号队员扣球。这种战术进攻面大、路线多，可以组织多种进攻战术。如快球掩护拉开战术、前交叉战术、围绕战术、快球掩护夹塞战术、梯次战术、短平快拉开战术、掩护活点进攻战术等。

3."插上"进攻战术

"插上"进攻战术是指本方 1 个后排队员在对方发球时，迅速跑到前排担任二传，使前排有三个人进攻的形式。这样可组成各种快速多变的战术配合，造成对方拦网判断困难。"插上"战术形式中的几种战术变化如下：

（1）中间快球，两边拉开。3 号位队员打快球或快球掩护，2、4 号位队员两边拉开进攻，这是插上进攻的最基本打法（见图 7-25）。

（2）交叉进攻战术：

① 前交叉进攻战术：4 号位队员内切快球掩护，3 号位与 4 号位队员作交叉跑动扣球。完成战术配合后，可自然换位，成死球后再返原位（见图 7-26）。

② 后交叉进攻战术：3 号位队员快球掩护，2 号位队员与 3 号位队员成交叉跑动，绕至二传队员前面扣半快球或半高球（见图 7-27）。

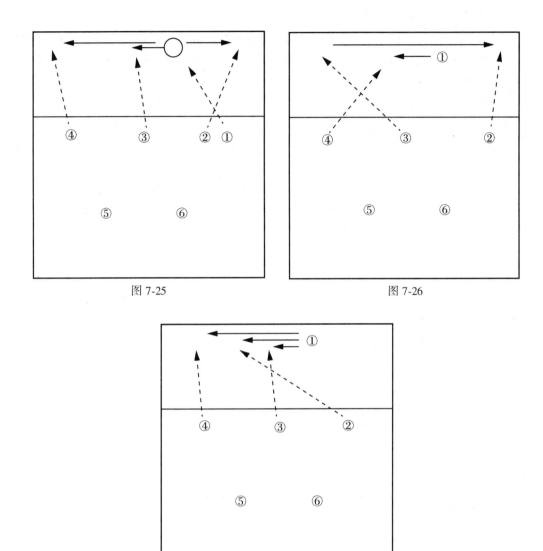

图 7-25   图 7-26

图 7-27

（3）"梯次"进攻。进攻时利用 3 号位队员扣快球或作掩护，另一位队员在 3 号位队员的背面起跳扣球。

四、防守及其反攻战术（防反）

防反是对方组织进攻后，本方所进行的一系列防守与重新组合的战术行动，其全过程是由防守和反击两部分组成。

1. 防守

（1）单人拦网的防守战术。人盯人拦网：当对方从 4 号或 2 号位进攻时，由本方 2 号或 4 号位的队员进行单人拦网，3 号队员后撤防守。

101

（2）双人拦网的防守战术：

①"心跟进"防守阵形：对方采用打吊，结合进攻，而本方拦网能力强，且6号位队员善于保护时采用。该阵形是6号位队员跟进保护，前排两个拦网外，不拦网队员撤后，与后排组成防守。

②"边跟进"防守阵形：该防守阵形也称为"马蹄形"或1、5号位跟进防守阵形。它是前排由两人拦网，不拦网的前排队员后撤，与后排队员组成半弧形的防守阵形，适用于对方进攻比较强、战术变化多、吊球较好时使用。它是目前排球队普遍采用的一种阵形，弱点是心空。

（3）三人集体拦网的防守战术。当对方常采用强攻扣球而不常采用3人集体拦网战术时，3人拦网要以中间1名拦网队员为主，其他2人配合拦网的方式，拦网时既要注意同伴队员之间的默契配合，又要观察对手扣球的手法、力点等。

2. 防反

在拦、防对方扣球后，可以组织各种战术配合，向对方"反攻"。由于防守时一般处于被动地位，防反战术的组织较"一攻"困难些，因此要求场上队员默契配合，把握防反战机，及时组织各种防反战术。

（1）"三二一"防守形式。当3号位发动强攻时，前排3名队员集体拦网，其他3名队员弧线防守，紧防吊球（见图7-28）。

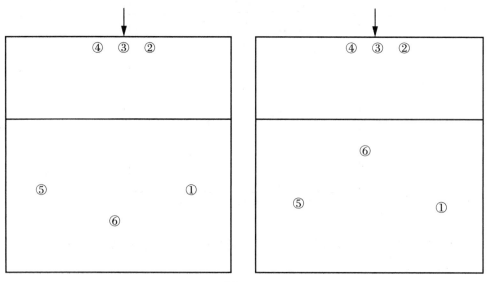

图 7-28

（2）防快攻战术。针对排球发展"快、变"的特点，防守时采用防快攻战术。如果对方3号位快攻时，本方③号位队员拦网，本方4号位队员团体防拦网，2号位队员后撤（见图7-29）。

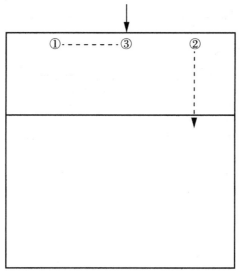

图 7-29

第四节 排球运动竞赛规则简介

一、比赛场地

1. 比赛场地

比赛场地包括比赛场区和无障碍区，其形状为对称的长方形。

2. 面积

比赛场区为 18 米×9 米的长方形。其四周至少有 3 米宽的无障碍区。比赛场区上空有无障碍空间，从地面量起至少高 7 米，其间不得有任何障碍物。国际排联世界性比赛场地边线外的无障碍区至少宽 5 米，端线外至少宽 8 米，比赛场地上空的无障碍空间至少高 12.5 米（见图 7-30）。

3. 比赛场地的地面

（1）场地的地面必须平坦、水平，并且划一。场地的地面不得有任何能伤害队员的隐患。不得在粗糙、湿或滑的场地上进行比赛。国际排联世界性比赛场地的地面只能是木质或合成物质的。任何地面都必须事先经国际排联验准。

（2）室内比赛场地的地面必须是浅色。国际排联世界性比赛场地界线为白色。比赛场区和无障碍区分别为另外不同的颜色。

4. 温度

最低温度不得低于 10 摄氏度（50 华氏度）。国际排联世界性比赛的室内温度，最高不得高于 25 摄氏度（77 华氏度），最低不得低于 16 摄氏度（61 华氏度）。

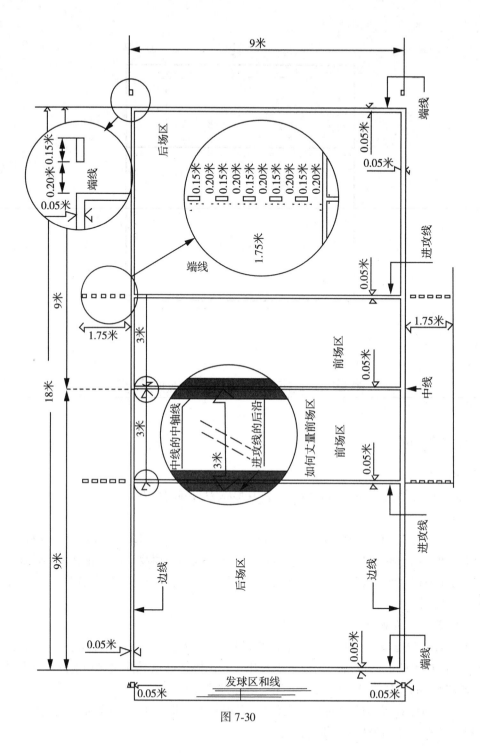

图 7-30

5. 照明

国际排联世界性比赛室内照明度在距地面 1 米高度进行测量，应为 1000~1500 勒克斯。

二、场区上的画线

（1）所有的界线宽 5 厘米。其颜色应是与地面和其他项目画线不同的浅色。

（2）两条边线和两条端线划定了比赛场区。边线和端线都包括在比赛场区的面积之内。

（3）中线在网下连接两条边线的中点。中线将比赛场区分为长 9 米、宽 9 米的两个相等的场区。

三、区和区域

1. 前场区

每个场区各画一条距离中线 3 米的进攻线（其宽度包括在内）。中线与进攻线之间为前场。国际排联世界性比赛时，在每条进攻线边线两侧画 5 个长 15 厘米、宽 5 厘米，并间隔 20 厘米的虚线，虚线总长 1.75 米。前场区被认为是向边线外无限延长的。

2. 发球区

发球区宽 9 米，位置在端线后（不包括端线）。两条端线后各画一条长 15 厘米、垂直并距离端线 20 厘米的短线，两条短线之间的区域为发球区，短线宽度包括在发球区之内。发球区的深度延至无障碍区的终端。

3. 换人区

两条进攻线的延长线之间、记录台一侧边线外的范围为换人区。

4. 准备活动区

国际排联世界性比赛的无障碍区外的替补席远端，画有 3×3 米的准备活动区。

四、队员的场上位置

排球比赛，每队上场队员 6 人，站成两排，从左到右前排为 4、3、2 号位，后排为 5、6、1 号位，每次均轮到 1 号位发球。在发球击球时，双方队员必须按规定位置站好，前后排和左右侧都不得站错，否则将被判失发球权，同时失 1 分（球发出后其位置不受限置）。

五、发球

按次序发球的队员必须站在端线后，不得踏及端线或踏过边线的延长线。在裁判员鸣哨 5 秒内将球击出，球必须抛起明显离手。如果球在中途触及发球队场上队员、标志杆及其延长线、其他障碍物或从网区外越过，或发球不过网、球落在界外等，均判发球失误，失 1 分并失发球权，球触网后落到对方场区不算发球失误。在本队未失分前，发球队员连续发球。

六、触球

队员可用身体的任何部位触球。每队只能在本方场区最高触球 3 次（拦网触球除外），双方队员在网上同时触球后，均可再击球 3 次。

七、进攻性击球

直接向对方场区击球为进攻性击球。前排队员可在本场区对任何高度的球做进攻性击球，后排队员在限制线前的前场区只能做整个球体不高于球网上沿的进攻性击球，但在限制线后起跳则可扣任何高度的球。

八、手过网

队员不得过网击球，但击球点在本场区，球离手后，手随球过网，不判过网犯规。对方击球前，拦网队员手触及对方场区上空的球时，判拦网队员过网犯规。当对方队员击球之后，拦网队员可以将手伸到对方场区拦网。

九、过中线

在比赛进行中，队员整个脚或身体的其他任何部位越过中线接触对方场区时，应判过中线犯规，但一只脚或双脚部分踏过中线并未全部踏入对方场区，则不判犯规。

十、拦网

队员用上体在球网附近高于球网上沿，阻挡对方击过来的球为拦网。前排3个队员都可以进行单人或集体拦网。集体拦网时，球触及1个或几个队员，即使不是同时触球，均算一次拦网。拦网后本队可再击球3次。

十一、持球与连击

在排球比赛中，如果一个队员捞捧、推掷或携带球，称为持球；如果一名队员明显2次触球，而在这两次之间其他队员没有触球，则称为连击犯规，但某一队员在同一动作中，由于球速较快而使某一队员连击触球，不算连击犯规。

十二、得分和暂停

排球比赛采用每球得分制，满25分为一局（决胜局第五局除外），先得25分并同时超出对方2分的队胜一局。当比分24∶24时，比赛继续进行至某队领先2分为止。如果2∶2平局时，决胜局（第五局）打至15分并领先对方2分获胜。前四局中某队先到8分和16分时，技术暂停两次，时间是1分钟，每队可请求一次暂停机会，时间是30秒。第五局没有技术暂停，每队有2次暂停机会，时间也是30秒。

第八章 乒 乓 球

第一节　乒乓球运动概述

　　乒乓球运动是以球拍在中间隔网的球台上双方轮流击球的一项球类运动，因其出球时发出的乒乓之声而得名。乒乓球运动于 19 世纪起源于英国，是将网球打法改在桌台上进行，俗称"台球"或"桌面球"。1926 年成立了国际乒乓球联合会，负责每两年举行的世界乒乓球锦标赛。1988 年汉城奥运会上正式将乒乓球列为比赛项目。乒乓球运动的特点是球小、变化多、设备简易。另外，它不受年龄、性别、身体条件的限制，所以能广泛地开展。

　　我国于 1952 年加入世界乒乓球联合会，1953 年首次参加乒乓球世界锦标赛。自第 25 届世界乒乓球锦标赛上容国团荣获男子单打冠军以后，我国乒乓健儿在历届世界乒乓球赛和锦标赛中，都取得了辉煌的成绩。特别是在第 36 届世界乒乓球锦标赛上，囊括了全部七项冠军，为祖国争到了荣誉，也为世界乒乓球运动的发展作出了较大的贡献。

第二节　乒乓球运动基本技术

一、握拍方法

　　1. 直式握拍法

　　（1）攻球的握拍法。拍前以食指第二指节和拇指中段扣拍；拍后三指弯曲贴于拍 1/3 的上端。这种握拍法简称中钳式（见图 8-1）。

　　（2）削球的握拍法。大拇指弯曲，紧贴拍柄的左侧，用力下压，其余四指自然分开托住拍的后面。正手削球时，尽量使球拍后倾，减少来球冲击力；反手削球时，后面四指灵活地把球拍兜起，使拍柄向下（见图 8-2）。

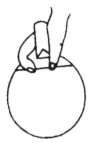
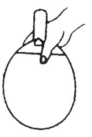

图 8-1　　　　　　　　　　　　　　　　图 8-2

2. 横式握拍法

虎口贴拍，拍前是食指，拍后是拇指。此握法称为八字式。正手攻球时食指向上移动，反手攻球时拇指向上移动（见图8-3、图8-4）。

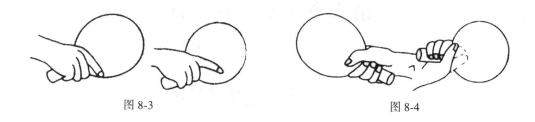

图8-3   图8-4

不管是直拍还是横拍握法，在准备击球或击球后，手指不要过分用力握拍，这样有利于挥拍动作迅速还原。同时，应使手臂肌肉及时放松，减少疲劳。

二、准备姿势和步法

1. 准备姿势

运动员在回击球时所保持的合理姿势就是准备姿势。在每一个球来前，应使身体移动，选择适合的击球位置，然后才能及时、正确地把来球回击过去。其要领为：两脚并立，两脚之间的距离与肩同宽、膝关节微屈（大小腿之间的夹角是135～145度），面对球网，上体微向前倾，重心置于两腿之间，持拍手臂自然弯曲，置于身体左侧，肘略外张，球拍置于腹前，离身体20～30厘米。总之，要做到两眼平视，上体放松，重心居中，屈膝提踵，脚有弹力。

2. 步法

乒乓球的步法很多，基本的、常用的有下面几种。

（1）单步。击球时以一脚为轴心，向左右移动。常在打定点球时采用。

（2）换步（跟步）。击球时以一脚向来球的方向跨一步，另一脚紧跟上去；或一脚在前，左右跳动，另一脚迅速跟上。应付小角度的来球时常用此种方法。

（3）跳步。击右方来球时，用左脚蹬地、双脚同时离地跳起，然后左脚先落地，右脚跟着落地站稳（接右方来球则相反）。这种步法是用来应付角度较大的来球。若不跳动，而是稳步，就成为并步。并步控制面积比跳步小，但比跳步稳健。削球者采用此种步法较多。

（4）跨步。来球距原来位置很远时，一脚先向来球方向跨一步，另一脚再向同一方向跨一步，跨步要灵活，否则虽然跨开，但时间过迟，在扑救险球或正手打球时常用此种步法。

（5）侧身步。左推右攻，运动员常用步法。如果来球离身远，侧身位置不需很大，击球时可以用左脚为轴，右脚向左后方移动，微收腹，腾出空隙来击球。在来球追身时，侧身较大。开始右脚蹬地受力，左脚向球台外跨一步。然后右脚靠腰部扭动后撤跟上。

三、发球与接发球

发球是乒乓球的基本技术之一，在比赛中占有很重要的地位。每局比赛时，双方各有5~10次发球机会，发球多并质量好，可以为进攻创造更多的机会，使对方回接失误，而直接得分。发球是比赛开局的第一板球，它不受对方的干扰，可以任意在各种方位（双打除外）按自己的战术意图，将球发到对方任何位置，先发制人，争取主动。

1. 发球的种类

（1）反手平击球。发球时右脚在前，左脚在后，身体稍向左转。左掌心托球，置于身体左侧，右手持拍于体前。抛球后，球拍开始后撤，待球将回落时，小臂持拍向前，从身体左后方向前挥击球的中上部，整个过程是"抛—拉—打"，正手平击球动作则相反。

如果在球拍接触球的刹那，球拍前倾，小臂加快挥拍速度，手腕配合外展，则成为反手斜线急球。同样，如果手腕向左扭动，使球拍正对右脚，就成反手直线急球。

发急球主要依靠小臂横摆的力量来加速，球拍与球台约成60度角，击球点比网低8~10厘米，将球击在本台近端线10厘米处。发轻球（近网球），应以小臂由后向前送，球拍保持后仰，拍触球时用力轻而缓和，击球点稍高于网，球被击在球台的中段附近。

（2）上旋球。球拍用力向前上方移动，摩擦球的中部。球拍接触点应比网稍高或等高。

（3）下旋球。球拍用力向前下方切削，摩擦球的中下部，球拍接触点应比网高。在发近网下旋球时，用力下切动作要快，落点距网较近；发远网下旋球时，除用力下切外，还应略加向前的力量。

（4）左右侧旋球。发左侧旋球时，将球拍面稍向左倾斜，用力向身体左方发力，擦击球的中部；发右侧旋球将拍面向右倾斜，用力向身体右方发力，擦击球的中部。

（5）左侧上、下旋球。左侧上下旋球和左侧下旋球混合交替的发球，主要利用十分近似的发球手法，使对手不易判断。发左侧上旋球时（正手），身体站于球台左角，稍向右侧，将球抛起后，球拍由右上方向左下方摆。然后，小臂和手腕同时用力，在离台面约15厘米处触球。拍面触球点从球的中部至中上部，小臂须作后旋动作，手腕协助使球拍向内，向左上方勾球，将球击出。发左侧下旋球时，手臂则从右后方向左前方直接作擦击动作，触点为球的中下部。

（6）右侧上、下旋球。右侧上旋球俗称"奔球"。将球抛起后，持拍手向后引指，小臂放松，使球拍高度顺势下降，然后在体侧做一次向左前方用力地挥拍，同时拇指用力扣拍，使拍面沿着球的曲线向右侧上部摩擦。球击在离台底线20厘米处，弹向对方左角，偏斜前进。

右侧下旋球的挥拍弧线是由左后方向右前下方，而球拍则由球的中下部向右侧下部转移。

除上述发球外，还有用相似手法转与不转球，抖动式的上旋球、下旋球，下蹲式发球等。

2. 接发球

在一局比赛中，接发球的机会和发球相同。如果接发球能力较差，不仅给对方较多的进攻机会，而且在处理关键球时，会延误战机，影响全局。

接发球常用推、搓、削、拉、抽等方法回击，用旋转和变化落点去抑制对方攻势，带有一定的防御性质。拉球和抢攻时可以攻破对方的守势，打法上积极主动，所以在发球时，应根据不同的情况做到时搓时拉、忽攻忽守，只有这样才能充分掌握比赛的主动权。

接发球，首先应根据对方发球时的位置来决定站位，如对方在右面正手发球，接发球的站位应在中间靠右；对方在左面反手发球，则应在中间靠左。换发球时，还要密切注意对方发球的挥拍动作、球拍转动方向以及触球时瞬间用力的大小，正确地判断对方发球的性质与落点，及时用相应的、正确的方法回击。例如，在接上旋球时，应快速推挡或加力快抽，击球的中上部；接下旋球时，球拍后仰，搓击或拉抽球的中下部；而接左、右侧旋球时，则必须将球回击到对方球拍移动的相反方向，如对方向左挥拍，就应击向右方，向右挥拍，就击向左方；回接侧上、下旋球时，对左侧上旋球，应将球拍向左前下方击球；对左侧下旋球，用提拉向左前上方挥动击球。

3. 推挡球

推挡球以反手推挡球为主，其中又分高压推挡球（大力推挡）、下旋推挡球、侧上旋推挡球等。

反手推挡时，离台 30~50 厘米站立，左脚稍前，右脚在后，小臂与地面略平行，肘部与大臂贴右侧身旁，大小臂夹角成 100 度左右，小臂靠近腹前，球拍与桌面成 90 度角。当来球入台将近上升期时，小臂内收，球拍迎向来球方向，向前向下发力，推击来球的中上部，食指同时微小用力使球拍前倾，盖住来球，大臂随小臂前摆。击球后，球拍呈半圆弧形路线还原。

（1）快推。快推的特点是借力还击，回球速度快，有斜直线的变化。对付弧圈球时还能推侧旋、推大角度，以破坏和干扰对手的进攻。在对攻和相持阶段，又常用推两大角或突袭对方空当，使对方应接不暇而失误或被动，为进攻创造有利条件。动作要领是：左脚稍前或两脚平行，屈膝、提踵，两脚之间的距离略宽于肩，身体离球台约 40 厘米。出球前，持拍手臂和肘关节内收，前臂略向外翻展，球拍柄呈横状。击球时，小臂向前推击的同时，手腕外旋，食指压拍，拇指虽放松但要贴紧拍柄，使拍前倾。在上升期时击球的中上部，把球快推过去。除此之外，还有一种加力推，就是在球来之前先后拉球拍，球来之际猛由后向前迎击球，由于加大力量对球产生了更大的撞击力，所以推过去的球力量大、速度快，往往能压住对方攻势，也能为自己侧身抢攻创造有利的条件。推完球后要迅速还原。

（2）减力挡

首先在概念上要明确，这是既不加力也不加速推的一种技术，目的是使球弧线低、落点低、力量轻。在对攻的相持中，当对方离球台远时，可以减力挡吊对方一个近网球，迫使其前后奔跑。然后伺机用正手抢攻。比较常用的是对付弧圈球选手，用打角度或近网的小球干扰和破坏对方的进攻。动作要领：准备姿势与推挡动作相同。拍面要前倾，当球由台面刚弹起时，球拍贴近球并高于来球，这时前臂不仅不往前发力，相反还要随着来球的方向迅速向后撤，以缓冲球的反弹力，使球落于近网。

4. 攻球

攻球是最重要的一项基本技术，是最具有威慑力量的得分手段。攻球可分为正手攻球、反手攻球。按站位可分为近台、中台和远台攻球，按击球点和击球的时间又可分为抽、拉、拨、带、扣、杀等方法。

（1）正手近台攻球。击球之前引拍至身体右侧，当球由台面弹起时，手臂向左前上方迅速回击来球。击球时食指放松，拇指压住球拍，使拍面前倾，形成合理的击球角度，结合手腕内旋动作，在球的上升期击球的中上部。

① 正手拉球：这是回击下旋球的主要进攻技术，能为发力攻击创造条件，提拉时是击球的回落期，用大臂和小臂由后方向左前上方挥击，击球时小臂迅速向内收，配合手腕内旋动作，用球拍摩擦球的中上部。

②正手扣球：击球的动作幅度大，力量重，是得分的主要手段。击球时，由小臂带动大臂由后方向左前方加速挥击，击球前用右脚蹬地，配合转腰力量形成一股合力去击来球的高点期。如遇到上旋球时，拍面稍前倾，击球中上部。击下旋球时，球拍略低于来球，击球的中上部。

③ 侧身正手攻球：首先要移动脚步，左脚在前，右脚在后，使身体位于球台左侧，上身收腹略前倾，根据来球特点酌情拉或扣杀。

④ 正手攻弧圈球：回击弧圈球的时机很重要，所以首先要判断清楚来球的落点、旋转方向，捕捉好击球的时机。攻打加转弧圈球时，先拉开手臂，球刚弹起时尽快挥拍向前下方迎击，拍形要前倾，与球面约60度夹角，击球的中上部。回击前冲弧圈球时，球刚刚弹起时要立即回击，拍一触球，前臂立即内收，击球时，拍与台面约成70度夹角，击球的中上部。

⑤ 滑板球：滑板球是一种战术意识很强的进攻技术，不仅要求击球角度大，而且球应有一定的左侧旋。当自己打算攻对方右角时，却发现对手正往右方起动，而这时自己的臂已向前挥动，这时就要在击球的瞬间手腕迅速外展将球击往对方左角，使对方人右而球左，也称"出手攻线"。

（2）反手攻球。直拍反手攻球是中国的独特技术。它的特点是动作小、出手快，能抢先上手，争得主动，为正手大力扣杀创造机会。其动作要领是：右脚稍前，膝盖微弯，前脚掌着地，收腹弯腰。击球前腰肢向左略转，球拍后引，来球后引。来球后，球拍迅速向前迎击球的中上部，要根据来球的不同性质，用大小臂和手腕相对应地做出不同动作，从而形成中、近台攻球、拉、扣、拨等技术。

5. 搓球

搓球是一种近似削球手法的台内短打法，又称小削板，是一种可以解除削球逼角威胁的手段。对方的发球性质来不及判清时，用搓球的方法回接比较稳当，但搓球毕竟是一种局限于变化的手段。

（1）反手搓球。搓球前两脚平行站立，离台约50厘米。当来球将要到达台面时，大臂开始向前右侧贴近，略下垂。拍柄与小臂成直线，球拍后仰与球台成100度角，置于腹前右方。大小臂之间夹角约为120度，小臂引拍，由后向前下方发力，做铲击动作（半圆弧动作）。球拍接触球的一刹那，手腕配合小臂向前下方抖动球拍，擦击球的中下部，将球送出。

（2）正手搓球。正手搓球站位与前相同。大臂引向左侧与身体成 45 度角，小臂持拍外伸，迎向来球方向，球拍与球台成 100 度角，大小臂夹角为 90～120 度。等来球从台面反弹至最高点时，小臂向前、向内收缩发力，同时手腕配合由外向内摆动，球拍由右上方向左前下方削击来球。触球时，手腕协助加快球拍的擦击速度，摩擦球体，将球送出。

6. 削球

削球与攻球一样，也有正、反削两种。近、远削球从基本打法上区分，又有削追身球、扑救网前短球、接突击球、削逼球、削转与不转球等。现介绍一般使用最普遍的正、反手削球。

（1）正手削球的动作要领如下：

① 正手远削：左脚与左肩造近球台右角，右脚后退一步。身体与球台成 75 度角，并稍向前倾，两腿稍屈，重心先放在右脚上，手臂自然弯曲伸出，球拍略高于来球弹起高度，拍柄向下。当球飞到身前时，手臂即向前下左方向挥动，球拍在右腰前 35 厘米地方触及球的中下部（或下部），然后手臂加速发力，小臂与地面接近平行，身体重心逐渐由右脚移至左脚，球削出后，手臂肌肉立即放松，球拍因惯性仍在往前向左下方摆动，上体转向球台，准备继续削球。

② 正手近削：近削动作要求是，离台 50 厘米，身体与球台成 45 度倾斜角，在来球要回落时擦击球的中下部，手腕用力要比远削大，使球的旋转较快。

（2）反手削球的动作要领如下：

① 反手远削：在进行反手削球时（横拍），右脚应伸出球台左边，左脚在右，重心落在右脚上，背斜对球台。小臂弯曲，把球拍举起与头齐高，拍柄向下，拍面要正对对方左角。手臂从上向前、下右方摆动，当球拍触球的一刹那，小臂与手腕加速发力挥拍，将球击到对方台内。球削出后，手臂肌肉放松，上体顺势向右移动，球拍也摆向身体右侧，重心由右脚移到左脚，右脚后退一步，恢复准备姿势。

② 反手近削：近削时由于大臂受身体阻碍，所以削球动作主要靠小臂和手腕完成，动作比正手削球快些。

7. 弧圈球

（1）加转弧圈球。击球前，左脚在前，右脚稍后，身体向右倾斜与球台约成 45 度角，两膝微屈，球拍贴近臂部，右肩略低于左肩，手臂自然下垂。手指紧握球拍，手腕比较紧张地固定球拍，身体重心在两脚之间。当来球从桌面弹起时，小臂先向前迎球，然后大臂和小臂同时由下向上垂直挥动擦击球的中部，腰部由后方急剧向上扭转。球拍与桌面约成 80 度角，拍面与球的擦击间隙愈薄愈好。在触球的一刹那，加速用力，使球成较高弧线飞出。球拍顺势挥动至额前。然后放松还原（见图 8-5）。

（2）前冲弧圈球。屈体与桌面成 75 度角，球拍拉至身后，约与桌面齐高，手指握拍同前。当来球着台后，手臂向前上方迅速挥出，手腕使球拍前倾，与桌面成 50 度角，擦击球的上部，腰部向前上方扭转，协助球拍加速摆动，使球沿一低弧线落于对方台面，球

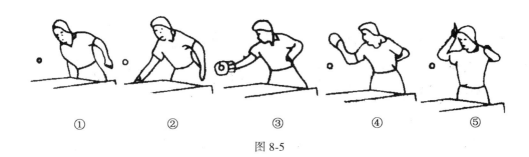

图 8-5

拍顺势前摆至面部为止，然后放松还原（见图 8-6）。

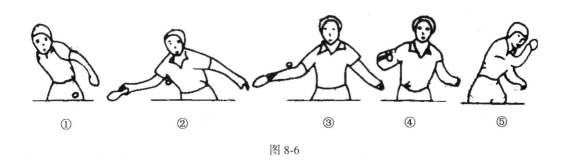

图 8-6

（3）回击弧圈球。弧圈球的来势多数是飞快入台，并带有强烈的上旋转，球拍碰到这种球，稍微不慎就会飞出界外。因此，对付弧圈球，攻球多用近台快抽或快推挡盖球的中上部，压低球的弧线，控制落点，将球回击过去。在来球旋力特别强时，可将球拍盖住球的上部，以防止碰板飞出。回击弧圈球的关键在于思想上的准备，不紧张，回球时拍前倾，盖及球时，动作迅速利落。

对于削球，多采用调整拍形快挡或近台快削的方法回击，自上而下快速将球削出。

（4）练习弧圈球的要点：

① 练习弧圈球时，肩部、腰部活动量较大，因此事先要加强肩关节和腰部的肌肉活动，避免不慎拉伤肌肉。

② 练习弧圈球时，最好在一定的正、反手攻球技术基础上进行，有一定的基础才容易体会动作，避免走弯路和使动作过大。

③ 击球时，手指要紧握球拍，固定球拍角度，不要随便转动。

④ 球拍接触球的刹那，拍面擦击球的切面越薄越好，注意迅速加力挥击，充分发挥腰部的助力。

⑤ 拉弧圈球扣杀回去过来的高球，要紧密配合，拉、杀要协调。拉球后、手臂要迅速放松。还原要及时，以提高拉后扣杀的命中率。

加转弧圈球和前冲弧圈球是基本的弧圈球打法，如果在击球的部位、握拍方法、擦击部位、发力动作等方面稍加变化，就不难打出更多种类型的弧圈球来。

第三节　乒乓球运动基本战术

一、攻对攻战术

以攻为主的战术运用，主要是以力量为基础，结合速度、落点和旋转的变化制胜。打对攻时，往往为争夺一个比分而有几个来回。所以，最主要的是根据不同的情况采取不同的策略，灵活使用战术，争取主动权。

（1）两面攻对左推右攻。因左推右攻的打法球速较快，所以一般采用以猛力争主动的策略去对付。在战术上，是以狠、变为主，结合快、准的打法。

① 发下旋的端线长球至对方左边，破坏对方的第一板推挡；发上端底线长球，使对方不能挡成近网短球。

② 以反手猛攻对方左边，再伺机突击中路。

③ 猛收左边后，突击右方空位。

④ 正反手交替攻对方左、右角，伺机扣杀右角。左推右攻的主要弱点在左边，所以各种战术都应以压住对方台边为重点，同时谨防对方侧身抢攻。

⑤ 猛攻左边，使对方回高球至中央或左角时，侧身扣杀右角。

（2）左推右攻对二面攻。因对方攻球技术全面，不宜采用稳扎稳打的办法，而应充分发挥推挡球中"快"的特长去克制对方，通常采取以快打慢、以近制远、调动对方、力争主动的策略，战术的具体运用是以快速多变为主，结合狠、准。

① 一般发追身的中间的急球，迫使对方后退，接着回近网轻球，引其上前，或者发中间靠右角轻球，引其上前，然后猛攻左右边。

② 通过快而省力的推挡球，压住对方步法，使其不能发挥有力的正、反攻球。伺机快速侧身攻球，争取主动。

③ 快推对方中路或追身，侧身猛攻左边。

④ 快速推挡。突然变成直线引对方回斜线后，以正手抽杀对方中间或左边。

还有两边攻对两边攻，左推右攻对左推右攻等。因为双方打法相同，故应预先分析彼此之长短，根据对手的不同情况决定策略，尽量发挥自己的特长，以己之长攻彼之短，争取主动。

二、攻对削的战术

（1）拉两角，突击中间。先左、右做试探性进攻，然后拉两角突击中间。

（2）拉两角，突击左或右方直线。打法与"拉两角，突击中间"的相同。

（3）拉中间，突击两角，结合短球。用大角度球把对方逼离台面后，突然放短球，致使对方上步不及，接球失误。

（4）拉两角，突击追身，反复拉两角，伺机突击追身。当对方削球加搓球时，可以迫使对方在近台还击时，利用其步法在调整之中，回球速度较慢，从而用突击取得扣杀的机会。

三、削对攻的技术

（1）紧逼一角，突击空当。

① 先用加转球逼住对上左角，在对方重心位置逐渐左移时，然后送球至右方直线。

② 当对方往左移动时，突然使用一连串削球紧逼对方右角。当对方跑向右角时，又回左角。

③ 用相反球路交叉逼角，逢斜变直，逢直变斜，在逼角中，使对方移步不及、回击高球时，伺机扣杀。

（2）用转与不转的削球变化扰乱对方，伺机反攻。

① 加转中突然送不转球过去，使对方拉球过高或抽球出界，伺机扣杀。

② 隐削中突然加转，使对方回球落网。

（3）以轻重不同力量和落点控制对方攻势，伺机反攻。

① 先送底线长球，逼对方后退拉球，引对方上台。

② 先长后短，先短后长，交叉使用，迫使对方忙于移动，不易加力扣杀，在对方移步不及时，就能伺机反攻。

（4）挡、削兼施，伺机反攻。

① 削球中突然挡右角空当，使对方措手不及，对方回球过高，就起板反击。

② 在削球中突然轻挡一板，变化回球旋转性质，使对方判断不准，伺机反攻。

（5）削球中配合拉弧圈球，伺机反攻。

四、削对削战术

削球运动员相遇，主要以双方进攻能力强弱来定自己的打法，如攻球技术强，又会使用弧圈球，就可以用发球抢攻结合弧圈球的打法；如削球基础较好，可采用先守后攻，看准机会突然起板的打法。

搓攻时，可以用变换速度的快慢搓，或搓长短球、搓转与不转球、搓中侧身拉弧圈球等多种打法，取得主动进攻的机会。拉搓结合打法中，可发变化落点的急球和轻球，扰乱对方步法，伺机抢攻或吊杀。也可拉中转搓，或搓球中突然拉上旋球，扰乱对方步伐，伺机猛攻。

第四节　乒乓球运动竞赛规则简介

一、球台

球台的上层表面叫作比赛台面，应为与水平面平行的长方形，长 2.74 米，宽 1.525 米，高地向高 76 厘米。

二、球网

球网应悬挂在一根绳子上，绳子两端系在高 15.25 厘米的直立网柱上，网柱外缘离开边线外缘的距离为 15.25 厘米。

三、球

球应用赛璐珞或类似的材料制成，呈白色、黄色或橙色，且无光泽。

四、合法发球

①发球开始时，球自然地置于不持拍手的手掌上，手掌张开，保持静止。

②发球员须用手将球几乎垂直地向上抛起，不得使球旋转，并使球在离开不持拍手的手掌之后上升不少于 16 厘米，球下降到被击出前不能碰到任何物体。

③当球从抛起的最高点下降时，发球员方可击球，使球首先触及本方台区，然后越过或绕过球网装置，再触及接发球员的台区。在双打中，球应先后触及发球员和接发球员的右半区。

④从发球开始，到球被击出，球要始终在台面以上和发球员的端线以外，而且不能被发球员或其双打同伴的身体或衣服的任何部分挡住。

⑤运动员发球时，应让裁判员或助理裁判员看清他是否按照合法发球的规定发球。

⑥运动员因身体伤病而不能严格遵守合法发球的某些规定时，可由裁判员做出决定免于执行。

五、合法还击

对方发球或还击后，本方运动员必须击球，使球直接越过或绕过球网装置，或触及球网装置后，再触及对方台区。

六、比赛次序

①在单打中，首先由发球员合法发球，再由接发球员合法还击，然后两者交替合法还击。

②在双打中，首先由发球员合法发球，再由接发球员合法还击，然后由发球员的同伴合法还击，再由接发球员的同伴合法还击，此后，运动员按此次序轮流合法还击。

七、重发球

①如果发球员发出的球，在越过或绕过球网装置时，触及球网装置，此后成为合法发球或被接发球员或其同伴阻挡。

②如果接发球员或同伴未准备好时，球已发出，而且接发球员或其同伴均没有企图击球。

③由于发生了运动员无法控制的干扰，而使运动员未能合法发球。合法还击或遵守规则。

④裁判员或副裁判员暂停比赛。

⑤在双打时，运动员错发，错接。

八、一局比赛

在一局比赛中，先得 11 分的一方为胜方。10 平后，先多得 2 分的一方为胜方。

九、一场比赛

① 每场比赛由单数局组成

②一场比赛应连续进行，但在局与局之间，任何一名运动员都有权要求不超过两分钟的休息时间。

十、发球、接发球和方位的选择

①选择发球、接发球和方位的权力应由抽签来决定，中签者可以选择先发球或先接发球，或选择先在某一方位。

②当一方运动员选择了先发球或先接发球，或选择先在某一方位后，另一方运动员应有另一个选择的权力．

③在获得每 2 分之后，接发球方即成为发球方，依此类推，直至该局比赛结束，或者直至双方比分都达到 10 分或者实行轮换发球法，这时，发球和接发球次序仍然不变，但每人只轮发 1 分球。

④在双打的第一局比赛中，先发球方确定第一发球员，再由先接发球方确定第一接发球员。在以后的各局比赛中，第一发球员确定后，第一接发球员应是前一局发球给他的运动员。

⑤在双打中，每次换发球时，前面的接发球员应成为发球员，前面的发球员的同伴应成为接发球员。

⑥一局中首先发球的一方，在该场下一局应首先接发球。在双打决胜局中，当一方先得 5 分时，接发球方应交换接发球次序。

⑦一局中，在某一方位比赛的一方，在该场下一局应换到另一方位。在决胜局中，一方先得 5 分时，双方应交换方位。

第九章 羽 毛 球

第一节 羽毛球运动概述

羽毛球运动起源于英国，19世纪中叶（1870年），英国格罗斯特郡巴德明顿兴起了一种以毽子当球，以毽子板当拍子的游戏，这就是羽毛球运动的前身。1893年英国正式创立羽毛球协会，1899年第一届全英羽毛球锦标赛在伦敦举行，以后每年举行一次，沿袭至今。

羽毛球约于1919年前后传入中国。中华人民共和国成立后，党和政府十分关心我国人民健康，体育运动得到蓬勃发展，羽毛球运动也发展得很快。

1974年8月31日，中国羽毛球协会加入亚洲羽联。1988年我国男、女羽毛球队分获汤姆斯杯和尤伯杯，并在第8届世界杯羽毛球赛中包揽各项冠军。世界各国称中国为"羽毛球王国"。

第二节 羽毛球运动基本技术

一、握拍法

1. 正手握拍法

正手侧击球、正手高手击球、网前击球、头顶击球（球拍绕过头顶）等，用正手握拍法。正手握拍法是先用左手拿住拍的腰杆，使拍面与地面垂直，然后右手虎口对准拍柄内侧小邻边，以握手式握住拍柄，小指、无名指和中指并握，食指稍分开，大拇指与中指相近，拍柄端约与小鱼际齐。

2. 反手握拍法

反手高手击球（击高远球和杀吊球）、网前击球等，用反手握拍法。在正手握法的基础上，拍柄稍外转，食指收回，拇指第二指节的内侧顶贴在拍柄内侧的宽面上，并注意把柄端靠紧小指的根部，使手心留有空隙。

二、发球方法

1. 正手发球

羽毛球单打时，发球队员站在发球区内距离发球线1米左右的中线附近，双打发球站位稍前一些。

发球姿势：左脚在前（脚尖对网），右脚在后（脚尖斜向侧方），两脚距离与肩同宽。上身自然伸直，身体重心放在右脚上，成左肩斜对球网之势。右手握拍向右后侧举起，肘部稍屈。左手用拇指、食指、中指夹持羽毛球的中间部位，举在身前，两眼注视对方准备接球的动向。

正手发球可以用来发任何一种飞行弧线的球，在单、双打中都普遍采用。

2. 反手发球

反手发球的站位，应在发球区内较靠近前发球线的位置上。

发球姿势：右脚在前，左脚在后，上体自然伸直，重心放在右脚上，面对球网。左手以拇指、食指和中指捏住羽毛球，置于腹前腰下，两眼注视对方准备接球的方向。

反手发球主要靠挥动前臂和伸腕的闪动发力，动作小、力量也较小，但速度较快，动作一致性好，可以发除高远球之外的其他各种飞行弧线的球，主要用于双打比赛中。

3. 各种飞行弧线的球

发球按发出的球在空中飞行的弧线不同，可分为以下四种：

（1）高远球。用爆发力把球发得又高又远，球几乎垂直落地，击球右侧腰下，拍面的仰角在 45 度角以上。

（2）快平球。以快而平的球直冲对方底线，击球时用爆发力，击球腰部以下的最高处，拍面仰角在 35 度以下。

（3）高平球。用前臂和手腕发力，球速快、弧线低，拍面仰角在 45 度以下。

（4）网前球。动作小，力量轻。用手腕和手指的力量把球从右到左横切推送。使球刚越网就落在对方接球区前发球线附近。

三、接发球

1. 接发球站位

站在距发球线 1.5 米处。左脚在前，侧身向网，重心在前脚掌。双膝微屈，收腹含胸。球拍置于身前右方，密切注视对方。

2. 接发球方法

接平快球时，可以用平推球、平高球还击，这是以快制快；接高远球时，可以用高球、吊球或杀球还击；接网前球时，可以用平高球、高远球、放网前球、平推球还击。接发球时，要注意回击的球路和落点的变化，要充分发挥以己之长攻彼之短的技术作用。

四、击球

1. 高手击球

高手击球是最快打法的最基本技术。它具有击球点高、速度快、力量大、主动性强、攻击威力大等优点。初学者可先学高手击球。

（1）高远球。击出的球不仅弧线高，而且飞至对方底线逼迫对方退离中心位置，削弱了对方的进攻威力。防守时，可以延长回击时间，借以调整步法，改局变势。动作要领是：手臂自然伸直，击球时如同用"抽鞭"的动作把球击出去。发力时，要以肩为轴，通过大臂带动小臂，最后"闪"动手腕而产生爆发力。主要方法有正手击球、反手击球、头顶击球三种。

（2）吊球。吊球是把对方击过来的高远球还击到对方的网前的击球方法。目的是在区域、节奏、力量上突然变化，以调动、打乱对方阵脚的一种技术。吊球的动作要隐蔽、突然，使对方不易事先觉察到，然后再配合杀球和高远球，就能显示出更大的威力。高手吊球可分为劈吊球和拦截吊球。

（3）扣杀球。扣杀球是把高球在最高的击球点斜压下去，因而击出的球力量大、弧线直、下落快。这是一项主要的进攻技术，往往能使对手措手不及，无法挽救。从动作上分为长杀、短杀、杀直线和杀斜线等。

2. 网前击球

网前击球是一项可以调动对方，使战术多变的技术。它动作细腻，要求运用手腕和手指的灵巧，使球拍击出的球灵活多变。主要的技术有网前放、搓、推、挑等。

（1）放网前球。用球拍轻轻一托，使球如同俯卧或跳高一样，恰好一过网顶就向下坠落，既能调动对方，又能使对方无法发力扣杀。

（2）搓球。搓球是网前技术中的高难度技术，击球点一般与肩同高，利用搓、切、挑的动作摩擦球托的底部，改变球在空中正常运行轨道，使球沿横轴翻滚越过网顶。

（3）推球。推球的动作与搓球相似，只是在触球的一刹那，拍面几乎与网呈平行状，将球快速推往对方的底线，使球的运行路线低而且平。击球时，手臂向前伸，身体前倾，用手腕转动配合手指力量向前"闪"动击球。

（4）勾球。勾球是在网前回击对角线的网前球。在击球的一刹那，拍面斜向对方右或左的网前，用腕部带动手指由伸腕到收腕，肘部也随着回收，球拍触球把的侧后部位。

（5）扑球。对方来球飞至网前刚越至网顶时，立即用前倾拍向斜后方扑压，叫作扑球。这种球短促、快速、线路短、落地宽，常使对方措手不及，是网前得分的主要手段，也是威力较大的一项进攻技术。要求出手快、幅度小，爆发力强。

（6）挑高球。这是在被动形势下采取的一种防守性过渡技术，把对方击来的吊球式网前球挑得又高又远，落至对方的后场，利用球较长的飞行时间，迅速调整自己的步法并积极准备进攻。

3. 低手击球

低手击球是一种防守性的技术。它没有高手击球所具备的威力，而技术难度却较大，如果掌握得好，在防守中含着进攻威力。

（1）半蹲快打。在中场内，对对方打过来的约肩以上至略高于头部间的平快球，可采用半蹲姿势，争取在较高的位置上快速地平击回去，称为半蹲快打。

动作要领：在中场区，两脚平行站或右脚稍前站均可，两膝弯曲成半蹲，屈肘举拍于肩上。击球时，以前臂带动手腕快速挥拍，争取在身前较高部位上平击过去。要求反应敏捷、果断、控制好拍面角度，挥拍幅度小、快而有力。

（2）抽球。抽球是应付对方长杀球、半场球以及平球对攻的反攻性技术。以躯干为竖轴，做半圆式挥拍击球动作。抽球可分为正反手抽底线球和正反手抽半场球。击球时要由小臂带动手腕、手指，像"抽鞭子"式地用爆发力向前"闪击"。

（3）接杀球。这也是一种防守性技术，是接对方杀球的回击动作。首先要迅速判断清楚来球的落点、力量、速度，根据情况分别采用挡网前球、抽后场球、挑高球的方法来对付。

五、步法

常有的步法有并步、垫步、交叉步、单足跳步、跨步、蹬步、腾跳步等。

1. 上网步法

根据自己的站位，用1步、2步或3步移动至网前回击球的步法。到最后一步时，要求与持拍手同侧的脚在前边，而重心也要落到前脚上。

2. 后退步法

根据自己的站位采用1~3步后退击球的步法，身体重心应落在右脚掌上，而右脚也应在后。

3. 两侧移动步法

两脚开立，脚跟提起，根据来球向旁侧移动的步法。向左移动时，如来球较远，左脚可先左侧移动半步，上体向左转的同时右脚向左前方交叉跨出一大步。若来球较近，右脚掌内侧起蹬，左脚同时向左侧跨出一大步。向右侧移动时，若来球较近，用左脚掌内侧起蹬，右脚侧跨出一大步。若来球较远时，左脚可先向左垫一小步再起蹬，右脚同时向右侧跨出一大步。

4. 起跳腾空步法

在步子到位后，为了争取战机和更高的击球点，用单脚或双脚起跳，居高临下，凌空一击，称为起跳腾空步法。上网、后退、两侧移动都可以运用腾空步法。

第三节　羽毛球运动基本战术

一、羽毛球运动的几种打法

1. 压后场底线

通过平高球压对方后场底线，待对方回球时，大力扣杀或吊网前空当。这种打法以力量制胜对方，也就是较量后场高、吊杀技术的高低。要做到底线压得后、劈杀落点深、下坠快、对角球路较刁狠，对对手威胁很大。

2. 攻四方球控制落点

攻四方球控制落点的特点是以快速而准确的落点，攻击对方场区的四个角落，调动对手前后左右奔跑，打乱对方阵脚，待其来不及回中心位置，或回球质量较差时，向其空挡部位发动进攻。

3. 快拉快吊控制网前

以进攻性的平高球压对方于后场两底角，而后突击吊球或劈杀引对方上网，再迅速上网控制网前，以网前搓球结合推后场底线制造对方回击的困难，从而制造中后场大力扣杀的机会。

121

4. 后场下压，上网搓推

在后场通过下压击球（扣杀、劈杀或吊球）的进攻技术，快速上网搓或推球取得前场攻势，使后场、前场的进攻紧密衔接，提高攻击的威力。

5. 守中反攻

该打法适合于身体较矮但较灵活的运动员，它主要以防御为主，自己善于控制落点、球路，调动对方在移动中勉强进攻，因急于求成出现失误，或给自己制造反攻的机会。

二、羽毛球战术简介

1. 单打战术

（1）发球抢攻战术。发球是第一拍的开始，既能直接得分，也能先争得主动权。要善于根据不同的对手采用不同的发球方法，发出不同性能的球。目的就是利用发球威力使对方被动，出现机会球，然后组织进攻。

（2）进攻后场战术。这种战术主要是在对方后退步法较慢、后场反击力差或急于上网的情况下，连连压住对方的后场，使之被动后，伺机突击。

（3）吊球击后战术。这种战术对付上网步法较慢或网前出手慢的对手较为有效，先以吊、放、搓网前球，然后用推、杀或平高球突击对方的后场底线。

（4）打四方球结合突击战术。这种战术对付体力差或反应和步法慢的对手有效，其以快速、准确的落点攻击对方场区的四个角落，调动对方前后左右奔跑，在对方来不及回中心位置时即向其空当部位进攻。

（5）打对角线球战术。这种战术无论是进攻还是防守均以打对角线为主，对付灵活性差、转体慢的对手较为有效。由于对方灵活性差、转体慢，来回跑左右两侧，会使身体重心不稳而被动失误。

2. 双打战术

（1）二打一战术。双打中，双方两个队员的技术水平是不均衡的，集中力量攻击对方较弱的队员，就是这个战术的目的。如果对方强者保护弱者，就要两个人对付强者，消耗其体力，削弱其进攻威力，伺机突击空当。

（2）攻中路战术。这是一种攻击对方配合能力的战术。方法是当对方站位时，把球击到两人之间的空隙区。若对方前后站位时，可将球击到两人之间的边线位置。目的是造成对方两人都要争夺回击或都不回击，即使回击也犹豫不决，导致漏接或失误。

（3）杀后前击战术。当取得主动攻势时，后站者强攻杀直线，前站者立即移动至对方回直线球的位置，重点准备击网扑杀。

（4）先软后硬，软硬兼施战术。先吊球或推半场球至对方空当，迫使对方被动防守，而后大力扣杀进攻，若硬攻不下，则重吊网前，待对方挑球不行时，再度强攻。

（5）拉、挑两底角，伺机反击战术。这是对付后场进攻能力较差的对手，或为消耗对方体力而采取的一种战术。通过拉、挑底角的远球，诱使对方在左右移动中进攻，伺机反击，后发制人。

第四节　羽毛球运动竞赛规则简介

一、主要规则

1. 发球违例

（1）过腰：发球时（在球与拍接触的瞬间），球的任何部分高过发球队员的腰部。

（2）过手：发球时（在球与拍接触的瞬间），球拍顶端未向下，整个拍框没有明显低于握拍手的整个手部。

（3）踩线：发球时，踩在发球区四周的线上或线外的地方。

（4）移动：发球时以球拍第一次向前挥动开始——如抛球在先，挥拍在后，则从抛球开始至球与拍面强击瞬间为止，发球队员的两脚或任何一脚离开地面或移动。

（5）假动作：发球时，发球员和接球员均作好准备姿势后，发球员在发球过程中有任何破坏发球连续性的动作。

（6）违例：发球时，在击球瞬间不是首先击中羽毛球的球托。

（7）不过网：球未发过网，或从网下穿过。

（8）错区：发球运动员的球落在非规定的一个发球区内。

（9）短球：发过去的球落在网与前发球线之间的区域内。

（10）长球：双打比赛中，发过去的球落在双打发球线之后与端线之前的区域内。

（11）界外：发过去的球落在边线、端线之外的地区。

发球裁判员注意：明确违例的时间概念，如踩线、移动、假动作、过手、过腰等；明确高度概念，如过手、过腰等高度。发球裁判员如发现违例现象，应立即以手势和语言宣判。

2. 接发球违例

（1）移动：接发球时，接发球员的两脚或任何一脚离开地面或移动。

（2）踩线：接发球时，接发球员的一脚在或踏出发球区四周的任何线上或线外。

3. 击球违例

（1）连击：两次挥拍连续击球两次，或同队两名运动员各击球一次。

（2）持球：击球时，球停滞在球拍上，紧接着又有拖带动作。

（3）界外：球的整体落在对方边线或端线以外。

（4）触网：比赛进行中，球拍或运动员身体、衣服触及球网或球网支撑物。

（5）过网：击球时，球拍与球的接触点在对方场上空。

（6）碰障碍：出击的球碰到障碍物。

（7）违例：击出的球正好击至对方队员的身体上。

（8）阻挠：比赛进行中，运动员有妨碍对方行为。

（9）不过网：击出的球落在本方场区内或场区外，或从网下击入对方场区。

判断界内、界外球是司线员的职责。

每场比赛由主裁判员、发球裁判员、司线员和记分员共同配合完成裁判工作。既要有分工，又要有配合。执行裁判时，要做到手势大方、正确、清晰，宣判和报分要清晰、响亮、及时且有权威。

二、器材及设备

1. 场地

球场应是长方形，边线宽度为 0.04 米，场四周 2 米以内、球场上空 9 米以内不得有障碍物（见图 9-1）。

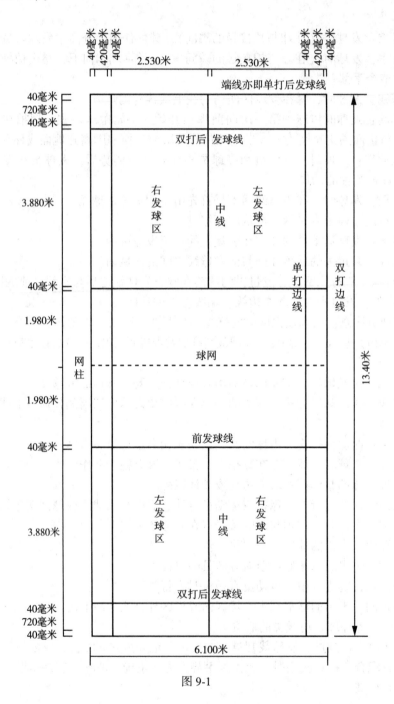

图 9-1

2. 网柱

网柱高 1.55 米，置双打边线中点上，如果场地上只够竖一个单打球场，则应把网柱放置在单打边线上。

3. 球网

中央顶端离地面 1.54 米，两端网柱处高 1.55 米。

4. 羽毛球

应用 16 根 64~75 毫米的羽毛插在软木上制成，重 4.73~5.50 克。

5. 裁判椅

座位一般距地面 1.3 米左右，椅子应有靠背、扶手，靠网的一边应有阶梯，便于上下。

第十章 网　球

第一节　网球运动概述

网球与高尔夫球、保龄球、桌球并称为世界四大绅士运动。它的起源可以追溯到12—13世纪的法国，当时在传教士中流行着一种用手掌击球的游戏，方法是在空地上两人隔一条绳子，用手掌将布包着头发制成的球打来打去。14世纪中叶，这种供贵族消遣的室内运动从法国传入英国，16—17世纪是英法宫廷从事网球活动的兴盛时期，平民无缘涉足，网球因此被称为"贵族运动"。

1873年，英国人M.温菲尔德把早期的网球打法改进，1874年又进一步确定了场地大小和网的高低。1875年，英国板球俱乐部制定了网球比赛规则。1877年7月由全英板球俱乐部在温布尔顿举办了第一届草地网球赛，后来这个组织把网球场地改为长方形（23.77米×8.23米），每局采用15、30、40等记分法，球网的高度为99厘米。1884年，由英国伦敦玛丽勒本板球俱乐部把球网高度改为91.40厘米。从此网球运动冲出宫廷，走向了社会。1912年3月1日，澳大利亚、英国、法国等12国的网协代表，在巴黎召开会议，成立了国际网球联合会，总部设在伦敦。1980年，中国网球协会被接纳为该会正式成员。

用15分为记分法始于15世纪，它是参照天文学中的六分仪而来。六分仪与1/6个圆一样共有60度，每度分为60分。当时网球比赛每局有4分，4个15分为一度，4个15度构成1/6的圆，采用15为基数来计算每一球的得失。至于45改成40是为了报分发音简便的原因。最初每盘为4局，每局4分。到17世纪初改为每盘6局。

打网球可以培养人们动作迅速、判断准确、反应快，并能提高速度、力量、耐力、灵敏等素质，对发展协调性有积极作用。

网球是一项老少皆宜的运动，从8~9岁的儿童到60~70岁的人都可根据个人体力情况进行锻炼。长期坚持网球活动，能使人保持青春活力和健美的形态，保持旺盛的精力和饱满的情绪。

网球是隔网对抗的项目，没有身体接触，安全、文雅。另外，打网球需要有一个对手或是球友，这样通过打网球可以增进友谊、加强团结、交流球艺、开展社交活动。

第二节　网球运动基本技术

网球的基本技术有握拍法、移动、击球、接球与发球、截击球、挑高球与高压球等，这里只介绍部分主要技术。

一、握拍法

握拍法主要有三种，即东方式、大陆式和西方式。东方式使用较普遍，又分为正手和反手两种，这里主要介绍东方式和大陆式。

1. 东方式正手握拍法

东方式正手握拍法亦称"握手式"握拍法。握拍时，拍面垂直于地面，右手掌根与拍柄右上斜面紧贴，拇指握住拍柄的左垂直面，五指紧握拍柄，食指下关节压住拍柄右垂直面（见图 10-1）。

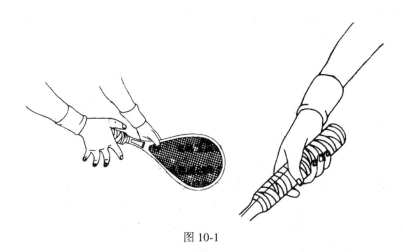

图 10-1

2. 东方式反手握法

从正手握拍法把手向左转动 1/4 圈，用手掌根压拍柄的左上斜面，拇指伸直贴在拍柄的左垂直面上，食指下关节压住拍柄的右上斜面（见图 10-2）。

图 10-2

3. 大陆式握拍法

虎口处于拍柄近身的侧上边，即东方式握拍法中的握手向左旋转，拇指和中指形成"V"并左移一些，使手掌更多地抵在拍柄顶面。反拍击球时，不需要换握的动作，手腕可更充分发挥作用（见图 10-3）。

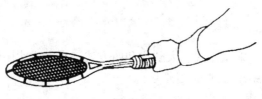

图 10-3

二、步法

移动的步法有跨步、垫步、交叉步、滑步和跑步等，这些步法的移动方法与其他球类项目的移动步法基本相同。

三、击球

击球技术有正手击球、反手击球、截击球、挑高球、高压球、放短球和反弹球等。这里只介绍部分主要击球技术。

1. 正手击球

准备姿势是侧身以左肩对网，左脚在前，右脚在后。击球时，身体与球保持手臂伸屈与球拍长度的距离。当球到达正手区域时，先侧身转体，以左肩对网，右手握拍朝后摆动，身体重心在后脚，形成准备迎击的姿势。这时，拍头稍高于拍柄，不能低垂。当球反弹到腰部高度时，球拍向前挥动，挥拍路线尽可能与地面成平行线，重心随之向前，手臂和身体协调配合快速挥拍。击球后，手臂随球飞行方向直至前上方结束（见图 10-4）。

图 10-4

2. 反手击球

准备姿势是左脚为轴，向左转肩转髋，同时右脚向前跨出一步，身体重心先放在后脚上，当右脚前跨时，重心自然随击球动作向前跟进，转肩同时带动拍后摆，左手轻持球拍颈端，拍头略低于来球，肘部自然舒适地靠近身体。击球时，以右脚为轴向右转髋转肩，并带动手臂由下向上挥拍。击球点放在侧前方，拍面平击球，并给予足够的上旋搓力，使球产生强烈的前旋转。击球时手腕固定，击球后手臂随惯性继续向前上方挥动。

3. 正手截击球

准备姿势是正面对网，两脚分开，膝部微屈，站立位置大概在球网和发球线之间一半的地方，或者略前一些，截击球与抽击球的区别在于后摆很小，用小臂把球拍稍向上拉开一点就行了。这样，球拍的顶端比较明显地高出手腕，肘关节靠拢并且屈向于身体。这时手腕是使劲的，不能有丝毫放松，球拍接触球时，手腕固定不动，在身体斜前方略低于肩部的地方击球，球的去向带有由上而下的趋势。截击完毕之后没有随球动作，要快速恢复到准备姿势（见图10-5）。

图 10-5

4. 反拍截击球

准备动作与正拍一样，由于网前截击时间急促，而反拍摆动的动作和身体转动幅度要比正拍稍大，所以反拍准备要比正拍快些。一般反拍截击主要用小臂向前截击，击球动作和掌握击球点都与正拍截击球一样，只是更要注意侧身对网，以便更好地运用力量以及加强对球的控制能力。击球之后与正拍一样，没有随球动作，要立即恢复到准备姿势（见图10-6）。

5. 切击球

迎击来球时，球拍从球的后上方向球后下方切击，使球产生下旋飞出。用交叉步调整身体与球的位置。

6. 抽击式截击球

迎击球时，像正反拍抽击动作一样，臂微弯曲，肘靠近身体，用前臂作后摆动作，跨步向前全力抽送，身体重心随抽击动作落在前脚。

7. 高压球

动作与发球相似，主要区别在于后引拍的动作比发球简短。直接将拍头下垂在肩后

图 10-6

（如"搔背"）。击球点与发球的高度相同，略偏于右肩前上方，击球的后上方，击球方法与发平击球一样，无需给予旋转式切削动作。步法应根据来球方位及时调整。跳起打高压球时，起跳与挥拍应同时进行、同时完成。最好是一脚起跳，另一脚落地。

8. 平击挑高球

准备动作与抽击球一样，侧身对网。击球前，球拍向后做好摆动，前挥时的拍面低于来球，由下而上将球高挑入空中，拍面接触球时是平的。

四、发球与接发球

发球技术有平击发球、切削发球和上旋发球。接发球技术有正拍接球和反拍接球。这里只介绍发球技术。

1. 平击发球

侧身，左肩对网，两脚前后站立，左脚在前。击球开始时，重心后移至右脚，左手向头的正前方抛球，同时右手持拍向右手方预摆，等球抛起下落时，身体稍向右扭转，上臂带动前臂和拍，向前迎击球的后下部，将球发出。

2. 切削发球

两脚前后站立，左脚在前，身体左侧对网，左手向右前方抛球，右手挥拍至正后方向前上方，待球下降时，从球的右上角切削而下，将球发出。

3. 上旋发球

球抛出在身体的左上方，腰部向右后扭转。开始击球时，身体完全伸展，在击球的瞬间，身体重心在前脚，右手持拍从右后方向前用力挥拍击球的后上部，将球发出。

第三节　网球运动基本战术

网球基本战术分为单打和双打战术，这里只介绍几种单打战术。

一、发球战术

1. 第一次发球战术

网球比赛规定有两次发球机会，第一次发球要比第二次发球重要得多，运用大力平击发球或打落点的战术最适宜，借力量与速度，使对方难以抵挡，造成接球失误。

2. 第二次发球战术

它是发球的最后机会，如果失误，就会失分，所以一般运用切削或上旋发球把握较大的方法。在此基础上，力求凶狠，从而克制对方。

3. 发球上网战术

在比赛速度较快、较激烈的情况下，一般多采用上网战术，发急速旋转球，迫使对方处于被动防守的地位。发球者发球后抢先上网前，给对方以心理压力，从而自己掌握主动权。

二、网前进攻战术

网前战术一般是快速打截击球，主要是对方的两个角和端线，造成对方奔跑困难。

三、底线进攻战术

1. 挑高球战术

迫使对方从网前退居底线，减少攻击威胁，控制对方进攻速度与节奏。

2. 回击短而低的球

运用切削或上旋球使击出的球低而旋，从而导致对方回球触网或回球较高，给自己创造进攻机会。

3. 抽击球技术

运用平击的抽球打直线，凭借较大的力量和较快的速度使球穿过对方中央场区，或运用带侧旋直线球产生的冲力大、旋转快和突然性较高的球，给对方难以适应的压力。

第四节　网球运动竞赛规则简介

一、网球记分方法

1. 胜一分

遇到下列情况时，判对方胜 1 分：

①发球员连续两次发球失误或脚误时。

②接球员在发来的球没有着地前用球拍击球，或球触及自己的身体及所穿戴的衣物时。

③在球第二次落地前未能还击过网时。

④还击球触及对方场区界线以外的地面、固定物或其他物件时。

⑤还击空中球失败时。

⑥在比赛中，击球员故意用球拍拖带或接住球，或故意用球拍触球超过一次时。

⑦"活球"期间运动员的身体、球拍（不论是否握在手中）或穿戴的其他物件触及球网、网柱、单打支柱、绳或钢丝绳、中心带、网边白布或对方场区以内的场地地面。

⑧还击尚未过网的空中球（过网击球）。

⑨除握在手中（不论单手或双手）的球拍外，运动员的身体或穿戴的物体触球。

⑩抛拍击球时。

⑪比赛进行中，运动员故意改变其球拍形状。

2. 胜一局

运动员每胜一球得 1 分，先胜 4 分者胜一局。但遇双方各得 3 分时，则为"平分"（deuce）。"平分"后，一方先得 1 分时，为"接球占先"（advantage serve）或"发球占先"（advantage）。占先后再得 1 分，才算胜一局。（其中得 1 分为 fifteen，2 分为 thirty，3 分为 forty）

3. 胜一盘

一方先胜 6 局为胜一盘，但遇双方各得 5 局时，一方必须净胜两局才算胜一盘。

4. 决胜局（tie break，也叫抢七局）

在每盘的局数为 6 平时，进行决胜局，先得 7 分为胜该局及该盘，若分数为 6 平时，一方须净胜 2 分。

二、基本规则

1. 发球

（1）发球前的规定。发球员在发球前应先站在端线后、中点和边线的假定延长线之间的区域里，用手将球向空中任何方向抛起，在球接触地面以前，用球拍击球。球拍接触球时，就算完成发球。

（2）发球时的规定。发球员在整个发球动作中，不得通过行走或跑动改变原站的位置，两脚只准站在规定位置，不得触及其他区域。

（3）发球员的位置。每局开始，先从右区端线后发球，得或失一分后，应换到左区发球。发出的球应从网上越过，落到对面的对方发球区内，或其周围线内。

（4）发球失误。未击中球；发出的球，在落地前触及固定物（球网、中心带和网边白布除外）；违反发球站位的规定。发球员有两次发球权。发球失误后，应在原发球位置进行第二次发球。

（5）发球无效。发球触网后，如出现仍然落到对方发球区内、接球员未作好接球准备等情况，均应重发球。

（6）交换发球。每局比赛终了，交换发球权。

2. 交换场地

双方应在每盘的第 1、3、5 等单数局结束后，以及每盘结束双方局数之和为单数时交换场地。

3. 双打

（1）双打发球次序。每盘第一局开始时，由发球方决定由何人首先发球，对方则同样地在第 2 局开始时定由何人首先发球。第 3 局由第 1 局发球方的另一球员发球。第 4 局由第 2 局发球方的另一球员发球，以下各局均按此次序发球。

（2）双方按发球次序。接发球次序与发球相同，但同伴间应在每局中轮流接发球。

（3）双打还击。接发球后，双方应轮流由其中任何一名队员还击。如运动员在其同队队员击球后，再以球拍触球，则判对方得分。

第十一章 武　术

第一节　武术运动概述

一、武术的形式、内容与分类

武术的内容丰富多彩，按其运动形式可分为套路运动和搏斗运动两大类。

1. 套路运动

套路运动是武术动作以攻守进退、动静疾徐、刚柔虚实等矛盾运动的变化规律，编成的整套练习形式。主要内容包括拳术、器械、对练和集体表演。

（1）徒手。拳术是徒手练习的套路运动。它的种类很多，主要有长拳、太极拳、南拳、形意拳、八卦掌、通背拳和象形拳等。

（2）器械。器械的种类也很多，分为长器械、短器械、双器械、软器械。刀、枪、剑、棍是长短器械的代表。目前在武术竞赛中，刀、枪、剑、棍是重点竞赛项目。

（3）对练。对练是在单练的基础上，两人或两人以上在预定的条件下进行攻防的假设性实战练习。其中包括徒手对练、器械对练、徒手与器械的对练等。

（4）集体表演。集体表演是以 6 人以上的徒手或器械集体演练，可变换队形和图案，采用音乐伴奏。要求队形整齐，动作协调一致。

2. 搏斗运动

搏斗运动是两人在一定条件下按照一定的规则进行斗智较力的对抗练习形式。目前武术竞赛中正在逐步开展的有散手、推手和短兵三项。

（1）散打。散打是指两人按照一定的规则便用踢打、摔、拿等方法制胜对方的竞技项目。

（2）推手。推手是指两人遵照一定的规则，使用掤、履、挤、按、采、列、肘、靠等方法，双方粘连黏随，通过肌肉的感觉来判断对方的用劲，然后借劲发劲将对方推出，以此决定胜负的竞技项目。

（3）短兵。短兵是指两人手持一种用藤、皮、棉制作的短棒似的器械，在 8×12 平方米长方形的场地内，按照一定的规则，便用劈、砍、刺、崩、点、斩等方法进行决胜负的竞技项目。

二、武术的特点和作用

武术在长期的历史演变中，逐渐形成了自己的运动规律，它以独特的技术风格和多方面的社会功能享誉于世。

1. 武术的特点

（1）寓技击于体育之中。武术最初作为军事训练手段，与古代军事斗争紧密相连，技击的特性是显而易见的。其目的在于杀伤、制服对方，它常常以最有效的技击方法，迫使对方失去反抗能力。

武术作为体育运动，技术上仍不失攻防技击的特性，它将技击寓于搏斗运动与套路运动之中。

（2）内外合一、形神兼备的民族风格。既究形体规范，又求精神传意，内外合一，是中国武术的一大特色。所谓内，指心、神、意等心志活动和气息的运行；所谓外，即手、眼、身、步等形体活动。内与外、形与神是相互联系统一的整体。

武术"内外合一、形神兼备"的特点，主要通过武术功法和技法来体现。"内练精气神，外练筋骨皮"是各家各派练功的准则，此外武术套路在技术上往往要求把内在精气神与外部形体动作紧密相合，完整一气，做到"心动形随、形断意连"，以"手眼身法步，精神气力功"的变化来锻炼心身。这一特点反映了中国武术作为一种文化形式在长期的历史演进中，备受中国古代哲学、医学、美学等方面的渗透和影响，形成了独具民族风格的练功方法和运动形式。

（3）广泛的适应性。武术的练习形式、内容丰富多样，有竞技对抗性的散打、推手、短兵，有适应演练的各种拳术、器械和对练，还有与其相适应的各种练功方法。人们可根据不同年龄、性别、体质的需要，还可以根据自己的条件和兴趣爱好选择练习。同时，它对场地、器材的要求较低，受时间、季节限制也很小。较之不少体育运动项目，具有更为广泛的适应性。

2. 武术的作用

武术具有健身、防身、修身养性、娱乐观赏等多方面的作用，是人们增强体质、振奋精神的一种好的手段。

（1）改善和增强体质。武术运动具有强体健身的作用，它不仅使人们形体上得到锻炼，而且使人体身心得到更全面的锻炼。对外能利关节、强筋骨、壮体魄；对内能理脏腑、通脉络、调精神。尤其是武术许多功法注意调息行气和意念活动，对调节内环境的平衡、调养气血、改善人体机能、增强体质是十分有益的。

（2）提高防身自卫的能力。武术具有技击的特点，通过习武，不仅可以掌握各种踢打摔拿击刺等技击方法，提高身体的灵活性和反应能力。持之以恒地练功还能增长劲力、抗击摔打、克敌制胜，具备防身自卫的能力。

（3）磨炼意志，培养道德情操。武术的学艺和练功，不仅要有吃苦耐劳精神，还需要常年不懈，持之以恒。不仅能培养坚韧不拔、勇敢无畏的意志，也是一种修身养性的良好手段。

（4）娱乐观赏，丰富文化生活。武术具有很高的观赏价值，不论是赛场上两人斗智斗勇的对抗性搏斗，还是显现武术功力与技巧的套路演练，都会引人入胜，给人以美的享受，丰富人们的文化生活。

<h1 style="text-align:center">第二节 武术基本动作</h1>

一、手型

1. 拳

四指并拢卷握，拇指紧扣食指和中指的第二指节（见图 11-1）。要求与要点：拳握紧、拳面平、直腕。

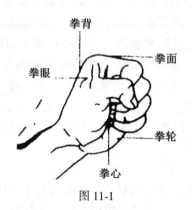

图 11-1

2. 掌

四指并拢伸直，拇指弯曲紧扣于虎口处（见图 11-2）。

3. 勾

五指第一指节捏拢在一起，屈腕（见图 11-3）。

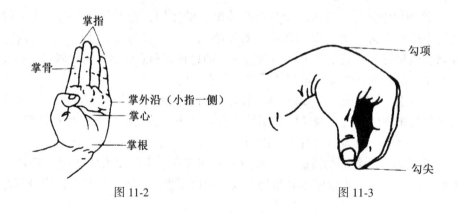

图 11-2   图 11-3

二、手法

1. 冲拳

冲拳分平拳与立拳两种。平拳拳心向下，立拳拳眼向上。

动作说明：两脚左右开立，与肩同宽，两拳抱于腰间，肘尖向后，拳心向上。挺胸、收腹、直腰，右拳从腰间向前猛力冲击，转腰、顺肩，在肘关节过腰后，右前臂内旋。要求力达拳面，臂要伸直，高与肩平，同时左肘向后牵拉（见图11-4）。练习时，左右可交替进行。

图 11-4

要求与要点：出拳要快速有力，要有爆发力，做好拧腰、顺肩、急转前臂的动作。

2. 架拳

动作说明：架拳的预备姿势与冲拳相同。在拳向下、向左、向上经头前向右上方划弧架起，拳眼向下，眼看左方（见图11-5）。练习时，左右可交替进行。

要求与要点：松肩、肘微屈，前臂内旋。

3. 推掌

动作说明：预备姿势与冲拳相同。右拳变掌，前臂内旋，并以掌根为力点向前猛力推击。推击时要转腰、顺肩，臂要伸直，高与肩平。同时左肘向后牵拉（见图11-6）。练习时，左右可交替进行。

图 11-5　　　　　　图 11-6

要求与要点：挺胸、收腹、直腰。出掌要快速有力，有寸劲，同时还要做好拧腰、顺肩、沉腕、翘掌等动作。

4. 亮掌

动作说明：预备姿势与冲拳相同。右拳变掌，经体侧向右、向上划弧，至头部右前上方时，抖腕亮拳，臂成弧形。掌心向前，虎口朝下，眼随右手动作转动，亮掌时，注视左方（见图11-7）。

要求与要点：抖腕、亮掌与转头要同时完成。

5. 弓步

动作说明：左脚向前一大步，脚尖微内扣，左腿屈膝半蹲（大腿接近水平），膝与脚尖垂直。右腿扭膝伸直，脚尖内扣，两脚全脚着地。上体正对前方，眼向前平视，两手抱拳于腰间（见图11-8）。弓右腿为右弓步，弓左腿为左弓步。

① ②
图 11-7 图 11-8

要求与要点：前腿弓、后腿绷，挺胸、塌腰、沉髋。前脚同后脚成一直线。

6. 马步

动作说明：两脚平行开立（约为本人脚长的3倍），脚尖正对前方，屈膝半蹲，膝部不超过脚尖，大腿接近水平，全脚着地，身体重心落于两腿之间，两手抱拳于腰间（见图11-9）。

要求与要点：挺胸、塌腰、脚跟外蹬。

7. 虚步

动作说明：两脚前后开立，左脚外展45度，屈膝半蹲，左脚脚跟离地，脚面绷平，脚尖稍内扣，虚点地面，膝微屈，重心落于后腿上。两手叉腰，眼向前平视（见图11-10）。左脚在前为左虚步，右脚在前为右虚步。

要求与要点：挺胸、塌腰，虚实分明。

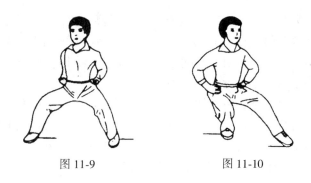

图 11-9　　　　　　　　　图 11-10

8. 仆步

两脚左右开立，右腿屈膝全蹲，大腿和小腿靠紧，臀部接近小腿，右脚全脚着地，脚尖和膝关节外展，左腿挺身平仆，脚尖里扣，全脚着地。两手抱拳于腰间，眼向左方平视（见图 11-11）。仆左腿为左仆步，仆右腿为右仆步。

要求与要点：挺胸、塌腰、沉髋。

9. 歇步

动作说明：两腿交叉靠拢全蹲，左脚全脚着地，脚尖外展，右脚前脚掌着地，膝部贴近左腿跟处。两手抱拳于腰间，眼向左前方平视（见图 11-12）。左脚在前为左歇步，右脚在前为右歇步。

要求与要点：挺胸、塌腰、两腿靠拢并贴紧。

图 11-11　　　　　　　　　图 11-12

第三节　太　极　拳

一、简化太极拳

太极拳是我国民族文化遗产之一，是一种武术项目，也是体育运动和健身项目，在中国有着悠久的历史。

1956 年国家体委组织部分专家，在传统太极拳的基础上，按由简入繁、循序渐进、易学易记的原则，去其繁难和重复动作，选取了二十四式，编成《简化太极拳》，也称

"二十四式太极拳"或"三段太极拳",是初段位中最高一段的考评内容之一。

太极始于无极,分两仪。由两仪分三才,由三才显四象,演变八卦。依据"易经"阴阳之理、中医经络学、道家导引、吐纳综合地创造一套有阴阳性质、符合人体结构、大自然运转规律的一种拳术,古人称为"太极"。

太极拳在技击上别具一格,特点鲜明。它要求避实就虚,借力发力,以静制动,以柔克刚,以静待动,以圆化直,以小胜大,以弱胜强,主张一切从客观出发,随人则活,由己则滞。为此,太极拳特别讲究"听劲",即要准确地感觉判断对方来势,以作出反应。当对方未发动前,自己不要冒进,可先以招法诱发对方,试其虚实,术语称为"引手"。一旦对方发动,自己要迅速抢在前面,"彼未动,己先动","后发先至",将对手引进,使其失重落空,或者分散转移对方力量,乘虚而入,全力还击。太极拳的这种技击原则,体现在推手训练太极拳和套路动作要领中,不仅可以训练人的反应能力、力量和速度等身体素质,而且在攻防格斗训练中也有十分重要的意义。

太极拳技击法皆遵循阴阳之理,以"引化合发"为主要技击过程。技击中,由听劲感知对方来力大小及方向,"顺其势而改其路",将来力引化掉,再借发力。

太极拳理论,直接来源于道教思想,道教继承和发展老庄道家思想,在重生贵生、尊道贵德宗旨指导下,有一系列养生修身炼己、以求长生久视的锻炼功法。在太极拳中,借力打力,四两拨千斤,以柔克刚、以静制动,柔弱胜刚强,都来源于老庄哲学,故太极拳被称为"国粹"。

太极拳具有较好的健身和医疗价值。打太极拳除增强体质外,也是辅助治疗高血压、溃疡病、心脏病、肺结核等疾病的好方法。

二、二十四式太极拳简介

1. 动作名称

第一组 起势 野马分鬃 白鹤亮翅

第二组 搂膝拗步 手挥琵琶 左右倒卷肱

第三组 左揽雀尾 右揽雀尾

第四组 单鞭 云手 单鞭

第五组 高探马 右蹬脚 双峰贯耳 转身左蹬脚

第六组 左下势独立 右下势独立

第七组 左右穿梭—即玉女穿梭 海底针 闪通臂

第八组 转身搬拦捶 如封似闭 十字手 收势

2. 动作说明

第一组

(1) 起势:

①两脚并拢,身体自然直立,头颈正直;两臂自然下垂两手指尖轻贴大腿侧;眼向前平视(图11-13)。

②左脚向左慢慢开步,与肩同宽,脚尖向前(图11-14)。

③两臂慢慢向前平举,两手高与肩平,与肩同宽,手心向下(图11-15)。

④上体保持正直，两腿屈膝下蹲；同时两掌轻轻下按至腹前，两肘下垂与膝相对；眼平视前方（图11-16）。

图11-13　　　　图11-14　　　　图11-15　　　　图11-16

要点：头颈端正，下颏要微向后收，头顶用意向上虚虚领颈，颈部不要松弛，不可仰头或低头。身体直立或下蹲时，要敛臀收腹，躯干正直，不可挺胸、凸肚、凸臀、前俯、后仰；左脚开步时，重心先移向右腿，左脚跟先离地，随之前脚掌再离地，轻轻提起全脚，高不过右踝；向左开步落脚时，前脚掌先着地，随之全脚掌逐渐踏实。这种重心转换的做法，体现了太极拳运动"轻起轻落，点起点落"的这一重要步法规律。两手臂前平举时，手起肘随将臂举起，肘关节微屈，保持沉肩垂肘的要领，不要掀肘耸肩；屈蹲下按掌时，两掌要随屈膝主动下按，协调一致，掌心下按到终点（腹前）定势时，须舒指展掌。

教法提示：①并脚直立；②开步站立；③两臂前举；④屈膝下按。

（2）左右野马分鬃：

①上体微向右转，身体重心移至右腿上；同时右臂收在胸前平屈，手心向下，左手经体前向右下划弧放在右手下，手心向上，两手心相对成抱球状；左脚随即收到右脚内侧，脚尖点地；眼目视右手（图11-17、图11-18、图11-19）。

②上体微向左转，左脚向左前方迈出，同时左右手随转体慢慢分别向左上、右下错开；眼视左手（图11-20、图11-21）。

图11-17　　　图11-18　　　图11-19　　　图11-20　　　图11-21

③上体继续左转，右脚跟后蹬，右腿自然伸直成左弓步；左右手随转体继续向左上、右下分开，左手高与眼平，手心斜向上，肘微屈；右手落在右胯旁，肘也微屈，手心向

下，指尖向前；眼视左手（图 11-22）。

④上体慢慢后坐．身体重心移至右腿，左脚尖翘起，微向外撇（45°~60°），同时两手准备抱球（图 11-23）。

⑤左脚掌慢慢踏实，左腿慢慢前弓，身体左转，身体重心再移至左腿；同时左手翻转向下，左臂收在胸前平屈，右手向左上划弧放在左手下，两手心相对成抱球状；右脚随即收到左脚内侧，脚尖点地，眼视左手（图 11-24、图 11-25）。

⑥上体微右转，右腿向右前方迈出，同时左右于随转体慢慢分别向左下、右上错开；眼视右手（图 11-26）。

图 11-22　　图 11-23　　图 11-24　　图 11-25　　图 11-26

⑦左腿自然伸直成右弓步：同时上体继续右转，左右手继续随转体分别慢慢向左下，右上分开，右手高与眼平，手心斜向上，肘微屈；左手落在左胯旁，肘也微屈，手心向下，指尖向前；眼视右手（图 11-27）。

⑧与④解同，唯左右相反（图 11-28）。

⑨与⑤解同，唯左右相反（图 11-29、图 11-30）。

⑩与⑥解同，唯左右相反（图 11-31）。

图 11-27　　图 11-28　　图 11-29　　图 11-30　　图 11-31

⑪与⑦解同，唯左右相反（图 11-32）。

要点：上体不可前俯后仰，脚部必须宽松舒展。两臂分开时要保持弧形。身体转动时要以腰为轴。弓步动作与分手的速度要均匀一致。做弓步时，迈出的脚先是脚跟着地，然后脚掌慢慢踏实，脚尖向前，膝盖不要超过脚尖，后腿自然伸直，前后脚夹角成 45°~60°

（需要时后脚脚跟可以后蹬调）。野马分鬃式的弓步，前后脚的脚跟要分在中轴线的两侧，它们之间的横向距离（即以动作行进的中线为纵轴，其两侧的垂直距离为横轴）应保持在10~30厘米。

　　教法提示：①抱球收脚；②上步错手；③弓步分手；④轻体撤脚；⑤抱球收脚；⑥上步错手；⑦弓步分手。

　　（3）白鹤亮翅：

　　①上体微向左转，左于翻掌向下，左臂平屈胸前，右手向左上划弧，手心转向上，与左手相对成抱球状。眼视左手（图11-32）。

　　②右脚跟进半步，上体后坐，身体重心移至右腿；上体先向右转，面向右前方，眼视右手；然后左脚稍向前移，脚尖点地，成左虚步，同时上体再微向左转，面向前方，两手随转体慢慢向左下、右上分开，右手上提停于右额前，手心向左后方，左手落于左胯前，手心向下，指尖向前；眼平视前方（图11-33、图11-34）。

图11-32　　　　　　　　图11-33　　　　　　　　图11-34

　　要点：完成姿势胸部不要挺出，两臂上下都要保持半圆形，左膝要微屈；身体重心后移和右手上提，左手下按要协调一致。

　　教法提示：①转体抱手；②虚步分掌。

　　第二组

　　（4）左右搂膝拗步：

　　①右手从体前下落，由下向后上方划弧举至右肩外侧，肘微屈，手与耳同高，手心斜向上；左手由左下向上，向右下方划弧至右胸前，手心斜向下；同时上体先微向左再向右转，左脚收至右脚内侧，脚尖点地。眼视右手（图11-35、图11-36、图11-37）。

图11-35　　　　　　　　图11-36　　　　　　　　图11-37

②上体左转，左脚向前（偏左）迈出成左弓步；同时右手屈回由耳侧向前推出，高与鼻尖平，左手向下由左膝前搂过落于左胯旁，指尖向前；眼视右手（图11-38、图11-39）。

③右腿慢慢屈膝，上体后坐，重心移至右腿，左脚尖翘起微向外撇，随后脚掌慢慢踏实，左腿前弓，身体左转，重心移至左腿，右脚收到左脚内侧，脚尖点地；同时左手向外翻掌由左后向上划弧至左肩外侧，肘微屈，手与耳同高，手心斜向上；右手随转体向上、向左下划弧落于左脚前，手心斜向下眼视左手（图11-40、图11-41、图11-42）。

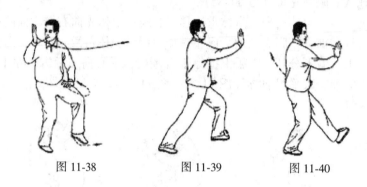

图 11-38　　　　　图 11-39　　　　　图 11-40

④与②解同，唯左右相反（图11-43、图11-44）。

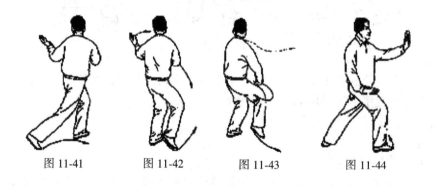

图 11-41　　　图 11-42　　　图 11-43　　　图 11-44

⑤与③解同，唯左右相反（图11-45、图11-46、图11-47）。

⑥与①解同（图11-48、图11-49）。

图 11-45　　　图 11-46　　　图 11-47　　　图 11-48　　　图 11-49

要点：前手推出时，身体不可前俯后仰，要松腰松胯；推掌时要沉肩垂肘，坐腕舒掌，同时须与松腰、弓腿上下协调一致；搂膝拗步成弓步时，两脚跟的横向距离30厘米左右。

教法提示：①举手收脚；②弓步搂推；③举手收脚；④弓步搂推；⑤举手收脚；⑥弓步搂推。

（5）手挥琵琶：

①右脚跟进半步，上体后坐，重心移至右腿上，上体半面向右转。

②左脚略提起稍向前移，变成左虚步，脚跟着地，脚尖翘起，膝部微屈；同时左手由左下向上挑，高与鼻尖平，掌心向右，臂微屈；右手收回放在左臂肘部里侧，掌心向左；两手成侧立掌合于体前；眼视左手食指（图11-50、图11-51、图11-52）。

图 11-50　　　　图 11-51　　　　图 11-52

要点：身体要平稳自然，沉肩垂肘，胸部放松。左手上起时不要直向上挑，要由左向上、向前，微带弧形。右脚跟进时，脚掌先着地，再全脚踏实。身体重心后移和左手上起、右手回收要协调一致。

教法提示：①跟步展臂；②后坐引手；③虚手合手。

（6）左右倒卷肱：

①上体右转，右手翻掌（手心向上）经腹前由下向后上方划弧平举，臂微屈，左手随即翻掌向上；眼的视线随着向右转体先右视，再转向前方视左手（图11-53、图11-54）。

②右臂屈肘折向前，右手由耳侧，向前推出，手心向前，左臂屈肘后撤，手心向上，撤至左肋外侧；同时左腿轻轻提起向后（偏左）退一步，脚掌先着地，然后全脚慢慢踏实，身体重心移到左腿上，成右虚步，右脚随转体以脚掌为轴扭正；眼视右手（图11-55、图11-56）。

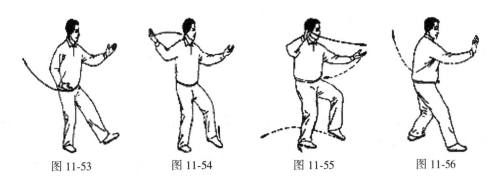

图 11-53　　　　图 11-54　　　　图 11-55　　　　图 11-56

③上体微向左转，同时左手随转体向后上方划弧平举，手心向上，右手随即翻掌，掌心向上；眼随转体先左视，再转向前方视右手（图11-57）。

④与②解同，唯左右相反（图11-58、图11-59）。

⑤与③解同，唯左右相反（图11-60）。

图 11-57　　　　　图 11-58　　　　　图 11-59　　　　　图 11-60

⑥与①解同（图11-61、图11-62）。

⑦与③解同（图11-63）。

⑧与②解同，唯左右相反（图11-64、图11-65）。

图 11-61　　　　图 11-62　　　　图 11-63　　　　图 11-64　　　　图 11-65

要点：前推的手不要伸直，后撤手也不可直向回抽，随转体仍走弧线。前推时要转腰松胯，两手的速度要一致，避免僵硬；退步时，脚掌先着地，再慢慢全脚踏实，同时前脚随转体以脚掌为轴扭正，退左脚略向左后斜，退右脚略向右后斜，避免使两脚落在一条直线上；后退时，眼神随转体动作先向左（右）视，然后再转视前手；最后退右脚时，脚尖外撇的角度略大些，便于接做"左揽雀尾"的动作。

教法提示：①转体举手；②退步卷肱；③转体举手；④退步卷肱；⑤转体举手；⑥退步卷肱；⑦转体举手；⑧退步卷肱。

第三组

（7）左揽雀尾：

①上体微向右转，同时右手随转体向后上方划弧平举，手心向上，左手放松，手心向下；眼视左手（图11-66）。

②身体继续向右转，左手自然下落，逐渐翻掌经腹前划弧至右肋前，手心向上；右臂

屈肘，手心转向下收至右胸前，两手相对成抱球状；同时身体重心落在右腿上，左脚收至右脚内侧，脚尖点地；眼视右手（图11-67、图11-68）。

③上体微向左转，左脚向左前方迈出，上体继续向左转，右腿自然蹬直，左腿屈膝成左弓步；同时左臂向左前方掤出（即左臂平屈成弓形，用前臂外侧和手背向前方推出），高与肩平，手心向后；右手向右下落放于右胯旁，手心向下，指尖向前；眼视左前臂（图11-69、图11-70）。

图 11-66　　　　图 11-67　　　　图 11-68　　　　图 11-69　　　　图 11-70

④身体微向左转，左手随即前伸翻掌向下，右手翻掌向上，经腹前向上、向前伸至左前臂下方；然后两手下捋，即上体向右转，两手经腹前向右后上方划弧，直至右手心向上，高与肩平，左臂平屈于胸前，手心向后；同时身体重心移至右腿；眼视右手（图11-71、图11-72）。

⑤上体微向左转，右臂屈肘折回，右手附于左手腕里侧（相距约1厘米），上体继续向左转，双手同时向前慢慢挤出，左手心向后，右手心向前，左前臂要保持半圆；同时身体重心逐渐前移变成左弓步；眼视左手腕部（图11-73、图11-74）。

图 11-71　　　　图 11-72　　　　图 11-73　　　　图 11-74

⑥左手翻掌，手心向下，右手经左腕上方向前，向右伸出，高与左手齐，手心向下，两手左右分开，宽与肩同；然后右腿屈膝，上体慢慢后坐，身体重心移至右腿上，左脚尖翘起；同时两手屈肘回收至腹前，手心均向前下方；眼向前平视（图11-75、图11-76、图11-77）。

⑦上式不停，身体重心慢慢前移，同时两手向前、向上按出，掌心向前；左腿前弓成

左弓步；眼平视前方（图11-78）。

图11-75　　　　　图11-76　　　　　图11-77　　　　　图11-78

要点：掤出时，两臂前后均保持弧形。分手、松腰、弓腿三者必须协调一致。揽雀尾弓步时，两脚跟横向距离不超过10厘米。下捋时，上体不可前倾，臀部不要凸出，两臂下捋须随腰旋转，仍走弧线。左脚全脚掌着地，向前挤时，上体要正直，挤的动作要与松腰、弓腿相一致；向前按时，两手须走曲线，手腕部高与肩平，两肘微屈。

教法提示：①转体举手；②收脚抱球；③弓步掤臂；④转体下捋；⑤弓步前挤；⑥后坐收手；⑦弓步前按。

（8）右揽雀尾：

①上体后坐并向右转，身体重心移至右腿，左脚尖里扣；右手向右平行划弧至右侧，然后由右下经腹前向左上划弧至左肋前，手心向上；左臂平屈胸前，左手掌向下与右手成抱球状；同时身体重心再移到左腿上，右脚收到左脚内侧，脚尖点地；眼视左手（图11-79、图11-80、图11-81、图11-82）。

图11-79　　　　　图11-80　　　　　图11-81　　　　　图11-82

②同"左揽雀尾"③解，唯左右相反（图11-83、图11-84）。
③同"左揽雀尾"④解，唯左右相反（图11-85、图11-86）。
④同"左揽雀尾"⑤解，唯左右相反（图11-87、图11-88）。
⑤同"左揽雀尾"⑥解，唯左右相反（图11-89、图11-90、图11-91）。
⑥同"左揽雀尾"⑦解，唯左右相反（图11-92）。

要点：与"左揽雀尾"相同，唯左右相反。

图 11-83 图 11-84 图 11-85 图 11-86 图 11-87

图 11-88 图 11-89 图 11-90 图 11-91 图 11-92

教法提示：①收脚抱球；②弓步掤臂；③转身下捋；④弓步前挤；⑤后坐收手；⑥弓步前按。

第四组

(9) 单鞭：

①上体后坐，重心逐渐移至左腿，右脚尖里扣；同时上体左转，两手（左高右低）向左弧形运转，直至右臂平举，伸于身体左侧，手心向左，右手经腹前运至左肋前，手心向后上方；眼视左手（图 11-93、图 11-94）。

②重心再渐渐移至右腿上，上体右转，左脚向右脚靠拢，脚尖点地；同时右手向右上方划弧（手心由里转向外），至右侧方时变勾手，臂与肩平；左手向下经腹前向右上划弧停于右肩前，手心向里；眼视左手（图 11-95、图 11-96）。

图 11-93 图 11-94 图 11-95

③上体微向左转，左脚向左前方迈出，右脚跟后蹬，成左弓步；在身体重心移向左腿的同时，左掌随上体的继续左转慢慢翻转向前推出，手心向前，手指与眼齐平，臂微屈；眼视右手（图11-97、图11-98）。

图 11-96　　　　　　图 11-97　　　　　　图 11-98

要点：上体保持正直，松腰，完成式时，右臂肘部稍下垂，左肘与左膝上下相对，两肩下垂；左手向外翻转掌前推时，要随转体边翻边推出，不要翻转太快或最后突然翻掌。全部过渡上下要协调一致，如面向南起势，单鞭的方向（左脚尖）动作，应向东偏北（大约为15度）。

教法提示：①转体运臂；②勾手收脚；③弓步推掌。

（10）云手：

①重心移至右腿上，身体渐向右转，左脚尖里扣；左手经腹前向右上划弧至右肩前，手心斜向后，同时右手松勾变掌，手心向右前；眼视左手（图11-99、图11-100、图11-101）。

图 11-99　　　　　　图 11-100　　　　　　图 11-101

②上体慢慢左转，重心随之逐渐左移；左手由脸前向左侧运转，手心渐渐转向左方；右手由右下经腹前向左上划弧至左肩前，手心斜向后；同时右脚靠近左脚，成小开立步（两脚距离10~20厘米）；眼视右手（图11-102、图11-103）。

③上体再向右转，同时左手经腹前向右上划弧至右肩前，手心斜向后；右手向右侧运转，手心翻转向右；随之左腿向左横跨一步；眼视左手（图11-104、图11-105、图11-106）。

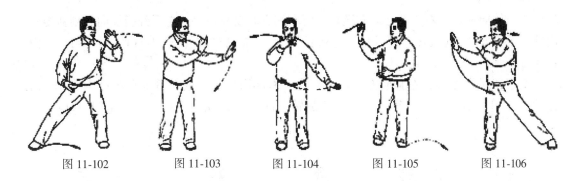

图 11-102　　　　　图 11-103　　　　　图 11-104　　　　　图 11-105　　　　　图 11-106

④同②解（图 11-107、图 11-108）。
⑤同③解（图 11-109、图 11-110、图 11-111）。

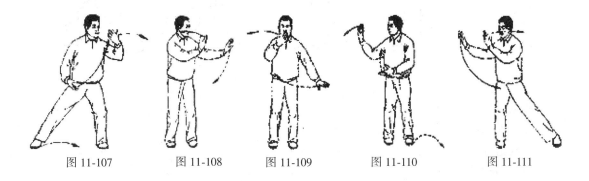

图 11-107　　　　　图 11-108　　　　　图 11-109　　　　　图 11-110　　　　　图 11-111

⑥同②解（图 11-112、图 11-113）。

图 11-112　　　　　图 11-113

　　要点：身体转动要以腰脊为轴，松腰、松胯，不可忽高忽低。两臂随腰的转动而运转，要自然圆活，速度要缓慢均匀；下肢移动时，身体重心稳定，两脚掌先着地再踏实，脚尖向前。眼的视线随左右手而移动。第三个"云手"，右脚最后跟步时，脚尖微向里扣，便于接"单鞭"动作。

　　教法提示：①转体松勾；②云手收脚；③云手开步；④云手收脚；⑤云手开步；⑥云手收脚。

（11）单鞭：

①上体向右转，右手随之向右运转，至右侧方时变成勾手；左手经腹前向右划弧至右肩前，手心向内；重心落在右腿上，左脚尖点地；眼视左手（图11-114、图11-115、图11-116）。

②上体微向左转，左脚向左前侧方迈出，右脚跟后蹬，成左弓步；在身体重心移向左腿的同时，上体继续左转，左掌慢慢翻转向前推出，成"单鞭"式（图11-117、图11-118）。

图11-114　　　　图11-115　　　　图11-116　　　　图11-117　　　　图11-118

要点：与前"单鞭"式相同。

教法提示：①转体勾手；②弓步推举。

第五组

（12）高探马：

①右脚跟进半步，身体重心逐渐后移至右腿上；右勾手变成掌，两手心翻转向上，两肘微屈；同时身体微向右转，左脚跟渐渐离地；眼视左前方（图11-119）。

②上体微向左转，面向左前方，右掌经右身旁向前推出，手心向前，手指与眼同高；左手收至左侧腰前，手心向上；同时左脚微向前移，脚尖点地，成左虚步；眼视右手（图11-120）。

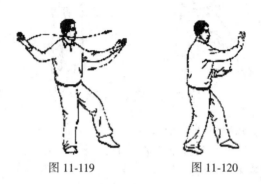

图11-119　　　　图11-120

要点：上体自然正直，双肩要下沉，右肘微下垂。跟步移换重心时，身体不要有起伏。

教法提示：①跟步翻掌；②虚步推掌。

（13）右蹬脚：

①左手手心向上前伸至右手腕背面，两手相互交叉，随即向两侧分开并向下划弧，手心斜向下，同时左脚提起向左前侧方进步（脚尖稍外撇）；身体重心前移；右腿自然蹬直，成左弓步；眼视前方（图11-121、图11-122、图11-123）。

图11-121　　　　图11-122　　　　图11-123

②两手由外圈向里圈划弧，两手交叉合抱于胸前，右手在外，手心均向后；同时右脚向左脚靠拢，脚尖点地；眼平视右前方（图11-124）。

③两手臂左右划弧分开平举，肘部微屈，手心均向外；同时右腿屈膝提起，右脚向右前方慢慢蹬出；眼视右手（图11-125、图11-126）。

图11-124　　　　图11-125　　　　图11-126

要点：身体要稳定，不可前俯后仰。两手分开时，腕部与肩齐平；蹬脚时，左腿微屈，右脚尖回勾，力点在脚跟，分手与蹬脚须协调一致，右臂和腿上下相对。如面向南起势，蹬脚方向应为正东偏南约90度。

教法提示：①弓步分手；②抱子收脚；③分手蹬脚。

（14）双峰贯耳：

①右腿收回，屈膝平举；左手由后向上、向前下落至体前，两手心均翻转向上，两手同时向下划弧，分落于右膝盖两侧，眼视前方（图11-127、图11-128）。

②右脚向右前方落下，重心渐渐前移，成右弓步，面向右前方，同时两手下落，慢慢变拳，分别从两侧向上、向前划弧贯拳至面部前方，成钳形状，两拳相对，高与耳齐，拳

跟都斜向内下（两拳中间距离10~20厘米）；眼视右拳（图11-129、图11-130）。

图11-127　　　图11-128　　　图11-129　　　图11-130

要点：完成式时，头顶正直，松腰松胯，两拳松握，沉肩垂肘，两臂均保持弧形。双峰贯耳式的弓步和身体方向与右蹬脚方向相同。弓步的两脚跟横向距离10~20厘米。

教法提示：①屈膝落手；②弓步贯拳。

（15）转身左踢脚：

①左腿屈膝后坐，身体重心移至左腿，上体左转，右脚尖里扣；同时两拳变掌，由上向左右划弧分开平举，手心向前；眼视左手（图11-131、图11-132）。

②身体重心再移至右腿，左脚收到右脚内侧，脚尖点地；同时两手由外圈向里圈划弧合抱于胸前，左手在外，手心均向后，眼平视左方（图11-133、图11-134）。

③两手臂左右划弧分开平举，肘部微屈，手心均向外；同时左腿屈膝提起，左脚向左前方慢慢蹬出；眼视左手（图11-135、图11-136）。

图11-131　　　　　图11-132　　　　　图11-133

图11-134　　　　　图11-135　　　　　图11-136

要点：与"右蹬脚"式相同，唯左右相反。左蹬脚方向与右蹬脚方向成180度（即正西偏北约30度）。

教法提示：①转身分掌；②收脚抱手；③分手蹬脚。

第六组

（16）左下势独立：

①左腿收回平屈，上体右转；右掌变成勾手，左掌向上、向右打弧下落，立于右肩前，掌心斜向后。眼视右手（图11-137、图11-138）。

②右腿慢慢屈膝下蹲，左腿由内向左侧（偏后）伸出，成左仆步；左手下落（掌心向外）向左下顺左腿内侧向前穿出；眼视左手（图11-139、图11-140）。

图11-137　　　　图11-138　　　　图11-139　　　　图11-140

③身体重心前移，左脚跟为轴，脚尖尽量向外撇，左腿前弓，右腿后蹬，右脚尖里扣，上体微向左转并向前起身；同时左臂继续向前伸出（立掌），掌心向右，右勾手下落，勾尖向后；眼视左手（图11-141）。

④右腿慢慢提起平屈，成左独立式；同时右勾手变掌，并由后下方顺右腿外侧向前弧形上挑，屈臂立于右腿上方，肘与膝相对，手心向左；左手落于左胯旁，手心向下，指尖向前；眼视右手（图11-142、图11-143）。

图11-141　　　　图11-142　　　　图11-143

要点：右腿全蹲时，上体不要过于前倾；左腿伸直，左脚尖须向里扣，两脚脚掌全部着地；左脚尖与右脚跟踏在中轴线上体要立直，独立的腿要微屈，右腿提起时脚尖自然下垂。

教法提示：①收腿勾手；②仆步穿掌；③弓腿起身；④独立挑掌。

（17）右下势独立：

①右脚下落，左脚前，脚尖着地，然后左脚前掌为轴脚跟转动，身体随之左转，同时左手向后平举变成勾手，右掌随着转体向左侧划弧，立于左肩前，掌心斜向后；眼视左手（图11-144、图11-145）。

②同"左下势独立"②解，唯左右相反（图11-146、图11-147）。

图11-144　　　　图11-145　　　　图11-146　　　　图11-147

③同"左下势独立"③解，唯左右相反（图11-148）。

④同"左下势独立"④解，唯左右相反（图11-149、图11-150）。

图11-148　　　　图11-149　　　　图11-150

要点：右脚触地后必须稍微提起，然后再向下仆腿。其他均与"左下势独立"相同，唯左右相反。

教法提示：①落脚勾手；②仆步穿掌；③弓腿起身；④独立挑掌。

第七组

（18）左右穿梭：

①身体微向左转，左腿向前落地，脚尖外撇，右脚跟离地，两腿屈膝半坐成半坐盘式；同时两手在左胸前成抱球状（左上右下）；然后右脚收到左脚内侧，脚尖点地；眼视左前臂（图11-151、图11-152、图11-153）。

②身体右转，右脚向右前方迈出，屈膝弓腿成右弓步；同时右手由脸前向上举并翻掌停架在右额前，手心斜向下；左手先向左下，再经体前向前推出，高于鼻尖子；手心向前；眼视左手（图11-154、图11-155、图11-156）。

图 11-151　　　图 11-152　　　图 11-153　　　图 11-154

③身体重心略向后移，右脚尖稍向外撇，随即身体重心再移到右腿，左脚跟进，停于右脚内侧，脚尖点地；同时两手在胸前成抱球状（右上左下）；眼视右前臂（图 11-157、图 11-158）。

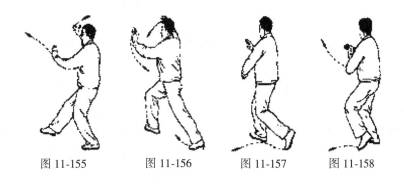

图 11-155　　　图 11-156　　　图 11-157　　　图 11-158

④同②解，唯左右相反（图 11-159、图 11-160、图 11-161）。

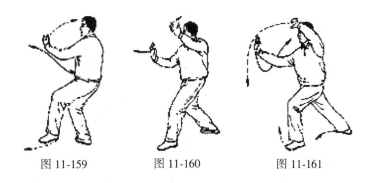

图 11-159　　　　图 11-160　　　　图 11-161

要点：完成姿势面向斜前方（如面向南起势，左右穿梭方向分别为正西偏北和正西偏南，均约 30 度）。手推出后，上体不可前俯，手向上举时，防止引肩上耸。一手上举一手前推，要与弓腿松腰上下协调一致。做弓步时，两脚跟的横向距离在 30 厘米左右。

教法提示：①落脚抱球；②弓步架推；③跟步抱球；④弓步架推。

（19）海底针：

①右脚向前跟进，身体重心移至右腿，左脚稍向前移举步；右手下落经体前向后、向上提抽至肩上耳旁，左手下落至体前侧（图 11-162）。

②左脚尖点地成左虚点；同时身体稍向右转；右手再随身体左转，由右耳旁斜向前下方插出，掌心向左，指尖斜向下；与此同时，左手向前、向下划弧落于左胯旁，手心向下，指尖向前；眼视前下方（图 11-163）。

图 11-162　　　　　图 11-163

要点：身体要先向右转，再向左转。完成姿势，面向正西。上体不可太前俯。不要低头和臀部凸出。左腿要微屈。

教法提示：①后脚跟步；②虚步插掌。

（20）闪通臂：

①上体稍向右转，左脚微回收举步。同时两手上提。眼视前方（图 11-164）。

②左脚向前迈出，脚跟着地；左右两手分别向左前、右后分开；左手心向前，右手心向外。眼视前方（图 11-165）。

③重心前移，左腿屈膝弓成左弓步；同时右手屈臂上举，停于右额前上方，掌心翻转斜向上，拇指朝下；左手由胸前随重心前移慢慢向前推出，高与鼻尖平，手心向前。眼视左手（图 11-166）。

图 11-164　　　　图 11-165　　　　图 11-166

要点：完成姿势上体自然正直，松腰松胯；左臂不要完全伸直，背肌要伸展开；推掌、举手和弓腿的动作要协作一致。弓步时，两脚跟横间距离不超过 10 厘米。

教法提示：①提手收脚；②上步分手；③弓步架推。

第八组

（21）转身搬拦捶：

①上体后坐，身体重心移至右腿上，左脚尖里扣；身体向右后转，然后身体重心再移至左腿上；与此同时，右手随着转体向右。向下（变拳）经腹前划弧至左肋旁，拳心向下；左掌上举于头前，掌心斜向上。眼视前方（图 11-167、图 11-168）。

②向右转体，右拳经胸前向前翻转撇出，掌心向上；左手落于左胯旁，掌心向下，指尖向前；同侧右脚收回后（不要停顿或脚尖点地）即向前迈出，脚尖外撇。眼视右拳（图 11-169、图 11-170）。

图 11-167　　　　　图 11-168　　　　　图 11-169

③身体重心移至右腿上，左腿向前迈出一步；左手上起经左侧向前上划弧拦出，掌心向前下方；同时右拳向右划弧收到右腰旁，掌心向上。眼视左手（图 11-171、图 11-172）。

④左腿前弓成左弓步，同时右拳向前打出，拳眼向上，高与胸平，左手附于右前臂里侧。眼视右拳（图 11-173）。

图 11-170　　　　图 11-171　　　　　图 11-172　　　　　图 11-173

要点：右拳不要推得太紧，回收时前臂要慢慢内旋划弧，然后再外旋停于右腰旁，拳心向上。向前打拳时，右胸随拳略向前引伸，沉肩垂肘，右臂要微屈；弓步时，两脚横向距离在 10 厘米左右。

教法提示：①转身握掌；②上步撇拳；③上步拦掌；④弓步打拳。

（22）如封似闭：

①左手由右腕下向前伸出，右拳变掌，两手手心逐渐翻转向上并慢慢分开回收；同时

身体后坐，左脚尖翘起，身体重心移至右腿。眼视前方（图11-174～图11-176）。

图 11-174　　　　图 11-175　　　　图 11-176

②两手在胸前翻掌，向下经腹前再向上、向前推出；腕部与肩平，掌心向前；同时左腿前弓成左弓步。眼视前方（图11-177～图11-181）。

图 11-177　　　　图 11-178　　　　图 11-179

图 11-180　　　　图 11-181

要点：身体后坐时，避免后仰，臀部不可凸出。两臂随身体回收时，肩、肘部略向外松开。不要直着抽回，两手推出宽度不要超过两胸。

教法提示：①后坐收掌；②弓步推掌。

（23）十字手：

①屈膝后坐，身体重心移向右腿，左脚尖里扣，向右转体；右手随着转体动作向右平摆划弧，与左手成两臂侧平举，掌心向前，肘部微屈；同时右脚尖随着转体稍向外撇，成右侧弓步。眼视右手（图11-182、图11-183）。

图 11-182　　　　　　　　图 11-183

②身体重心慢慢移至左腿，右脚尖里扣，随即向左收回，两脚距离与肩同宽，两腿逐渐蹬直，成开立步；同时两手向下经腹前向上划弧交叉合抱于胸前，两臂撑圆，腕高与肩平，右手在外，成十字手，手心均向后，眼视前方。

要点：两手分开和合抱时，上体不要前俯。站起时，身体自然正直，头要微向上顶，下颏稍向后收；两臂环抱时须圆满舒适，沉肩垂肘。

教法提示：①转身摆掌；②收脚合抱。

（24）收势：

①两手向外翻掌，手心向下，两臂慢慢下落，停于腹前。眼视前方（图 11-184、图 11-185、图 11-186）。

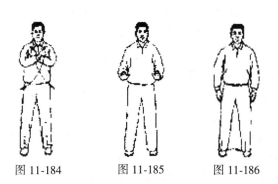

图 11-184　　　　图 11-185　　　　图 11-186

②两腿缓缓蹬直，同时两掌慢慢下落至大腿侧，然后收左脚成并步直立。眼视前方。

要点：两手左右分开下落时，要注意全身放松，同时气也徐徐下沉（呼气略加长）。呼吸平稳后，再收左脚做走动休息。

第十二章 跆 拳 道

第一节 跆拳道的起源与发展

所谓跆拳道，跆，意为以脚踢、摔撞；拳，以拳头打击；道，是一种艺术方法。跆拳道是一种利用拳和脚的艺术方法，它是以脚法为主的功夫，其脚法占70%。跆拳道的套路共有24套，另外还有兵器、擒拿、摔锁、对拆自卫术及10余种基本功夫等。跆拳道是经过东亚文化发展的一项朝鲜武术，以东方心灵为土壤，承继长久传统，以"始于礼，终于礼"的武道精神为基础。

跆拳道古称跆跟、花郎道，是起源于古代朝鲜的民间武艺。早在公元688年，新罗王国统一了朝鲜，经济繁荣，百业兴旺，建立了一种"花郎制度"。到真兴王时，便创立了"花郎道"。花郎道是花郎制度的组织形式，即将年轻人组织到一起进行武艺锻炼。其宗旨是"事君以忠，事亲以孝，事友以信，临阵无退，杀身有择"。以此磨炼人的意志、锻炼人的体魄，培养造就了一批又一批忠君事孝、英勇顽强、无所畏惧的战士。在一本描写新罗风俗习惯的书《帝王韵记》中，记载着跆拳道活动。

公元935年，勇敢善战的高句丽军队推翻了新罗王朝，建立了高句丽王朝。士兵们的战斗力来自平日的训练和对跆拳道的喜爱。他们平时常常用拳掌击打墙壁或木块，以磨炼手部的攻击能力。十分喜爱徒手搏斗的忠惠王曾专门邀请臂力过人、武功超众的士兵金振都（亦有称金扼郁的）到宫廷表演手搏技艺，使跆拳道声望大振，并日渐被广大民众所接受。1392年，高丽王朝被李朝取代，武功及跆拳道没有得到足够的重视，但在民间，这一活动却始终没有停止。1790年汇编成书的《武艺图谱通志》中收录了"手搏""跆跟"等武艺的技术与方法，以及动作图解和一些器械的使用方法，并将很多技击性很强的武术技艺融会到跆拳道的技法之中。1910年日本侵占朝鲜后，建立起殖民政府，一度下令禁止所有的文化活动，跆拳道自然在劫难逃，在朝鲜境内销声匿迹。一些不甘寂寞或被生活逼迫的人远离国土，到中国或日本谋生，同时把跆拳道延续下来。更为重要的是将其与中国武术和日本武道交融与结合，孕育了新的技术体系。第二次世界大战后，自卫术再度兴起，从异国他乡回归故土的朝鲜人也将各国的武道技艺带回本国，逐渐与跆拳道融为一体，形成了现在的跆拳道体系。1955年正式称朝鲜的自卫术为"跆拳道"。1961年9月韩国成立了唐手道协会，后更名为跆拳道协会，并成为全国运动会正式竞赛项目。1966年第一个国际组织——国际跆拳道联盟成立。1973年5月在汉城成立了世界跆拳道联合会。1975年"世界跆拳道联合会"（简称世界跆联）被国际体育联合会接纳为正式会员。1980年国际奥委会正式承认世界跆联。迄今为止，世界跆联已有144个会员国，6500多万爱好者参加练习。1973 年，"世界跆拳道协会"成立。有美国、中国香港、中国台湾、日本、马来西亚、新加坡、朝鲜、菲律宾、沙巴、柬埔寨、澳大利亚、象牙海岸、乌干达、英国、法国、加拿大、埃及、奥地利、墨西哥等 20 多个国家和地区加入。目前会员仍在不断增加。1988 年，跆拳道在韩国汉城奥运会首次亮相后，为了适应国际重大比赛，跆拳道的技术在不断地变革和发展。世界跆拳道联盟的总部中有一特别技术委员会，其主要任务就是改进现今的跆拳道技术。当然，今日的跆拳道动作似乎不像以前那样圆滑流畅，也不似以前那样重视运动中身体的平衡。然而对当今跆拳道技术的检验并不在它的外观，而是在于实战之中。具体地说，就是在实战对抗中或在大街上遭受袭击被迫自卫的情形下，新型跆拳道的技术无疑要比拘于形式的老技术更胜一筹。

时代是不断变化的，随着它的变化，跆拳道也将不断地发展延伸下去。

第二节 跆拳道的特点

一、以腿为主，手足并用

跆拳道技术方法中占主导地位的是腿法，腿法技术在整体运用中约占 3/4，因为腿的长度和力量是人体中最长最大的，其次才是手。腿的技法有很多种形式，可高可低、可近可远、可左可右、右直右屈、可转可旋，威胁力极大，是比赛时得分和实用制敌的有效方法。其次是手法，手臂的灵活性很好，可以自如地控制完成防守和进攻动作，同时也可以变化为拳、掌、肘、肩的多种用法，进行实战。在竞赛规则以外的跆拳道实战中，人体的一些主要关节部位亦可以用来作进攻的武器，或防守的盾牌，这是跆拳道技术的本质，如人体的手、肘、膝、脚等关节部位，是跆拳道实战中最常用、最有效的击打武器。

二、方法简练，刚直硬打

不论是在比赛时还是在实战中，跆拳道的进攻方法都是十分简捷而实效的。对抗时双方都是直接接触，以刚制刚，用简练硬朗的方法直接击打对方，或拳或腿，速度快、变化多；防守的动作也是以直接的格挡为主，随即是连续的反击动作。防守时很少使用躲闪防守法，追求刚来刚往、硬拼硬打，尽可能保持或缩短双方间的距离，以增加击打的有效性，在近距离拼斗中争取比赛或实战的胜利。

三、内外兼修，功法独特

跆拳道理论认为，经过专门训练，人的关节部位能产生不可思议的威力，特别是拳、肘、膝和脚四个部位，尤以脚和手为甚。长期专门练习跆拳道，可以使人达到内外合一的程度，即内功和外力达到统一的巅峰。由于无法确定人体关节部位武器化的威力和潜力到底有多大，只有通过对木板、砖瓦等物体的击打来测量验定练习者的功力水平。功力测验是跆拳道训练水平、晋级考试、表演和比赛的一个重要内容，以此显示出跆拳道独特的功法和特点。

四、以击破为测试功力的手段

跆拳道在向外推广时，大多是以这种击破的方式向人们展示其威猛无比的功夫，这种方法是用拳、掌或脚分别击碎木板、砖瓦，以此检验和测试练习者的功力程度。这种独特的方法现已成为跆拳道训练、晋级升级、表演比赛的一个主要内容。

五、强调气势，发生扬威

无论品势还是竞技跆拳道，都要求在气势上给人以威严，多以发出洪亮并带有威慑力的声音来显示自己的能力。尤其是在竞技跆拳道比赛中，双方练习者都会以规则允许的发声来提高自己的斗志，借以在气势上压倒对手，甚至在出击时配合击打效果使裁判得以认可，争取在心理上战胜对手。所以，跆拳道练习者都要进行专门的发声练习。

六、礼始礼终，培养良好道德品质

跆拳道给人们留下的较深的印象是，跆拳道练习者始终是在不同的场合行礼鞠躬。这是因为跆拳道练习者始终把"礼"作为训练内容，强调"礼始礼终"，即练习活动都要从礼开始，以礼结束，并突出爱国主义。要求跆拳道练习者在练习技术的同时，在道德修养方面也要不断提高自己。通过用行礼的方式向长辈、教练、老师、队友鞠躬施礼，使跆拳道练习者养成发自内心的行礼习惯，以养成恭敬谦虚、友好忍让的态度和互相学习的作风，并培养其坚韧不拔的意志品质。

第三节 跆拳道的基本动作

跆拳道以其变幻莫测，优美潇洒的腿法闻名于世，被世人称为踢的艺术，这是跆拳道区别于其他格斗术的一个重要特点。跆拳道的腿法讲究变化多样和灵活多变，对人体的柔韧性，大脑反应的灵敏性，身体运动的稳定性都有很高的要求，它是对人体机能和体能的综合考验。

跆拳道实战中脚踢进攻时一般使用的部位包括脚前掌、脚趾、脚背、足刀、脚后跟、脚后掌（脚跟底部）。利用这些部位可以进行站立踢、跳动踢、助跑踢、转身踢和飞踢等不同形式的踢法进攻，而且每种踢法踢击的部位各有不同。实战过程中，运用脚踢时要根据具体情况，如对方所处位置、暴露的部位、防守的姿势以及双方的距离，选择不同的踢法。脚踢时要利用步法保持身体的平衡，并有效接近对方做出踢击动作。注意两臂的防守。踢击完成马上回到准备姿势，准备下一次的进攻和防守。腿的回位动作要快，以免被对方抓住或抱住。脚踢的练习方法主要是靠平时用各种腿法踢击悬挂的沙袋，经过反复练习提高踢的力量，速度和高度。

1. 前踢
动作方法：
（1）两脚开立与肩同宽，两臂垂于体侧。
（2）左脚或右脚向另一脚的前方迈出，两脚相距一步距离前后站立，身体侧对对方，同时两手半握拳，沉肩、两臂屈肘自然垂放（左脚在后是左架准备姿势，右脚在后是右架准备姿势）。

（3）重心落在两脚之间，膝部略弯曲，眼睛平视对方面部，下颚微收（图12-1）。

图 12-1

2. 侧踢

动作方法：

（1）右架准备姿势站立，将重心移至左腿，同时以左脚前掌为轴脚跟内旋（图12-2-①）。

（2）直线提起右大腿，弯曲小腿同时向左转髋，身体右侧对对方（图12-2-②）。

（3）膝关节朝内，勾脚面，展髋，走直线平蹚出右腿，用脚掌外侧攻击对方（图12-2-③）。

（4）右腿自然落下，并撤回原位（图12-2-④）。

①   ②   ③   ④

图 12-2

3. 后踢

动作方法：

（1）右架站立，重心移至右腿（图12-3-①）。

（2）以左脚尖为轴，左脚跟外旋，身体向右后方转动（图12-3-②）。

（3）右腿向后平伸后蹬，在蹬直前膝关节稍外翻（向右侧）（图12-3-③）。

（4）用脚跟部位击打对方腹部和胸部。

（5）击打后，右脚自然落下成左架（图12-3-④），然后后撤右脚，还原成右架准备姿势（图12-3-⑥）。

图 12-3

4. 劈腿

动作方法：

（1）右架站立，重心先移至左腿（图12-4-①）。

（2）提起右大腿，同时略转髋向左并向上送髋，使右腿膝盖与胸部尽量贴近，身体重心向上（图12-4-②）。

（3）右脚高举过头，右脚伸直贴紧上体，上体保持正直或稍前俯，重心向上（图12-4-③）。

（4）右脚脚面稍绷直，右腿快速下压（如刀壁木块一样），用脚掌或脚后路下砸对方的头部，身体重心前移至右脚上，身体要稍后仰来控制重心。

（5）击打后，右脚自然落下成左架，然后后撤右脚，还原成右架准备姿势。

5. 鞭踢

动作方法：

图 12-4

（1）右架站立，重心移至左腿，以左腿前脚掌为轴脚跟内旋（图 12-5-①）。

（2）身体向左侧前方移支，同时向前提右大腿，头部向左转动（图 12-5-②）。

（3）右膝关节向左内扣，右小腿由外向内有一定弧度的摆动并伸小腿，身体随之侧倾（图 12-5-③）。

（4）突然屈膝，用脚掌向右横着鞭击打对方面部（图 12-5-④）。

（5）完成击打后，右脚自然下落，还原成右架准备姿势（图 12-5-⑤）。

图 12-5

6. 后旋踢

动作方法：

（1）右架站立，以左脚尖为轴，左脚跟外旋，重心移至左腿（图12-6-①）。

（2）身体向右后方转动，同时提起右大腿向斜后方向40°左右蹬伸，头部向右后方转动（图12-6-②）。

（3）身体继续旋转，右腿借旋转的力量，向后划水平半圆弧线，快速屈膝用脚掌击打对方头部（图12-6-③）。

（4）击打后，身体重心依然在左脚，右脚自然落下（图12-6-④），还原成右架准备姿势。

图 12-6

7. 前横踢

动作方法：

（1）左架站立，左脚向前垫步，将身体重心移至左腿（图12-7-①）。

（2）提起右腿，向前送髋，大小腿稍折叠（图12-7-②）。

（3）绷紧脚面，右膝向内，快速弹出小腿（图12-7-③）。

（4）右脚自然下落，两脚同时后撤一步，还原成左架准备姿势（图12-7-④）。

8. 横踢

动作方法：

图 12-7

（1）右架站立，重心移至左腿（图 12-8-①）。

（2）提起右大腿同时髋部略向左转，膝盖朝前，大小腿折叠，脚面绷直（图 12-8-②）。

（3）继续将右大腿向前提高，左脚向外侧转动，右腿快速鞭打踢出小腿，膝盖朝向左侧（图 12-8-③、图 12-8-④）。

（4）用脚面击打对方腹部和面部及两肋部（或是所有被护具包围的部位，下同）。

（5）击打后，右脚自然落下成左架（图 12-8-⑤），然后后撤右脚，还原成右架准备姿势（图 12-8-①）。

图 12-8

第四节　跆拳道的礼节与技术风格

一、礼节

跆拳道练习虽然是以双方格斗的形式进行，但是不管它怎样激烈，由于双方都是以提高技艺和磨炼意志品质为目的，所以在双方各自内心深处都必须持有向对方表示敬意和学习的心理。因此在练习或比赛前后都一定要向对方敬礼，即跆拳道运动始终倡导的"以礼始，以礼终"的尚武精神。由于跆拳道是练习者精神和身体的综合修炼，使练习者在艰苦的磨炼中培养出理想的人格和体魄，并能够真正掌握防身自卫的本领，因而对练习者精神锻炼一环中就必须包括"礼仪"的教育和熏陶。"礼仪"是跆拳道运动必不可少而且十分重要的组成部分。

1. 练习时的礼节

（1）练习者进入场地时，首先向老师敬礼。

（2）练习前双方应相互敬礼，练习后再次相互敬礼。

2. 比赛开始前的礼节

（1）运动员依照主裁判"立正""敬礼"令，立正向陪审席行标准礼，标准礼为鞠躬的自然姿势，腰部前倾15度，头部下倾45度，两手握拳贴于双腿两侧。

（2）运动员依主裁判"向左向右转"的口令，内转相对，立正站好，再依"敬礼"的口令，相互敬礼。

3. 比赛结束后的礼节

（1）比赛结束时，运动员在各自的位置相对站立。

（2）运动员依主裁判"立正""敬礼"的口令，相互敬礼。

（3）运动员依主裁判"向左向右转"及"敬礼"的口令转向监督官，向监督官行标准礼。

二、技术风格

1. 技术型

运动员在比赛中动作稳健，腿法多变，技术成熟，心理稳定，攻防一体，常常使对手在不知不觉中败下阵来。

2. 力量型

运动员身体条件好，腿长肌肉爆发力强，先天素质高人一筹，攻势凌厉，常以力量取胜。

3. 散手型

运动员作风顽强，比赛中多主动进攻，攻守得宜，自成一体，动作非常实用，有很高的训练水平和比赛技术。

4. 进攻型

运动员进攻意识强烈，经常是追着对手攻击，用快速连续的技术动作压制对手。

5. 防守反击型

运动员的技术训练水平很高，也有很多的大赛经验，多是试探性进攻，在对手反击或进攻时找出弱点，然后很直接的回击。

第五节　跆拳道竞赛规则

跆拳道的基本哲学思想是：练习此项运动者必须修身养性，道德教育第一，运动技巧第二。此项运动是严格的礼仪与礼仪的严格的有趣结合。一方面，跆拳道运动均起源于传统韩国社会的优雅礼仪，面前的对手头部和身体按规定的角度弯下优雅地鞠躬。另一方面，规则要求运动员身上、头上戴护具，并建议在道服内腹股沟、前臂和胫骨上佩带护具并带护齿作为平衡的一部分，手和脚对于进攻和防守而言同等重要。

一、比赛场地

比赛场地是 12 米×12 米水平的、无障碍物、正方形场地。比赛场地应为有弹性的垫子。必要时，比赛场地可根据实际情况高出地面 50~60 厘米，为了安全，比赛台的支撑装置与地面的夹角要小于 30 度角。

1. 比赛场地的划分

（1）12 米×12 米见方的区域称为比赛区，比赛区的最外边向内有 1 米宽的不同颜色地带，提醒运动员不要越出边界线。

（2）比赛区和注意区的表面应用不同颜色区分，如整个场地为同色时，需用 5 厘米宽的白线区分。

（3）划分比赛区和注意区的线称为注意线，比赛场地最外边的线称为边界线。

2. 位置

（1）主裁判位置。主裁判位置距离比赛区中心点向第三边界线方向 1.5 米处。

（2）副裁判位置。第一副裁判位置向比赛区中心点，在第一边界线中心点向后 0.5 米处；第二副裁判面向比赛区中心点，距第二边界线底端角 0.5 米处；第三副裁判面向比赛区中心点，距第四边界线顶端角与第二副裁判对称的地方。

（3）记录员位置。记录员位置在第一副裁判向后至少 2 米处。

（4）临场医生的位置。临场医生的位置在记录员位置向右 6 米处。

（5）运动员位置。由比赛场地中心点面向第一副裁判左右各 1 米处为运动员位置，右侧为蓝方位置，左侧为红方位置。

（6）教练员位置。双方教练员在位于本方运动员后方的边界线中心点向后 1 米处。

（7）检录处。可在比赛场入口附近设置检录处，在运动员进入场地前对护具等进行检查。

二、竞赛

跆拳道比赛包括两方——"Chung"（蓝）和"Hong"（红），双方以脚踢击打对手的

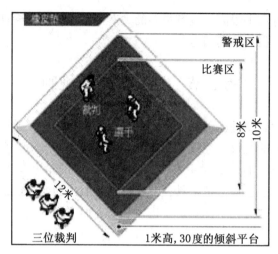

图 12-9

头和身体或用拳击打对方的身体而得分。比赛分三个回合，每回合三分钟，两回合之间休息 1 分钟。选手可通过下述方法获胜：将对方击出场外，得分最高，使对手被罚分达到 3 分，或对手被剥夺比赛资格。

比赛开始前，裁判分别发出"cha-ryeot"和"kyeong-rye"指令后，双方立正并相互鞠躬，然后裁判喊"Shi-jak"宣布比赛开始。

三、得分

每个合理的攻击都可得分，具体如下：

（1）击打对手的得分部位，除了头外，得分部位包括腹部及身体两侧，这三个部位标于对手的护具上。禁止击打对方小腹以下部位。

（2）用规则允许的身体部位击打对手。须用正确紧握的拳头的食指和中指的前部或脚踝关节以下的部位击打对方。

若三位裁判中的至少两位对击打进行了认定并记录，则得分有效。

四、犯规

犯规是跆拳道比赛中的一个重要因素，不仅仅因为被罚 3 分——在高水平比赛中极为罕见——意味着自动失败。仅仅 1 个罚分就可左右比赛的胜负。

跆拳道犯规分两种：Kyong-go 和 gam-jeom。最常见的一种犯规 Kyong-go 或警告意味着罚 0.5 分，但是若仅有一次这种犯规则不计入罚分，除非再次犯规而累计罚 1 分。若选手抓、抱、推对方，逃避性地背对对方，假装受伤等时，则判 Kyong-go。

另一种更为严重的犯规称为 gam-jeom，将被罚 1 分。典型的犯规行为包括扔对手，在格斗中在对手双脚离地时故意将其放倒，故意攻击对手后背，用手猛击对手的脸部。

五、击倒

选手被击倒后裁判如拳击比赛一样开始 10 秒的读秒。在跆拳道比赛中一方由于对手发力而使其脚底以外的其他任何部位触地则判为被击倒。裁判也可在选手无意或无法继续比赛时开始读秒。

一旦出现击倒，则裁判喊"kal-yeo"意为"暂停"，指示另一方退后，裁判开始用韩语从 1 至 10 读秒。即使被击倒的选手站起来欲继续比赛，他或她必须等待裁判继续读秒至 8 或"yeo-dul"，然后裁判判定该选手是否能继续比赛，若其无法继续比赛，则另一方以击倒获胜。

六、胜方

在除了决赛以外的其他比赛若以平局结束，则分数高的一方获胜。若双方仍旧平分秋色，则由裁判根据比赛中双方表现的主动性来决定在三回合各三分钟的比赛中哪一方占优。若为争夺金牌的决赛，则双方进行第四回合即突然死亡回合的较量，率先得分者获胜，若无人得分，则裁判判定通过判断谁在该回合中占优而决定最后的胜方。

七、防护服

跆拳道是一项身体全面接触的运动，要求参赛选手穿防护服，头部、身上、前臂、胫骨、腹股沟佩带护具。比赛前所有参赛选手将接受检查以确保其穿上所要求的护具。

八、其他规则

（1）若同时出现的犯规在一种以上，则裁判以处罚较重的犯规为准。

（2）若双方均被击倒且读秒至 10 后无法恢复，则击倒前得分高者获胜。

（3）若选手得分后立即犯规，则其所获分数可判为无效，如故意摔倒（一种避免受击打的战术）。

（4）头部被击中倒地的选手在 30 秒内不得参加比赛。

九、选手资格

1. 选手资格

（1）属于某个在中国跆协注册的团体会员。

（2）当年度登记注册的运动员。

（3）必须持有中国跆协颁发的段位证书，或根据比赛要求持有响应的段位、级位证书。

2. 选手的服装

（1）选手必须穿戴联盟所指定的跆拳道服装及防护用具。

（2）选手在上衣的背后须绣上号码。

（3）选手不能穿其他任何衣服以及附属品（如眼睛及装饰品）选手资格。

十、重量级别

选手重量级别如表 12-1 所示：

表 12-1

	男子体重	女子体重
鳍量级	48 公斤以下	40 公斤以下
绳量级	48～52 公斤	40～44 公斤
雏量级	52～56 公斤	44～48 公斤
羽量级	56～60 公斤	48～52 公斤
轻乙级	60～64 公斤	
轻量级	64～68 公斤	52～57 公斤
中乙级	68～73 公斤	57～62 公斤
中量级	76～78 公斤	62～67 公斤
重量级	78～84 公斤	67 公斤以上
超重量级	84 公斤以上	

第十三章 体育舞蹈

第一节 体育舞蹈概述

一、体育舞蹈的发展简况

1. 世界体育舞蹈发展简况

体育舞蹈是随着人类社会的演变和文化进程而发展的。其前身是社交舞，又称舞厅舞。14—15 世纪，在意大利出现了社交舞；16 世纪，社交舞传入法国。1768 年，巴黎出现了第一家交际舞舞厅，从此社交舞逐渐成为一种西方社会普遍的社交方式。

1924 年，英国皇家舞蹈教师协会对当时部分社交舞进行整理，对华尔兹、维也纳华尔兹、探戈、狐步、快步等舞的舞姿、舞步和跳法加以规范，称作国际标准舞。第二次世界大战后，英国皇家舞蹈教师协会又将伦巴、恰恰、桑巴、斗牛、牛仔等拉丁舞整理并纳入了国际标准舞范畴。此时，国际标准舞已包括标准舞、拉丁舞，并发展到了 10 个舞种。

国际标准舞的普及推动了竞赛的开展。1959 年，国际交际舞理事会制定了规则，举行了第一届交际舞世界锦标赛，此后，每年举行一次。1960 年，拉丁舞正式列入世界锦标赛的比赛项目。1964 年，国际标准交际舞中又增加了新的表演和比赛项目——团体舞（也称队列舞），使国际标准舞的风格特点得到更为鲜明的体现。至此，国际标准舞已发展为标准舞、拉丁舞、团体舞三种形式，每年在国际上都有不同地区、不同规模、各种级别的多种比赛，后被称为体育舞蹈。

体育舞蹈不仅成为人们建立友谊、陶冶情操、锻炼身体的极好形式，而且由于它具有较强的娱乐性和竞技性，许多国家从奥运战略角度出发，将其纳入本国竞技体育的范畴，并成立了相应的竞技性体育舞蹈组织。

近年来，职业舞蹈协会（ICBD）与业余舞蹈协会（ICAD）相继改名：ICBD 改名为 WDDSC，称作世界舞蹈和竞技舞蹈总会；ICAD 改名为 IDSF，称作国际竞技舞蹈联合会。

2. 我国体育舞蹈的发展简况

交际舞早在 20 世纪 30 年代就传入了我国，先在上海，后又在天津、广州等大城市流行，渐成一种自娱性较强的普通交际舞形式。20 世纪 80 年代初，国际标准舞进入了一个新的发展时期。外国专家和优秀选手纷纷来华讲学、表演、交流和培训。国际标准舞也迅速由北京、广州向全国推广。1987 年 5 月举办了首届"中国杯"国际标准舞比赛。本次比赛拉开了我国体育舞蹈活动开展的序幕。1991 年，"中国体育舞蹈运动协会"成立，并依照国际规则，举办了第一届全国体育舞蹈锦标赛。并相继加入了世界舞蹈和竞技舞蹈总会（WDDSC）国际竞技舞蹈联合会（IDSF）。目前，国际体育舞蹈联合会正在积极争取将体育舞蹈项目加入奥运会。

二、体育舞蹈的分类与特点

体育舞蹈具有广义的体育舞蹈和狭义的体育舞蹈之分。广义的体育舞蹈一般具有两种含义：其一是专指竞技性的国际标准舞；其二是泛指用来健身、健美的舞蹈。狭义的体育舞蹈专指竞技性国际标准舞（见图13-1）。

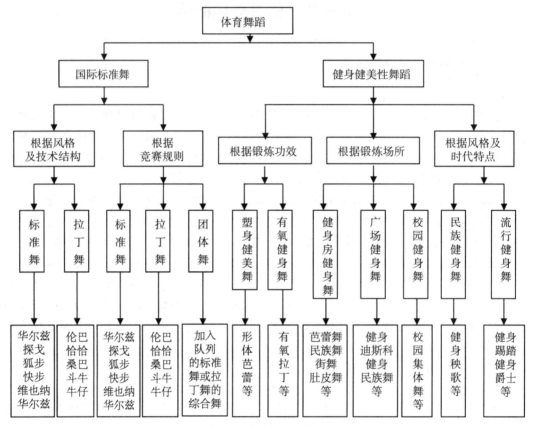

图 13-1　体育舞蹈分类表

1. 标准舞

（1）华尔兹（Waltz）。华尔兹又称圆舞，是体育舞蹈中历史最悠久，生命力最强大的一种舞蹈，有"舞中之后"之称。华尔兹风格特点是舞姿雍容华贵、舞步婉转流畅、舞姿飘逸优美、旋转起伏似行云流水，富于抒情浪漫情调。舞蹈时，男伴似王子气宇轩昂，女伴似公主温文尔雅、雍容大方。华尔兹音乐为 3/4 拍，每分钟 28~30 小节。在舞中也有不同的变化，如前进并合步（追步）、前进锁步、后退锁步等步伐中每小节跳四步。

（2）探戈（Tango）。探戈起源于非洲中部的民间舞蹈"探戈诺"舞，16 世纪，随着贩卖黑奴进入美洲，融合了拉丁民间舞蹈的风格，在阿根廷得到了极大的发展，成为阿根廷的国舞，有"舞中之王"之称。探戈舞步独树一帜，斜行横进、步步为营，俗称"蟹行猫步"。

探戈舞动作刚劲锐利、欲进还退、欲退还前、动静快慢、错落有致。音乐为 2/4 节拍，1 小节 2 拍并均为重拍。节奏中等，每分钟约 33 小节，基本节奏为慢、慢、快、快、慢。因此，探戈的每一个慢步占音乐的 1 拍，每个快步占 1/2 拍

（3）狐步舞（Slow Foxtrot）。狐步舞起源于美国舞蹈，它的产生比华尔兹和探戈晚一点，大约 1914 年，美国音乐戏剧明星哈利·福克斯模仿马慢走时悠闲自在、从容恬适的情态动作，被设计成为一种舞蹈形式，并迅速在全美流行。"福克斯舞步"得到奥斯米·杜里埃的整理，在后来，这些舞步得到英国的约瑟芬·宾利的整理改编，成为当今体育舞蹈中的狐步舞。狐步舞音乐为 4/4 拍，每小节 4 拍。第 1、3 拍为重拍，但不像快步舞节拍那样明显。每分钟 30 小节，基本节奏为慢、慢、快、快、慢。慢节奏占 2 拍，快节奏占 1 拍。

（4）快步舞（Quick Step）。快步舞起源于美国，它是一种快速四拍子的舞蹈。早期吸收了狐步舞动作，后又引入了芭蕾舞的小动作，使动作显得更加轻快灵巧。在现代国际标准舞中可称为"快乐舞"。快步舞音乐为 4/4 拍，每小节 4 拍。第 1、3 拍为重拍，每分钟 48~52 小节，基本节奏为慢慢快快，慢快快慢。

（5）维也纳华尔兹（Viennese Waltz）。维也纳华尔兹是历史悠久的舞蹈，和华尔兹一样，起源于奥地利地区的农民舞蹈。维也纳华尔兹又称"快华尔兹"，是由德国农村的土风舞和三拍子的奥地利民间舞相结合而成的。维也纳华尔兹音乐为 3/4 拍，每小节 3 拍。第 1 拍为重拍，每分钟 56~60 小节。

2. 拉丁舞

（1）伦巴（Rumba）。伦巴源于非洲，是表现爱情的舞蹈，被誉为"拉丁舞之魂"。其舞蹈动作曾受雄鸡走路姿态的启发。伦巴舞音乐缠绵浪漫，舞蹈风格柔媚而抒情。由于音乐的基调不同，伦巴舞曲表现的情感也不尽相同，有的是欢快的，有的是深沉而柔情的，也有的是忧虑而伤感的，总的来讲，伦巴多是表现情侣间的爱情生活。与其他拉丁舞不同，其舞步运行中髋部富有魅力的扭摆及上身自由的舒展。在抑扬的韵律节奏下具有文静、含蓄、柔媚的风格，展示了女性婀娜多姿的美态。

（2）桑巴（Samba）。桑巴源自非洲的黑人舞蹈，19 世纪欧洲的狂欢节传入巴西后，桑巴舞发展成为舞厅的舞蹈。桑巴舞的风格特点是舞姿活泼动人，动作粗犷豪放，双膝随着音乐节奏一重一轻地弹动，整个身体如同风吹椰树一样摇曳生姿，桑巴舞区别于其他拉丁舞的一个显著特点，是舞蹈时沿舞程线方向绕场移动，是一种行进性舞蹈。

（3）恰恰（Cha-Cha-Cha）。恰恰起源于非洲，传入拉丁美洲后，在古巴得到了很大的发展。它是模仿企鹅的动作创编而成的舞蹈。舞蹈时，男女舞伴好似两只企鹅，高兴时相亲相爱，相对而舞；不高兴时，女伴转身而去，男士尾随其后，表示和解。故恰恰一反男士领舞常态，而多以女士领舞，男士跟跳。借以表达青年男女之间追逐嬉戏的情景，风趣诙谐、热烈而又俏美。

（4）斗牛舞（Paso Doble）。斗牛舞起源于西班牙，是模仿斗牛士动作的一种舞蹈。

男士好似斗牛士，威风凛凛，不可一世的勇士气派，女士好似斗牛士手中的红斗篷。舞蹈动作刚劲有力，威武激昂、特色鲜明、风格迷人，加之雄壮有力的西班牙风格进行曲的伴奏，更是精神振奋、鼓舞人心。

（5）牛仔舞（Jive）。牛仔舞又称摇摆舞、吉特巴、水兵舞。牛仔舞源于美国西部，最早是美国黑人的舞蹈。20世纪30年代为适应新型爵士乐的表现而演变出牛仔舞。牛仔舞音乐节奏欢快、动作豪放活泼、舞步丰富多变，常带有举持舞伴和甩动的技巧，是表现牧人强健体魄和自由奔放情绪的舞蹈。强烈的扭摆和连续快速的旋转，常使观赏者眼花缭乱、舞蹈者亢奋热烈。

标准舞与拉丁舞的区别如表13-1所示：

表13-1　　　　　　　　　　　　　**标准舞与拉丁舞的区别**

	拉丁舞	标准舞
起源	拉丁美洲（古巴、巴西、墨西哥等国）	欧洲（英、德、奥地利等国）
音乐	热情奔放，节奏感强	抒情优美，旋律感强
舞姿	舞姿婀娜，舞伴间若即若离，无规定程式，多为地位舞或方位舞	舞姿严谨，舞伴间相互制约，沿舞程线运动，为游走型舞
舞步	变化莫测，活泼，表演性强，易于激发观众的情绪	技术细腻规范，难度大
服饰	较为随意，随拉美风情，突出拉美风格	较为讲究，要按照传统风格（礼服）着装，不得随意改变
风格	舞伴间多有感情交流，女伴为主要表现者	强调绅士风度，无情节性，动作要求规范

三、体育舞蹈的特点

体育舞蹈是融音乐、舞蹈、服装、风度、形体美于一体的一项当代新兴的体育项目，它是在音乐伴奏下，通过规范的舞步，表现特定舞蹈技术特征的体育娱乐和竞赛项目。

1. 国际标准舞的特点

国际标准舞是在特定节奏的舞曲引导下，运用交际舞舞技展示舞蹈风格和魅力的一种竞技性标准交际舞。它既是以竞赛为目的，具有自娱性和表演观赏性的竞技舞蹈，又是一项老少皆宜，便于开展的具有塑造形体、培养风度气质和怡情的新兴体育运动。

（1）律动性：在特定节奏风格的舞曲音乐引导下，翩翩起舞。时而端庄典雅，时而顿挫磊落，时而婀娜柔媚，时而奔放激情，这种用伴随着音乐节律的舞动来表现各舞种风格特性，是国际标准舞的基本特征。

（2）规范性：国际标准舞之所以能成为世界性的竞技项目，很大程度上得益于自身舞蹈体系的完整与技术动作的清晰规范。

（3）艺术性：体育舞蹈不仅具有一定的观赏价值，而且舞者可以在优美动听的音乐伴奏下，自由地发挥想象力、创造力和表现力，使其动作能够表现出音乐的情感和意境，从而表现出更大的艺术感染力。

（4）娱乐性：体育舞蹈本质属性就是娱乐。它使舞者愉悦身心，使观者赏心悦目。它是人们娱乐生活的产物，并在娱乐活动中得到丰富和发展。所以娱乐性是体育舞蹈的本质特性。

（5）健身性：表现在它作为现代体育手段而具有的塑造形体、培养风度气质、怡情健体的体育价值上。随着体育舞蹈逐步纳入各级各类学校的体育教育中，体育舞蹈的健身性会得到更充分的发展。

2. 健身性体育舞蹈的特点

健身性体育舞蹈除具有娱乐性和健身性两特点以外，还具有以下几个特点：

（1）时代性：具有两方面的含义。一是随着时代的发展，社会的不断进步，人们的健康观也更趋于科学化。他们在选择体育舞蹈作为健身手段时，不再过多地重视舞姿的展示和舞步的纷繁变化，而是更看重舞蹈过程中热量的消耗、体质的加强和情感的宣泄。二是不同时代的人更乐于接受具有时代特点的健身舞，如 20 世纪 50 年代的学生爱跳集体舞，80 年代的青年喜欢迪斯科，21 世纪的街舞是青少年的宠儿。

（2）民族性：我国民族众多、地域辽阔，在数千年的历史发展中形成了丰富多样的民俗文化。民间舞蹈大多数是在传统节日和寿、婚、丧、祭等重大活动中进行，随着各民族人民生活水平的提高，民族民间舞蹈也成为各民族人民进行健身活动的重要内容。

（3）教育性：体育舞蹈在提高舞者欣赏美、鉴赏美、和创造美等方面，特别是在提高舞者自身美的修养上有着不可代替的作用。早在古代我们的祖先就非常重视对其子弟进行舞蹈教育，如约三千年前的西周时期就规定了对贵族子弟进行乐舞教育的学习内容。目前，世界上许多国家（如美国、日本以及欧洲诸国）都把舞蹈课列入学校体育教学中，舞蹈教育在世界上已受到广泛的重视。2007 年，教育部开始在全国中小学推广校园集体舞。

第二节　体育舞蹈基本术语

（1）舞程向：在一个舞池中，为避免互相碰撞而严格规定舞者必须按逆时针方向行进，这个行进方向叫舞程向。

（2）舞程线（简称 L. O. D）：沿舞程向方向行进的路线叫舞程线。

（3）舞姿：泛指舞者跳舞的姿势。

①合对位舞姿（闭式位舞姿）："合"指男女交手握抱；"对"指男女面对面。泛指男女面对双手扶握的身体位置。

②侧行位舞姿（简称 P. P）：指男士的右侧与女士的左侧身体紧密贴靠，身体的另一侧略向外展开成 "V" 形的站立或行进的身体位置。

③外侧位舞姿（简称 O. P）：是指在摩登舞中，男女舞伴的一方向另一方的右外侧（常见）或左外侧（较少见）前进所形成的身体位置。

④并肩位舞姿：指拉丁舞中，男女面对同一方向肩臂相并的身体位置。以男士为基准，男士左肩与女士右肩相并叫 "左并肩位"；男士右肩与女士左肩相并叫 "右并肩位"。

⑤影子位舞姿：男女舞伴面向同一方向重叠而立，形影相随的身体位置。以女士居前较常见。

(4) 反身动作（简称 C. B. M）：指一侧脚前进或后退时，同侧肩和胯后让或前送，使身体与舞步形成反向配合的身体动作。

(5) 反身动作位置（简称 C. B. M. P）：在身体不转动的情况下，一脚在身前或身后形成交叉，以保证俩人身体维持相靠姿态的身体位置叫反身动作位置。常用于外侧舞伴姿态和侧行位置姿态的舞步中。

(6) 升降动作：指在跳舞时身体的上升和下降。升降动作是在膝、踝、趾关节的屈伸动作的转换中完成的。

(7) 倾斜动作（简称 B. S）：指在跳一些舞步时，身体的倾斜。从形体上讲，是指肩的平衡线向左向右的倾斜，它与地面的水平线成三角斜线。

(8) 节奏：指以一定规律反复出现、赋予音乐以性格的具有特色的节拍。

(9) 速度：指音乐的速度，即每一分钟内所演奏的小节总数。

(10) 准线：指双脚的位置或双脚方向与场地的关系。

(11) 平衡：指舞蹈中身体重心的准确分配。

(12) 基本舞步：构成一种特定舞蹈时的基调舞步型。

(13) 滑步：在第二步双脚并拢时第三步的舞步。

(14) 踌躇步：指前进暂时受阻的舞步型或舞步型部分重心停留于一脚超过一拍。

(15) 锁步：指两脚前后交叉的步子。

(16) 脚跟转：指向后迈出的脚的脚跟转。在动作过程中并上的脚必须与主力脚平行，旋转结束时身体重心移动至并上的那只脚。

(17) 脚跟轴转：指不变重心的单一脚跟旋转。

(18) 开式转：指第三步不是并靠而是超越第二步的旋转。

(19) 轴转：指一脚脚掌的旋转，另一脚处于或前或后的反身动作位置。

第三节　体育舞蹈基本技术

一、华尔兹舞（慢三）

1. 基本步

在学习华尔兹时，为了掌握正确的运步方法、基本的升降规律和节奏概念，必须先进行基本步的练习。基本步也称闭式换步、以男伴为准，有左进右退的基本步。下面介绍左右脚前进的基本步。

男舞步（见图 13-2）。1 拍：左脚前进（反身动作——斜线前进或后退）；2 拍：右脚横步稍前；3 拍：左脚向右脚并步；4 拍：右脚前进（反身动作）；5 拍：左脚横步稍前；6 拍：右脚向左脚并步。

女舞步（见图 13-3）。1 拍：右脚后退；2 拍：左脚横步稍后；3 拍：右脚向左脚并步；4 拍：左脚后退；5 拍：右脚横步稍后；6 拍：左脚向右脚并步。

左右脚后退的基本步法与左右脚前进基步的方向相反，每小节第1拍先左或先右脚后退，然后换并步（见图13-4）。

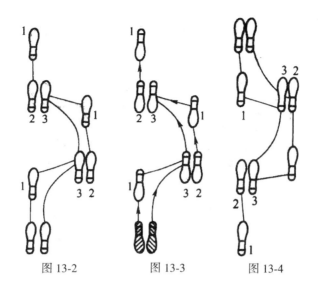

图13-2　　　　　　图13-3　　　　　　图13-4

2. 1/4 转

男舞步（见图13-5）。1拍：左脚前进（反身动作）；2拍：右脚横步稍前；3拍：左脚向右脚并步；4拍：右脚前进；5拍：右转1/4，左转横步；6拍：右脚向左脚并步；7拍：左脚后退；8拍：右脚横步稍后；9拍：左脚向右脚并步；10拍：右脚后退；11拍：左转1/4，左脚横步；12拍：右脚向左脚并步。

女舞步（见图13-6）。1拍：右脚后退；2拍：左脚横步稍后；3拍：右脚向左脚并步；4拍：左脚后退；5拍：右转1/4右脚横步；6拍：左脚向右脚并步；7拍：右脚前进；8拍：左脚横步稍前；9拍：右脚向左脚并步；10拍：左脚前进；11拍：左转1/4右脚横步；12拍：左脚向右脚并步。

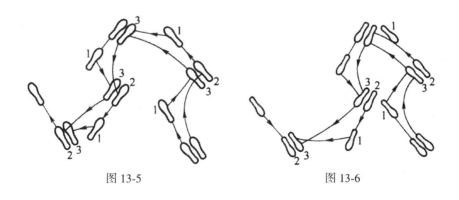

图13-5　　　　　　　　　　图13-6

3. 止步后行

止步后行是一个转换方向的步法，当舞步进行到舞池边缘或遇到阻挡时即可运用这个步子变换行进方向进行。最后一步为男伴向女伴右外侧前进。

　　男舞步（见图13-7）。1拍：左脚前进（反身动作）；2拍：重心回到右脚；3拍：向左转、左脚横步稍前；4拍：右脚向女伴外侧前进。

　　女舞步（见图13-8）。1拍：右脚后退；2拍：重心回到左脚；3拍：右脚横步稍后；4拍：左脚后退。

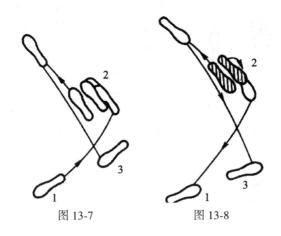

图 13-7　　　　　　　　　　图 13-8

　　4. 左转

　　这是和右转相反的一个步子。开始时男伴站在面对中央斜线起步。

　　男舞步（见图13-9）。1拍：左脚前进（反身前进，反身动作）；2拍：右脚横步左转，背对壁斜线；3拍：左脚向右脚并步，背对舞程线；4拍：右脚后退，准备左转；5拍：左转，右脚向壁斜线横步；6拍：右脚并左脚，面对壁斜线。

　　女舞伴（见图13-10）。1拍：右脚后退；2拍：左脚小横步；3拍：右脚向左脚并步；4拍：左脚前进；5拍：右脚大横步；6拍：左脚向右脚并步。

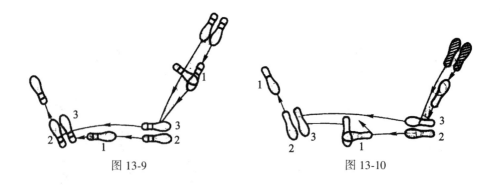

图 13-9　　　　　　　　　　　　图 13-10

　　5. 外侧换步

　　这个舞步的1~3步是右转的前半段，4~7步为外侧换步。转的角度要小一些，男伴是从对壁斜线开始做此动作。结束时为左外侧步。

　　男舞步（见图13-11）。1拍：右脚前进（反身动作）；2拍：右转，左脚横步，背对中央线；3拍：右脚向左脚并步，背对中央斜线；4拍：左脚后退；5拍：右脚后退，准备向左转身；6拍：左转，左脚横步稍前，向壁斜线；7拍：右脚向女伴右外侧步前进。

女舞步（见图13-12）。1拍：左脚后退；2拍：右转，左脚横前；3拍：左脚向右脚并步；4拍：右脚前进；5拍：左脚前进；6拍：右脚横步稍后；7拍：左脚后退。

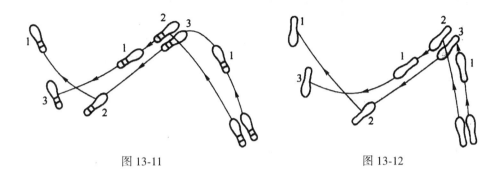

图 13-11　　　　　　　　　　　　图 13-12

6. 右疾转

这是个常用的步法，对各级舞者都是非常有用的。它的前3步是右转的前半段，男伴站在面对壁斜线开始。

男舞步（见图13-13）。1拍：右脚前进（反身动作）；2拍：左脚横步，背对中央斜线；3拍：右脚向左脚并步，背对舞程线；4拍：左脚后退；5拍：右脚前进，向右旋转；6拍：左脚横步稍后；7拍：右脚后退；8拍：左转，左脚横步；9拍：右脚向左脚并步。

女舞步（见图13-14）。1拍：左脚后退；2拍：右脚小横步；3拍：左脚向右脚并步；4拍：右脚前进；5拍：左脚后退偏左并步；6拍：左脚向左并步；7拍：左脚前进；8拍：左转，右脚横步；9拍：左脚向右脚并步。

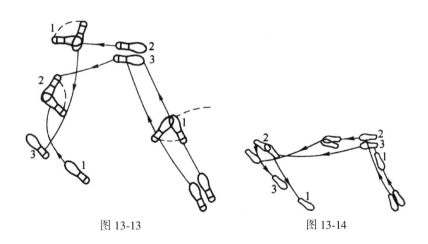

图 13-13　　　　　　　　　　　　图 13-14

7. 右犹豫换脚步

在做完右转的前半部以后，在左脚后退右转的第三步左脚不负担重心，只在右脚旁虚点一步，然后仍是左脚前进。这虚点而略停的一刹那后仍是左脚出步，就形成了犹豫脚步的特点。

男舞步（见图 13-15）。面对壁斜线。1 拍：右脚前进，向右转身（反身动作）；2 拍：左脚横步继续旋转；3 拍：右脚向左脚并步；4 拍：左脚向舞程线方向后退；5 拍：右脚横步，右转 90 度；6 拍：右脚重心，左脚掌在旁点步；7 拍：左脚前进。

女舞步（见图 13-16）。1 拍：左脚后退，向右转身；2 拍：右脚小横步；3 拍：左脚向右脚并步；4 拍：右脚前进；5 拍：左脚横步，右转 90 度；6 拍：右脚重心，右脚在旁虚点步；7 拍：右脚后退。

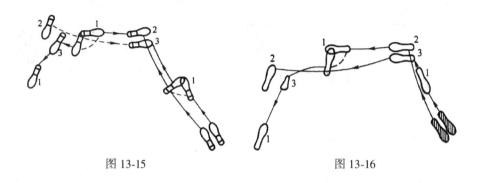

图 13-15　　　　　　　　　　　　图 13-16

二、探戈

探戈舞曲为 2/4 拍子，节奏强烈、旋律活泼、情绪热烈。一般常规舞步每小节为 4 步。每分钟 30~34 小节，基本节奏为慢、慢、快、快、慢、快、快、慢（S、S、Q、Q、S、Q、Q、S）。由于它的节奏是带有停顿附点，并强调切分音的，所以舞步一定要做到动静有致，干脆利落。跳探戈时不像华尔兹有起伏和摆动，它要求舞步要阔，重心下沉，保持平稳，没有明显的升降动作，运动时，不用滑步，而用平行步，足底可以离开地面。表现出舞曲刚劲顿挫，连贯而稳重。

探戈舞行程主要是斜线进退（见图 13-17），棋步运行，较少直线进退，极小旋转。这是与其他舞种有显著区别的。

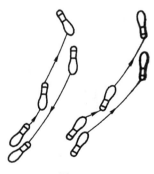

图 13-17

1. 走步

探戈舞的走步是非常重要的基本步法。行走是膝部松弛，重心下沉，行走的路线呈弧线。

男伴左脚出步时由脚拇趾内缘——脚掌外缘着地；右脚由拇趾内缘——脚内外着地，反复行进。

2. 行进连接步

这个步子的起步是用两个走步来连接的，故名行进连接步。

男舞步（见图13-18）。1拍：左脚CBMP前进躺步（CBMP是反身动作的简称）；2拍：右脚CBMP前进走步；3拍：左脚CBMP前进；4拍：右脚PP横步稍后，左脚虚点，拇趾着地。

女舞步（见图13-19）。1拍：右脚CBMP后退；2拍：左脚CBMP后退；3拍：右脚CBMP后退；4拍：左脚PP横步稍后，右脚虚点，拇趾着地，合膝。

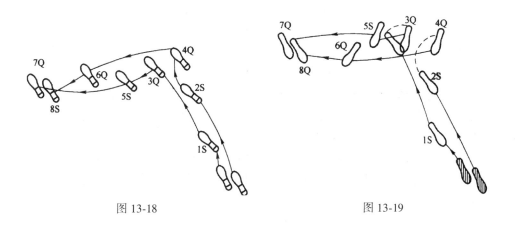

图13-18　　　　　　　　　　　　　　　　　　　　图13-19

3. P、P——闭式

这个动作是从P、P舞姿开始，合成闭式舞姿结束的舞步，大多是用在一串步法的最后作为小结，所以又称"结束步"。初学者经常是将它的行进连接步组合起来练习。

男舞步。1拍：左脚P、P，沿舞程线前进（脚步斜横）；2拍：右脚P、P，沿舞程线斜横步前进；3拍：左脚小横步稍前；4拍：右脚向左脚并步（接探戈舞的基本脚位并步，脚不平行并合，而是舞伴皆把自己的右脚掌并到左脚内侧脚弓处，前后相错开半个脚）。

女舞步。1拍：右脚沿舞程线前进（斜步斜横）；2拍：左脚P、P，沿舞程线横斜步前进；3拍：右脚横步稍后，左转1/4面对男伴成闭式；4拍：左脚向右脚并步。

4. 后退侧步

男舞步（见图13-20）。1拍：左肩引导，左脚后退；2拍：右脚CBMP，后退；3拍：左脚横步稍前左转1/4；4拍：右脚向左脚并步。

女舞步（见图13-21）。1拍：右肩引导，右脚前进；2拍：左脚CBMP，前进；3拍：右脚横步稍后左转1/4；4拍：左脚向右脚并步。

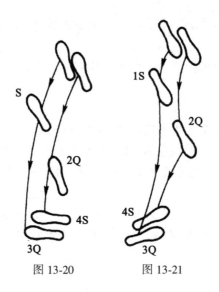

图 13-20　　　　　图 13-21

5. 开式左转

在做单一左转练习时，男伴面对中央斜线起步。

男舞步（见图 13-22）。1 拍：左脚前进；2 拍：右脚前进；3 拍：左脚前进，左转；4 拍：右脚横步稍后，左转；5 拍：左脚后退；6 拍：右脚后退，左转；7 拍：左脚横步稍前；8 拍：右脚向左脚并步面对壁斜线。

女舞步（见图 13-23）。1 拍：右脚后退；2 拍：左脚后退；3 拍：右脚后退，左转；4 拍：左脚小横步稍前，左转；5 拍：右脚向男伴右外侧进；6 拍：左脚前进，左转；7 拍：右脚横步稍后；8 拍：左脚向右脚并步。

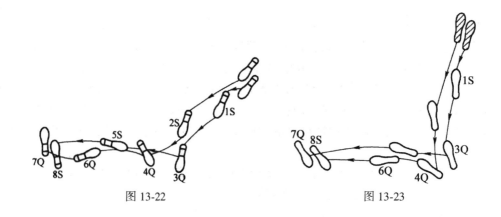

图 13-22　　　　　　　　　　　　　图 13-23

6. 并进接外侧步

男舞步（见图 13-24）。1 拍：左脚 P、P，沿舞程线前进；2 拍：右脚 P、P，前进；3 拍：左脚横步稍前；4 拍：右脚前进女伴外侧。

女舞步（见图 13-25）。1 拍：右脚 P、P，前进；2 拍：左脚 P、P，前进；3 拍：右脚横步稍后；4拍：左脚后退。

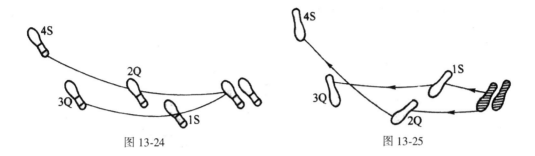

图 13-24　　　　　　　　　　　　图 13-25

7. 摇步转

这是探戈舞中很有特色的步子。它在快、快、慢的节奏中，身体的重心有左、右、左三次转换，脚步是斜前后移动。这种摇动要步幅小，轻巧而有控制，才能显出魅力。

（1）男舞步（面对壁斜线准备）（见图 13-26）。1拍：左脚前进；2拍：右脚前进；3拍：右脚横步，稍后右转；4拍：重心移向右脚，身体转向背对中央斜线；5拍：左脚后退；6拍：右脚后退，左转；7拍：左脚横步左转1/4；8拍：右脚向左脚并步。

（2）女舞步（见图 13-27）。1拍：右脚后退；2拍：左脚后退；3拍：右脚前进在男伴两脚间；4拍：重心移向左脚；5拍：右脚小步前进；6拍：左脚前进；7拍：右脚横步；8拍：左脚向右脚并步。

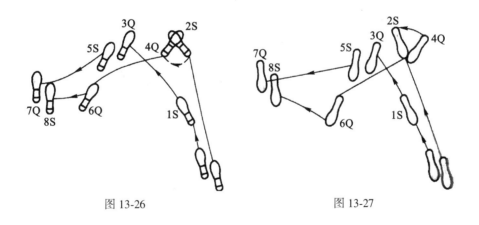

图 13-26　　　　　　　　　　　　图 13-27

8. 小组合

1拍：行进连接步接P、P，成闭式；2拍：走步接摇步转；3拍：走步接左转。

三、维也纳华尔兹（快三）

1. 左转准备动作

这是练习旋转的基本动作，主要是掌握前进、后退的步法。一小节前进，一小节后退，反复进行。在这个动作学会后，可以上转身的练习，但每次旋转的角度不要太大，应以每小节转45度为宜。

（1）男舞步（加上转体练习）（见图13-28）：1拍：左脚前进；2拍：重心转移到左脚，右脚在左脚旁虚点；3拍：右脚后退；4拍：重心移至右脚，左脚在右脚旁虚点。

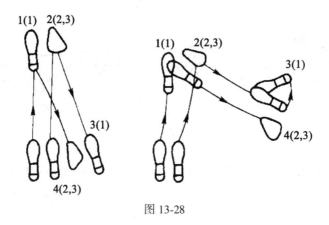

图 13-28

（2）女舞步（加上转练习）（见图13-29）：1拍：右脚后退；2拍：重心移至右脚，左脚在右脚旁虚点；3拍：左脚前进；4拍：重心移至左脚，右脚在左脚旁虚点。

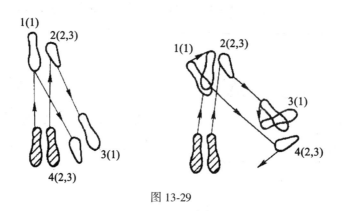

图 13-29

2. 右转准备动作

当左转准备动作连续做完双数小节（即2小节、4小节、6小节……）后，即可做一旁步，接做右转的准备动作练习。

男舞步（见图13-30）。1拍：左脚后退；2拍：重心移至左脚，右脚在左脚旁虚点；3拍：右脚前进；4拍：重心移至右脚，左脚在右脚旁虚点。

女舞步（见图13-31）。1拍：右脚前进；2拍：重心移至右脚，左脚在右脚旁虚点；3拍：左脚后退；4拍：重心移至左脚，右脚在左脚旁虚点。

在做完左转或右转的准备动作练习时，都是每小节走一步，即1、2、3拍中只走一步，重心没有移向另一脚，另一脚只是在旁虚点。只有在做小幅度的45度旋转练习时，才起一点辅助作用。

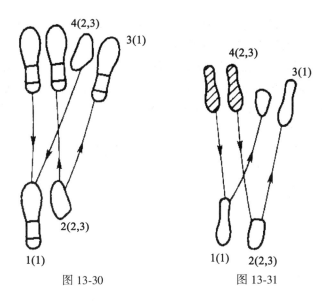

图 13-30   图 13-31

在做这动作练习时，应注意控制舞姿，身体不要左右摇摆，腹都不要前挺、后突，保持身体与地面垂直。

3. 旁步

此动作是为了从左转变换为右转，或从右转变换为左转时作连步前使用的。

男舞步（见图 13-32）。1 拍：左脚旁踏一步；2 拍：重心移至左脚，右脚旁边虚点；3 拍：右脚旁踏一步；4 拍：重心移至右脚，左脚旁边虚点。

女舞步（见图 13-33）。1 拍：右脚旁踏一步；2 拍：重心移至右脚，左脚旁边虚点；3 拍：左脚旁踏一步；4 拍：重心移至左脚，右脚旁边虚点。

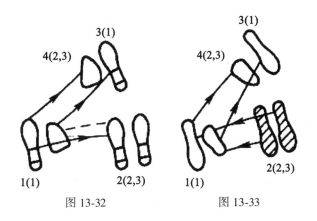

图 13-32   图 13-33

四、伦巴

1. 侧踏步

运步时，脚尖先落地，不用平脚或脚跟运步。膝盖部位左右偏向：左脚直立时，右脚放松，右膝向左偏；右脚直立时，左脚放松，左膝向右偏。否则，两膝总处于分开，是不雅观的。凡是并步的地点都要出胯，臀部自然扭动。

男舞步。1 拍：左脚向左侧踏步；2 拍：右脚向左脚并步，右脚尖点地；3、4 拍：左脚向左侧踏步，右脚稍拖向左脚并步，右脚尖点地，重心在左脚；5 拍：右脚想右侧踏步；6 拍：左脚向右脚并步，左脚尖点地；7、8 拍：右脚向右侧踏步，左脚稍拖向右脚并步，左脚尖点地，重心在右脚。

女舞步。1 拍：右脚向右侧踏步；2 拍：左脚向右脚并步，左脚尖点地；3、4 拍：右脚向右侧踏步，左脚稍拖向右脚并步，左脚尖点地，重心在右脚；5 拍：左脚向左侧踏步；6 拍：右脚向左脚并步，右脚尖点地；7、8 拍：左脚向左侧踏步，右脚稍拖向左脚并步，右脚尖点地，重心在左脚。

2. 方形步

方形步有两种：一种是左脚前进，右脚后退；一种是右脚前进，左脚后退。无论哪种，自己脚步的舞程线应成正方形。

男舞步。1 拍：左脚向左侧踏步；2 拍：右脚向左脚并步；3、4 拍：左脚向前方进步，右脚向前与左脚并步，重心在左脚；5 拍：右脚向右侧踏步；6 拍：左脚向右脚并步；7、8 拍：右脚向后退步，左脚退后与右脚并步，重心在右脚。

女舞步。1 拍：右脚向右侧踏步；2 拍：左脚向右脚并步；3、4 拍：右脚向后方退步，左脚退后与右脚并步，重心在右脚；5 拍：左脚向左侧踏步；6 拍：右脚向左脚并步；7、8 拍：左脚向前进步，右脚向前与左脚并步，重心在左脚。

3. 转身步

伦巴转变方向不规定度数，能转多少算多少。脚底下始终保持基本步。

男舞步。1 拍：左脚向左侧横步；2 拍：右脚向左脚并步；3、4 拍：左脚向左侧横步，右脚向左脚并步，重心在左脚；5 拍：右脚向左脚斜后方退步，同时身体向右转；6 转：左脚短步退至右脚旁并步。

女舞步。1 拍：右脚向右侧横步；2 拍：左脚向右脚并步；3、4 拍：右脚向右侧横步，左脚向右脚并步，重心在右脚；5 拍：左脚掠过右脚向右前方进步，身体向左转；6 拍：右脚短步前进，向左脚并步。

4. 交叉换位步

准备姿势：舞伴相对交叉牵手，女伴右手在上，左手在交叉点下方，以"快、快、慢"四拍为一小节，每小节脚步都是基本侧踏步。

男舞步。与女舞伴面对面作原地侧踏步；双手高举，逐渐下落，同时向左转 90 度，左手在胸前与女舞伴左手相牵，右手在女舞伴右肩处与女舞伴右手相牵，此时男女舞伴面朝一个方向并排站立；右脚向右侧走基本步从女伴后面向右走，头向左边看女伴；左脚向左侧走基本步，从女伴后面向左走，头向右边看女伴。

女舞步。与男舞伴面对面作原地侧踏步；双手高举后，渐落，同时向右转 90 度，右手在右肩处舞伴右手相牵，左手在男伴胸前与男伴左手相牵，男女舞伴朝一个方向，并排站立，女伴稍靠右前；左脚向左侧走基本步，从男伴前面走，头向左边看男伴，右脚向右侧走基本步，从男伴前面走，头向左边看男伴。

5. 单手相牵女伴转圈步

这个动作可逆时针方向转动，也可以顺时针方向转动，男伴始终在原地走基本步，女伴独自转身。

男舞伴。男女舞伴相对而立，右手与右手相牵，左手自然下垂或半握空心拳端至胯旁，走基本步；右手向逆时针方向用力牵动女伴转身，自己在原地走基本步；回到准备姿态。

女舞步。与男舞伴右手相牵，走基本步；在男舞伴的示意下，脚步走基本步同时逆时针方向转；继续向逆时针方向走基本步，回到与男伴相对立的位置；回到准备的姿态。

第十四章　健　美　操

第一节　健美操概述

一、健美操运动发展简况

健美操是近几十年发展起来的一项新兴的体育运动项目，它起源于传统的有氧健身操，是以有氧运动为基础，以健、力、美为特征，融体操、音乐、舞蹈为一体的大众健身方式，也是竞技运动的一个项目。通过徒手、手持轻器械和在专门器械上进行的健美操练习，可达到健身、健美和健心的目的，并具有竞技性、娱乐性和观赏性。

1968 年美国太空总署医生库帕（Coper）博士根据宇航员所处的特殊环境和对宇航员身体机能的特殊要求，为航天员的体能训练设计了 Aerbics Exercise（健美操锻炼），这种有氧操出现不久便因其对身体机能，尤其对心血管和体型的作用引起了人们的注意。1969 年杰姬·索伦森综合了这种有氧操的特点，结合当时流行于美国黑人的各种爵士舞和非洲民间舞，创编了一种操、舞结合的健身舞。这种舞带有娱乐性、形式新颖，把较强的节奏性和自然而大幅度的动作融为一体，对现代健美操的形成产生了深远的影响。

简·方达是 20 世纪 70 年代崛起的好莱坞电影明星，两次获得奥斯卡金像奖。简·方达并不是天生的好身材，为了苗条，她采用"节食""呕吐"等方法减肥。在经历了一系列失败后，她认识到了"健康的美才是真正的美、持久的美"，从此，她走上了体育锻炼的道路。她撰写的《简·方达健身术》一书自 1981 年首次在美国出版以来，一直畅销不衰，并被译成 20 多种文字，在世界 30 多个国家发行。她在书中写道："健美操可以改变你的形体，烧掉身体各处积存多余的脂肪，并且在你从未想到的部位增强肌肉张力，它使你在身体上和心理上感觉更加良好。"她用健美操来保持身体健康和体态苗条的成功经验进行现身说法，对世界健美操运动的发展产生了巨大的影响。

美国是对健美操发展有着较大影响的国家。它创办了上千个健美操俱乐部、健身房，为人们提供了从事健美锻炼的场所。现在美国拥有众多的人参加各种类型的健美操练习，用于体操、舞蹈和健美操的活动经费每年也有几亿美元。美国既推动了塑造体型、健康身心的健身健美操的发展，同时又是竞技健美操的创始国。

健美操在欧洲的开展也很普及，在法国做健美操的人已达 400 万人，每人每年约花 355 美元参加健美操中心活动，仅巴黎就有 1000 多个健美操中心，法国第二电视台的健美操节目成了最受欢迎的节目之一。德国每年用于健美训练的经费开支达 16 亿马克。而意大利的罗马也有 40 个健美操场所，每天做操的人从早到晚络绎不绝。苏联把健美操列入了大、中学校教学大纲，并多次举办全国性教练员培训班，定期在电视台向广大健美操爱好者教授健美操。

健美操在亚洲的发展也已风起云涌。在国际体操联合会（FIC）成立健美操委员会以前，总部设在日本的国际健美操联合会（IAF）一直是国际上最大的健美操组织。健美操在新加坡、韩国、中国香港地区以及东南亚国家和地区发展得也很迅速，人们把参加健美操运动作为健身防病和丰富精神文化生活的一部分。

现代健美操热传入中国是在 20 世纪 70 年代末 80 年代初。开始是引入了扭动全身各关节的非洲民间舞蹈与基本体操相结合的迪斯科健美操，后来把中国古老文化的武术、民间舞蹈等与欧美健美操融为一体，创造了具有中国特色的徒手健美操和持轻器械的健美操。1982 年 2 月中国青年出版社出版了《美，怎样才算美》一书，选登了陈德易创编的"女青年健美操"和牛乾元创编的"男青年哑铃操"。从此"健美操"一词迅速被广大体育工作者采用。1984 年北京体育学院成立了健美操教研室，接着上海体育学院也相继成立了健美操教研室，率先开设了选修和专修课，培养了一大批健美操师资。目前健美操已被教育部列为普通高等学校体育教育专业的主干必修课，并已成为我国各级各类学校体育课或课外活动中一项深受师生欢迎的教学内容和锻炼项目。与此同时，各种健美操中心、俱乐部、培训班如雨后春笋般涌现，许许多多的人选择健美操作为自己主要的健身方式。

二、健美操的分类与特点

1. 健美操的分类

健美操内容丰富、形式多样、种类繁多，按照不同的目的和任务，可将健美操分为健身健美操和竞技健美操两大类（见表 14-1）。

表 14-1　　　　　　　　　　　　　　　　**健美操分类表**

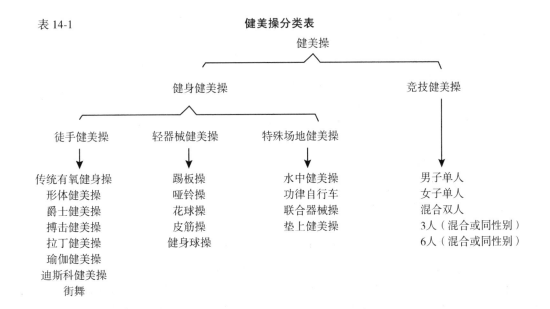

193

（1）健身健美操。健身健美操是一种有氧运动，也称有氧健美操。它以健身为目的，通过在有氧供能的条件下，按照一定的顺序全面锻炼身体的各个部位，来提高有氧代谢能力，增进健康，健美形体，焕发精神，娱乐身心。为了保证一定的运动负荷和锻炼的全面性，其动作多有重复（可持续中低强度的全身性运动达1个多小时），并均以对称的形式出现，也可使用器械增加锻炼效果。健身健美操因主要是面对大众，故也称大众健美操。健身健美操动作比较简单，讲究针对性和实效性，节奏感强，强度和难度相对较低，而且练习时间比较可长可短，也可以根据个体情况而变化，所以为社会不同年龄、性别、职业、基础的人所喜爱和选用。近年随着人们对健身娱乐的需求越来越强，出现了多种时尚的徒手健美操与健身舞，进一步丰富了健身健美操的练习形式。

（2）竞技健美操。竞技健美操是在健身健美操的基础上发展起来的，其主要目的是"竞赛"。竞技健美操有特定的竞赛规则和评分办法，其成套动作必须展示连续的动作组合、柔韧性和力量，并在综合运用7种基本步伐的同时，高质量地、完美地完成种类难度动作。竞技健美操对人的身体素质、技术能力和艺术表现力有较高的要求，是展示人体健、力、美的竞赛项目。竞技性健美操在参赛人数、比赛场地和成套动作的时间等方面都有严格规定，在动作的设计上也要求更加多样化，并严格避免重复动作和对称性动作。

2. 健美操的特点

健美操与其他体育锻炼方式相比较，具有以下几个主要特点：

（1）健身美体的实效性。健美操是以人体解剖学、人体生理学、体育美学、体育心理学等多学科理论为基础，以健身美体为目的而创立的健身运动。与其他体育项目相比，健美操动作讲究健美大方，强调力度和弹性，趋向以不停顿地连续走、跳、跑，使练习者消耗过剩的脂肪，增强肌肉力量，提高协调灵敏性，表现健美的体姿。可以说健美操对塑造人健美的体形、培养健美体态、提高人的协调性和弹跳能力、培养人的审美意识作用较大。

（2）强烈的时代感与动律性。健美操把基本体操、现代舞蹈和有节奏感的音乐巧妙地融于一体，是具有鲜明特色和强烈时代感的新型体育项目。其动作素材多为富有时代感的现代舞蹈、时尚体操，其音乐多取材于迪斯科、爵士、摇滚等现代音乐。与艺术体操、花样游泳、自由体操、技巧等具有音乐伴奏的体育项目相比，健美操的配乐更强调旋律的激昂振奋，节奏的鲜明强劲，使健美操体现出一种鲜明的动律感，充满着青春活力。由于健美操的特点满足了当代青年的自娱自乐的精神享受和情绪宣泄的需求，所以深受青年学生的喜爱。

（3）高度的艺术性。健美操是一种追求健与美的运动项目，属健美体育的范畴，强调艺术性。与同样具有艺术性的体育项目相比，健美操比起健美运动更具有动感和弹性（非静止造型），比艺术体操更强调健美和力度（非柔美和连绵不断），比基本体操更讲究多变与活力（非完全对称和"横平竖直"）。参加健美操锻炼，不仅使练习者锻炼了身体，增强了体质，而且从中得到了美的享受，提高了审美意识和艺术修养。

（4）广泛的适用性。健美操能够健身美体，符合现代人追求健美身心的需要。在激昂振奋的音乐声中，舒活筋骨，自娱自乐，能给人们带来欢快奔放的情感体验。健身健美操的动作套路形式多样，节奏有快有慢，套路有长有短，动作有难有易，运动负荷和运动强度的大小可任意调节，适合于不同行业、不同年龄、不同性别、不同体质的人锻炼，各种人群都能从健美操练习中找到适合自己的方式，并得到乐趣。此外，健美操锻炼对场地、器材条件要求不高，练习起来简便安全，适合不同地区、不同条件的人群开展，健美操具有广泛的适用性。

第二节　健美操基本动作训练

健美操的基本动作训练主要包括姿态训练、上肢动作训练、基本步伐训练。

一、身体姿态训练

身体姿态的训练是健美操锻炼的一个非常重要的方面，它决定着完成健美操动作的质量、人体在健美操运动中所表现出来的气质以及健美操的锻炼效果。健美操的基本姿态指完成动作时正确的形态和身体的标准位置，包括躯干、后背、骨盆的稳定性和腹肌的收缩，上体的关节位置，颈肩的姿态，以及颈椎相对于脊椎的位置，踝关节和膝关节的相对位置等，这些是体现健美操姿态特色的关键。身体姿态的训练一般包括两个部分：一是健美操基本动作的身体姿态训练。二是健美操操化动作与难度动作中身体姿态的控制。健身性健美操运动主要是健美操基本动作的变换训练，这里主要介绍健美操基本动作的身体姿态的训练。

健美操的身体姿态是根据现代人的人体与行为美的标准而建立的。首先，人体在整个运动非特殊条件下，应保持自然挺拔，头部稍稍昂起，颈部挺直、挺胸收腹、腰背挺立、脊柱正直，头、颈、躯干和腿保持在一条垂直线上，四肢的位置根据具体的动作要求，应该在准确的位置上。最常见的动作有：站立——躯干保持上面所说的状态，两腿并拢伸直。蹲——躯干保持上面所说的状态，臀部收紧，保持整个身体垂直于地面并屈膝。基本动作的身体姿态训练方法通常有两种：一是动作控制法；二是舞蹈训练。

1. 动作控制法

动作控制法是指身体处于某一动作位置时，保持该动作的正确的身体姿态，使该动作控制一段时间的方法。该方法目的是让锻炼者找到控制该动作的肌肉感觉，起到强化动作的作用。

2. 舞蹈训练法

舞蹈训练法是通过拉丁舞、爵士舞、现代舞、民间舞等不同的舞蹈，练习体会不同的表现意识、不同的气质与风格。是通过徒手、把杆、双人姿态等大量舞蹈动作的训练，进一步改变身体形态的原始状态，逐步形成正确的站姿、坐姿、走姿，提高形体动作的灵活性。如经常采用芭蕾舞形体训练中的把杆练习来发展运动员的身体形态。

二、上肢动作训练

（一）手型及训练规范

手型的变化不仅可以使手臂的动作更加丰富多彩，生动活泼，表现出美感；而且有助于加强动作的力量性。健美操中手型有多种，它是从爵士舞、芭蕾舞、西班牙舞、迪斯科、武术等手型中吸收和发展起来的。常用的健美操手型有以下几种，其训练规范如下：

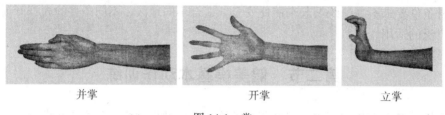

并掌　　　　　　　　开掌　　　　　　　　立掌

图 14-1　掌

1. 掌（见图 14-1）

（1）并掌：大拇指指关节弯曲内扣，其余四指并拢伸直。手腕伸直，使手臂成一条直线。腕关节与掌指关节适度紧张。

（2）开掌：五指用力分开，并伸直。

（3）立掌：手掌用力上曲，五指自然弯曲。

2. 拳（见图 14-2）

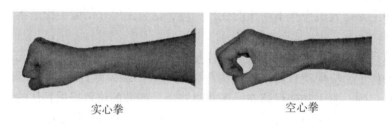

实心拳　　　　　　　　　　空心拳

图 14-2　　拳

（1）实心拳：四指卷握，大拇指末关节压住食指、中指的第二关节。

（2）空心拳：四指卷曲，大拇指末关节压住食指、中指的末关节，拳成空心状。

3. 其他手型（见图 14-3）

（1）西班牙舞手型：五指分开，小指内旋，拇指稍内收。

（2）剑指：食指和中指并拢伸直，拇指、无名指小指内收。

（3）V 指：拇指与小指、无名指弯曲，食指与中指伸直并尽力分开。

（4）响指：无名指与小指曲握，拇指与中指、食指摩擦后，中指击打大鱼际处产生响声。

（二）手臂动作及训练规范

手臂动作训练是健美操锻炼的重要组成部分，它与健美操的基本步法组合共同构成了丰富多彩的健美操动作内容。健身性健美操关于手臂动作的术语有不同的说法，如有些健身性健美操书中介绍的手臂动作是：自然摆动、臂屈伸、屈臂提拉、直臂提拉、冲拳、推等。这里介绍的术语主要以体操术语为基础。

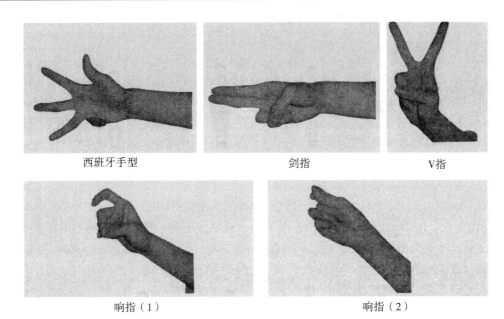

西班牙手型　　　　　　　　剑指　　　　　　　　　V指

响指（1）　　　　　　　　　　　响指（2）

图 14-3　其他手型

1. 摆动（见图 14-4）

图 14-4　摆动

动作描述：屈肘前后摆动，两手握拳。

技术要点：屈肘角度不宜过小或过大，大约 60 度左右。向前摆动手臂时，肘关节不超过躯干前面，向后摆动手臂时，手不超过躯干。

动作变化：可同时摆动也可依次摆动。

2. 举（见图 14-5）

动作描述：以肩关节为轴，臂伸直向某方向抬起。臂活动范围不超过 180 度并停止在某一部位。

技术要点：动作到位、路线清晰、有力度感。

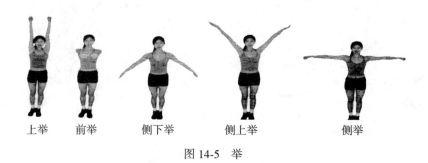

上举　　前举　　侧下举　　　侧上举　　　侧举

图 14-5　举

动作变化：前举、上举、前上举、前下举、侧举、下举、侧下举、侧上举。

3. 屈、伸（见图 14-6）

胸前上屈　　胸前平屈　　肩侧上屈　　肩侧屈

图 14-6　屈与伸

动作描述：上臂固定，以肘关节为轴，肘关节由弯曲到伸直或由伸直到弯曲的动作。屈臂时肱二头肌收缩，伸臂时肱三头肌收缩。

技术要点：关节有弹性的伸屈。

动作变化：胸前屈、胸前平屈、肩侧上屈、肩侧下屈，胸前上屈腰侧屈、头后屈。

4. 绕、环绕（见图 14-7）

绕与环绕

图 14-7

动作描述：两臂或单臂以肩为轴做弧线运动。上臂固定，前臂以肘关节为轴做弧线运动。

技术要点：路线清晰，起始和结束运动位置明确。

动作变化：两臂或单臂向内、外、前、后绕或环绕。

第三节 健美操基本步伐

基本步伐是健美操动作中最基本的单位，是进行健美操练习的一个重要组成部分，通过基本步伐的练习，能培养练习者的协调性和节奏感。

健美操基本步伐根据人体运动时对地面的冲击力大小分为无冲击力步伐、低冲击力步伐、高冲击力步伐三大类。

（一）无冲击力步伐

1. 无冲击力步伐概念及其分类

无冲击力步伐是指两腿始终接触地面的动作。主要包括并腿和分腿两大类。

（1）并腿类（feet together）：

动作描述：这类动作两腿始终接触地面的动作，并且两脚始终并拢，脚尖朝前。

技术要点：膝关节要有弹性的屈伸，把握好弹动的技术。

①膝弹动（knee spring）（图14-8）。

动作描述：两腿并拢，膝关节要有弹性地屈伸。

技术要点：膝关节由弯曲到还原，还原时膝关节应处于微屈状态。

②踝弹动（ankle spring）（见图14-9）：

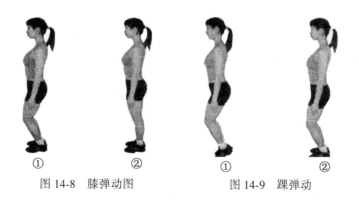

图14-8 膝弹动图　　　　　图14-9 踝弹动

动作描述：两腿伸直或屈膝，踝关节有弹性地屈伸。

技术要点：脚尖或脚跟抬起时，保持身体的稳定性和踝关节的弹性。

（2）分腿类（feet apart）：

动作描述：这类动作是指两腿分开，膝关节有弹性地屈伸。

技术要点：膝关节屈伸要有较好的弹性，重心移动要平稳自如。

①半蹲（squat）（见图14-10）：

动作描述：两腿有控制地屈和伸。可分为并腿半蹲和分腿半蹲。

技术要点：分腿半蹲时，两腿左右分开稍大于肩，脚尖稍外开，膝关节角度不小于

90 度，方向与脚尖方向一致，臀部向后 45 度方向下蹲，上体保持直立。

动作变化：并腿半蹲、迈步半蹲、迈步转体半蹲。

②弓步（lunge）（见图 14-11）：

图 14-10 半蹲   图 14-11 弓步

动作描述：两脚前后分开，平行站立、下蹲。

技术要点：半蹲时，后腿膝关节向下，大腿垂直与地面；重心在两脚之间，前腿膝关节弯曲不能超过 90 度，膝关节不能超过脚尖。

动作变化：原地前后弓步、原地左右弓步、转体弓步。

③移动重心（move balance）（图 14-12）。

预备姿势   ①   ②   ③   ④

图 14-12 移动重心

动作描述：由两腿开立为初始动作，两腿屈膝下蹲之后，身体向右侧移动重心，然后两腿伸直，右脚全脚掌着地，右腿脚尖点地。

技术要点：身体重心的移动要保持平稳。

动作变化：左右移重心、前后移重心。

（二）低冲击步伐

1. 低冲击力步伐概念及其分类

低冲击力步伐动作是指在做动作时一脚着地，另一脚离地的动作。低冲击力步伐动作是目前健身健美操编排运用最多的动作类型。主要有踏步类、点地类、迈步类和抬腿类 4 种类型。

（1）踏步类：

动作描述：此类动作两脚依次抬起，在下落时膝、踝关节有弹性地缓冲。

技术要点：注意两腿的相对位置以及脚尖膝盖的朝向，做动作时注意膝关节，踝关节有弹性地缓冲，另外，根据动作的需要，躯干部分要有适当的起伏变化，与基本步伐协调一致。

①踏步（march）（见图14-13）：

动作描述：两腿原地依次入出抬起，依次落地。

技术要点：下落时，踝、膝、髋关节依次有弹性地缓冲。

动作变化：踏步转体、踏步分腿、踏步并腿、弹动踏步。

②走步（walk）（见图14-14）：

图 14-13 踏步   图 14-14 走步

动作描述：迈步向前走时，脚跟先落地，过渡到全脚掌；向后走时则相反。

技术要点：落地时，踝、膝关节有弹性地缓冲。

动作变化：向前向后走步，向侧前和侧后走步、向左右转体或弧线走步。

③一字步（easy walk）（见图14-15）：

①   ②   ③   ④

图 14-15 一字步

动作描述：一脚向前一步，另一脚并于前脚，然后依次还原。

技术要点：向前迈步时，脚跟先着地，过渡到全脚掌；前后均要并腿过程；每一拍动作膝关节有弹性地缓冲。

动作变化：向前向后的一字步、转体的一字步。

④V 字步（V-step）（见图 14-16）：

图 14-16　V 字步

动作描述：一脚向前侧方迈一步，另一脚随之向另一方迈一步，成两脚开立，屈膝，然后依次退回原位。

技术要点：两脚膝、踝关节始终保持弹动状态，分开后成分腿半蹲，重心在两脚之间。

动作变化：倒 V 字步，转体 V 字步，跳的 V 字步。

⑤漫步（mambo）（见图 14-17）：

图 14-17　漫步

动作描述：一脚向前迈出，屈膝，重心随之前移，另一脚稍抬起，然后原地落下；或向后撤一步，重心后移。另一脚稍抬起，然后原地落下。

技术要点：两脚始终保持交替落地，身体重心随动作前后移动，但始终在两脚之间。

动作变化：转体的漫步，跳的漫步。

（2）点地类（step touch or tap together）：

动作描述：此类动作两腿有弹性地屈伸，点地时，一腿屈膝，另一腿伸直。

技术要点：整个动作过程中，膝盖要有弹性地屈伸，包括动作完毕时，两腿膝盖也应处于微屈状态，而不应过分伸直。以免破坏健美操特有的弹性。

动作变化：前点地、侧点地、后点地。

①脚尖点地（tap）（见图 14-18）：

图 14-18 脚尖点地

动作描述：一腿稍屈膝站立，另一腿伸出，脚尖点地，然后还原到并腿姿势。

技术要点：支撑腿始终保持屈膝站立，并且随动作有弹性地屈伸。

动作变化：脚尖前点地，脚尖侧点地，脚尖后点地。

②脚跟点地（heel）（见图 14-19）：

图 14-19 脚跟点地

动作描述：一腿稍屈膝站立，另一腿伸出，脚跟点地，然后还原到并腿姿势。只可做向前和向侧的脚跟点地。

技术要点：支撑腿始终保持屈膝站立，并且腿动作有弹性地屈伸，动作始终保持高度的弹性和节奏感。

动作变化：脚跟前点地、脚跟侧点地。

（3）迈步类（step or step together）：

动作描述：一条腿迈出一步，重心移到这条腿上。另一条腿用脚跟、脚尖点地或吸腿、屈腿、踢腿等，然后向另一个方向迈步。

技术要点：注意重心之间的转换和跟进。

2. 并步（step touch）（见图 14-20）

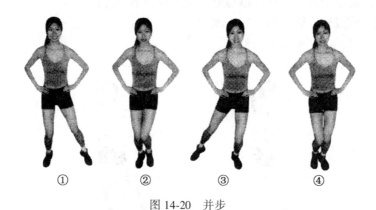

① ② ③ ④

图 14-20　并步

动作描述：一腿迈出，另一腿随之并拢屈膝点地；再向反方向迈步。

技术要点：两膝保持弹动，动作幅度和力度以动作风格而定。

动作变化：左右并步，前后并步、向两侧并步、转体并步。

3. 迈步点地（step tap）（见图 14-21）

① ② ③ ④

图 14-21　迈步点地

动作描述：一脚向侧迈一步，两脚经屈膝移重心，另一腿在前、侧或后用脚尖或脚跟点地。

技术要点：两腿有弹性地屈伸，重心移动轨迹呈弧形；上体不要扭转。

动作变化：左右迈步点地、前后迈步点地、迈步转体点地。

4. 迈步后屈腿（step curl）（见图 14-22）

动作描述：一腿迈出一步，另一腿后屈，再向相反方向迈步。

技术要点：经过屈膝半蹲，支撑腿稍屈膝，后屈腿的脚跟靠近臀部。

动作变化：侧迈步后屈腿，前后移动后屈腿、转体后屈腿。

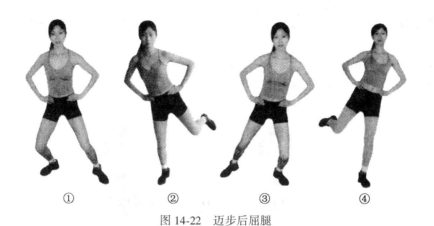

图 14-22　迈步后屈腿

5. 迈步吸腿（step knee）（见图 14-23）

动作描述：一腿迈出一步，另一腿屈膝抬起，然后向反方向迈步。

技术要点：经过屈膝半蹲，还原时支撑腿稍屈膝。

动作变化：向前迈步吸腿、向侧迈步吸腿、向侧前迈步吸腿、转体吸腿。

6. 侧交叉步（grapevine）（见图 14-24）

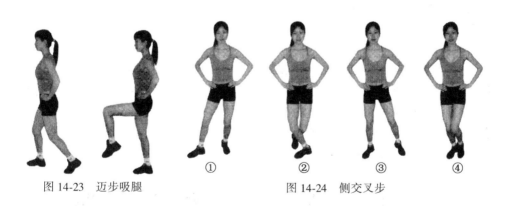

图 14-23　迈步吸腿　　　　　　　图 14-24　侧交叉步

动作描述：一腿向侧迈一步，另一腿在其后交叉，随之再向侧迈一步，另一腿并拢，屈膝点地。

技术要点：第一步腿跟先落地，身体重心快速随着脚步而移动，保持膝、踝关节的弹动。

动作变化：左右的交叉步、转体的交叉步。

（4）抬腿类（lift step or lift together）：

动作描述：一腿站立，另一腿抬起的动作。

技术要点：这一类动作要求支撑腿有控制地屈膝弹动，另一腿以各种形式抬起，同时收腹、立腰。

①吸腿（knee lift）（见图 14-25）：

动作描述：一腿屈膝抬起，落下还原。

技术要点：支撑腿保持屈膝弹动，大腿上抬至水平，小腿自然下垂，绷脚尖，上体保持正直。

动作变化：向前吸腿、向侧吸腿、向侧前吸腿、转体吸腿。

②踢腿（kick）（见图14-26）：

图 14-25 吸腿　　　　图 14-26 踢腿

动作描述：一腿屈膝站立，另一腿抬起，然后还原。

技术要点：抬起腿要有控制，保持上体正直，主力脚脚跟不能离地，膝关节微屈缓冲。踢腿的幅度因人而异，避免受伤。

动作变化：前踢、侧踢。

③摆腿（leg lift）（见图14-27）：

动作描述：一腿稍屈膝站立，另一腿做摆动，然后还原成并步。

技术要点：摆腿时上体顺势前倾，后倒或侧倾，主力腿屈膝缓冲，摆动腿抬起时幅度不要过大，且要有控制。

动作变化：向前摆腿，向侧摆腿。

④弹踢（skip）（见图14-28）：

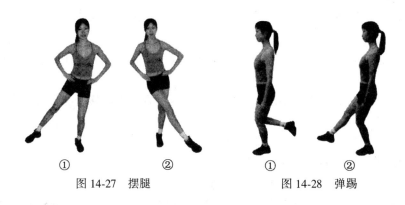

①　　　　　　②　　　　　　①　　　　　　②
图 14-27 摆腿　　　　　　图 14-28 弹踢

动作描述：一腿站立（跳起），另一腿先向后屈，再向前下方弹踢，还原。

技术要点：腿弹出时有控制，两膝盖紧靠，弹踢腿，脚尖伸直保持上体正直。

动作变化：向前弹踢，向侧弹踢，转体弹踢，移动弹踢。

（三）高冲击力步伐

1. 高冲击力步伐概念及分类

高冲击力步伐动作是指在做动作时，两脚都离地的动作，即平常所说的跳类动作。主要包括单腿起跳、两腿起跳、迈步起跳和跑步4大类：

（1）单腿起跳类（lift jump or leap）：此类动作是指先抬起一腿，另一腿跳起的动作。

①吸腿跳（knee lift jump）（见图14-29）：

动作描述：一腿屈膝抬起，落下还原，另一脚离开地面，向上跳起。

技术要点：支撑腿保持屈膝弹动，大腿上抬至水平，上体保持正直，注意身体的稳定性。

动作变化：向前吸腿跳、向侧吸腿跳、向前侧吸腿跳、转体吸腿跳。

②屈腿跳（leg curl jump）（见图14-30）：

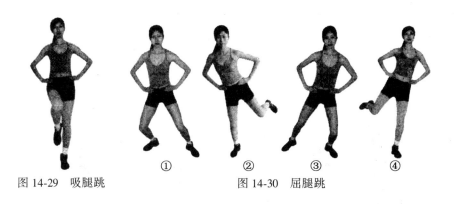

图 14-29　吸腿跳　　　　　　　　图 14-30　屈腿跳

动作描述：一腿站立（跳起），另一腿向后屈膝，放下腿还原。

技术要点：支撑腿保持弹性，两膝并拢，脚跟靠近臀部，屈膝腿的膝关节不宜超过支撑腿的膝关节，落地时注意缓冲。

动作变化：左右依次后屈腿跳、转体后屈腿跳。

③弹踢腿跳（skip jump）（见图14-31）：

动作描述：两腿起跳，单腿落地，另一腿小腿后屈，然后小腿前踢伸直。

技术要点：两脚落地的过程，弹踢腿脚尖伸直，上体保持正直。

动作变化：向前弹踢腿跳、向侧弹踢腿跳、转体弹踢腿跳、移动弹踢腿跳。

④摆腿跳（leg lift jump）（见图14-32）。

动作描述：一腿自然摆动，另一腿向上跳起，落地时两腿屈膝缓冲。

技术要点：保持上体正直。主力腿屈膝缓冲，摆动腿抬起时幅度不要过大，且要有控制。

动作变化：向前摆腿、向侧摆腿。

（2）两腿起跳类（jumping or jumping jack）：这类动作是指两脚起跳，两脚落地的动作。两腿的动作基本一致。两脚需要腾起一定的高度，落地时注意屈膝缓冲。

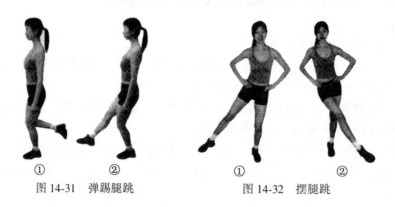

① ② ① ②
图 14-31 弹踢腿跳 图 14-32 摆腿跳

①并腿跳（jump）（见图 14-33）。
动作描述：两腿并拢同时跳起，屈膝，然后落地缓冲。
技术要点：起跳时，两脚同时用力，落地缓冲有控制。
动作变化：向前并腿跳、向后并腿跳、向侧并腿跳。
②开合跳（jumping jack）（见图 14-34）：

① ② ③ ① ②
图 14-33 并腿跳 图 14-34 开合跳

动作描述：由并腿跳起，分腿落地，再由分腿跳起，并腿落地。
技术要点：分腿屈膝蹲时，两脚自然分开，膝关节沿脚尖方向屈，夹角不小于90度，膝关节有弹性地缓冲，脚跟落地。
动作变化：原地开合跳、转体开合跳。
③弓步跳（lumge jump）（见图 14-35）：
动作描述：并腿向上跳起，前后成分腿姿势落地，接着再向上跳起，并腿落地。
技术要点：落地时，膝关节有弹性地缓冲，分腿落地时双脚尖都向前方，并且基本保持在一条直线上。
动作变化：左右弓步跳、前后弓步跳、侧弓步跳。
（3）迈步起跳类（step jump（hop）or scoop）：
①并步跳（step jump）（见图 14-36）。
动作描述：以右脚起步为例，右脚迈出，随之蹬地跳起，左脚并右脚，并腿落地。

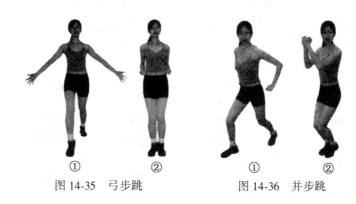

图 14-35　弓步跳　　　　　　　图 14-36　并步跳

技术要点：身体重心随身体迅速移动，落地时注意缓冲。

动作变化：向前并步跳、向后并步跳、向侧并步跳。

②迈步吸腿跳（step knee up）（见图 14-37）

动作描述：右腿向前迈出一步，之后身体重心跟进。同时左腿抬起，抬起至 90 度时，两腿起跳。

技术要点：跳起时，上体保持正直，收腹立腰。

动作变化：向前迈步吸腿、向侧迈步吸腿。

③迈步后屈腿跳（step curl jump）（见图 14-38）。

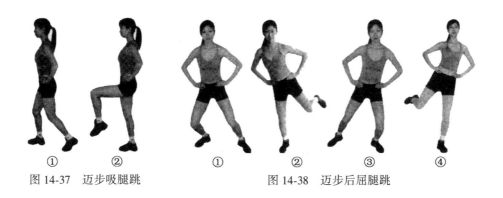

图 14-37　迈步吸腿跳　　　　　　图 14-38　迈步后屈腿跳

动作描述：一腿侧迈一步，另一腿向后屈膝，同时两腿起跳，缓冲落地。

技术要点：两腿跳起时，屈膝腿脚尖绷直，落地时，两腿膝关节微屈，不宜伸直。

动作变化：向前迈步后吸腿、向侧迈步后吸腿。

（4）跑步类（Jogging）（见图 14-39）：

动作描述：两腿腾空，依次落地缓冲，两臂屈肘摆臂。落地时屈膝缓冲，脚跟尽量落地。

①后踢腿跑（jogging）：

动作描述：两脚依次经过腾空后，一脚落地缓冲，另一脚小腿后屈，两臂配合下肢前后摆动。

209

技术要点：膝、踝关节有弹性地缓冲，落地时由前脚掌着地。

动作变化：原地跑、向前跑、向后跑、弧线跑、转体跑。

②小马跳（Pony）（见图14-40）：

图 14-39 跑步类　　　　　　　　　　　　图 14-40 小马跳

动作描述：以右腿起步为例。左脚蹬地跳，同时右腿向侧迈步落地，随之左脚并右脚点地，随后反方向做一次，动作相同，方向相反。

技术要点：两脚轻松蹬地，身体重心随之平稳移动，注意膝踝的弹动。

动作变化：原地小马跳、向前小马跳、向侧小马跳、向后小马跳、转体小马跳。

第十五章 形体训练

第一节 形体训练概述

一、什么是形体训练

形体是指人体结构的外在表现，它是一门艺术。人体只有在四肢、躯干、头部及五官的合理配合下才能显示出姿态优美、体型匀称的整体美。

形体美主要体现在三个方面：骨骼、肌肉、肤色。要求为：头部五官端正、面部红润、眼光有神、头发光泽；颈部挺直而灵活，并与头部配合协调、双肩对称、男宽女沉、两臂修长、两臂伸展之长与身高相等；胸部宽厚、比例协调，男性胸肌圆隆，女性乳房丰满，挺而不垂，腰部是连接上、下体的立柱，呈圆柱形、细而有力；腹部应扁平，臀部圆满微显上翘不下坠，男性臀大肌鼓实，女性健而隆起；大腿修长，小腿长而腓肠肌位置高，并稍突出；人体骨骼发育正常，无畸形，身体各部位比例匀称，男子形体强调上肢力量及肌肉发达，整个体型呈侧梯形，女子形体强调身体比例匀称，线条流畅，整个体形呈曲线形；肤色应是红润而有光泽，健康光滑而有弹性。均匀的体形与正确的姿态能塑造形体美。形体本身非常讲究姿态美、体态美、线条美和外部形态与内部情感统一的和谐美。人们在日常工作和生活中的各种姿态正确与否，直接影响着人们的工作和生活质量。随着人类社会文明程度的不断提高，对人们姿态的要求不是简单的正确与否，社会文明呼唤着人们姿态美的不断提高。所有这些，只有通过量力而行而又持之以恒的形体训练及适当的营养和休息才可成就。那么，什么是形体训练呢？

形体训练是以人体科学理论为基础的，通过徒手或利用各种器械，运用专门的动作方式和方法，以改变人的形体的原始状态，提高灵活性，增强可塑性为目的形体素质基本练习。同时也是以提高人的形体表现为目的的形体技巧训练。

形体训练可以采用各种徒手练习。如：徒手姿态操、韵律操、太极、按摩、健身跑以及各种舞蹈动作，也可以采用不同的运动器械进行各种练习，如：把杆、绳、圈带、球、助木哑铃、杠铃、胡铃等，以及各种特制的综合力量练习架和现代开发出来的多功能健身器械。

形体训练的动作方式和内容是多种多样的，但其基本的内容里离不开基本功训练和基本形态训练。为了增加形体训练的趣味性，可进行健美操、舞蹈、野外健身跑等训练。形体训练简单易行、适用性强、能有效地增强人们的体质，增进健康，改善人们体型、体态，陶冶情操。

著名的美学家朱光潜先生说："人体以它生动、柔和的线条与轮廓，有力的体魄与匀称的形态，滋润、光泽、透明的色彩，成为大自然中最完美的一部分，标志着我们这个星球上最高级生命的尊严。"这段话精辟地表达了我们对人体美的价值的追求。

二、形体训练的特点与功能

(一) 形体训练的特点

车尔尼雪夫斯基说："生命是美丽的，对人来说，美丽不可能与人的健康分开。"形体训练不仅能使人获得健康美，还能使人获得体形美、姿态美、动作美和气质美。正因为这样，形体训练越来越受到人们的重视。

1. 广泛的群众性和针对性

根据各自不同的年龄、性别、能力、爱好，不论男女老少，不论何种职业，都可以参加改善和发展身体某部分需要的各种形式的形体训练。形体训练不仅能够使机体新陈代谢旺盛，各器官功能得以改善，增强体质、延年益寿，同时也可以有针对性地改善身体某一部分（发达肌肉、祛脂减肥、矫治畸形），使体形匀称、协调优美。

2. 内容和方法的多样性

形体训练的内容非常丰富。形体训练有作用于身体局部练习的系列作用，也有作用于身体整体练习的单个动作；有作用于形体练习的健身系列的成套动作，也有用于矫治康复的专门动作。每个动作的设计和成套动作的编排，都是严格按照人体结构，有顺序、有目的地设计和编排的。形体训练的器械更是繁多，有专门的单项器械，有联合器械，还有自制的娱乐器械。

从训练的形式上看，有单人练习，也有双人练习，还有集体练习；有徒手练习，也有持轻器械练习；有站姿练习，也有坐姿练习，还有垫上练习；有柔和的慢节奏练习，也有动感很强的快节奏练习；有局部练习，也有全身性练习。

从形体训练的方法上看，形体训练是在人体解剖学、运动心理学、运动训练学、运动生理学、人体艺术造型学等科学理论指导下进行的。根据不同的训练目的、不同水平、不同年龄和不同性别，应选择不同的方法。

3. 灵活性

形体练习大多为徒手练习，也可以广泛利用把杆辅助，可以是集体，也可以是个人；可以在同一时间内，也可以分散安排，不同的性别、年龄、体质、体型、素质，以及不同的地点和器材均可进行。只要练习者有计划地安排，不间断地进行科学训练，目的就能达到，它不受场地、器材、时间的限制。

4. 艺术性

音乐是形体训练的灵魂，它是形体训练必不可少的组成部分。它可以丰富练习者的想象力和表现力，激励练习者尽力完成形体训练的计划，并帮助其履行那些枯燥的练习程序，把握动作的节奏，准确地完成动作。同时也可以激发练习者的欲望和激情，使人在锻炼中更加愉快，更有兴趣，达到忘我的境界。特别是根据不同风格的乐曲，选择和创造出不同风格、形式的形体训练动作，可以提高成套形体练习的感染力，提高练习者的音乐素养，培养其良好气质，愉悦身心。

（二）形体训练的功能

1. 有效地锻炼人体各个部位

形体训练在内容上注意采用了整体训练与分部位训练相结合的方法，为全面并有重点地锻炼、"雕琢"人体提供了条件。通过形体训练，既可以使肌肉的控制能力增强，又能培养正确的感知觉，锻炼身体的某部位或发展某项素质，在锻炼形体美的同时，进一步提高身体美的健康水平。

2. 符合青少年追求美的愿望

爱美是人的天性。当今时代，青少年不仅要求身体更健康，还要求更健美。形体训练就是把"美"的意蕴有意识地注入形体塑造中去，以人体科学为基础，通过各种训练手段和方法，提高肌肉控制力、动作表现力以及协调性、灵活性等，从而获得健美的体态、健康的体魄。

3. 具有一定的艺术性要求

形体训练的动作要求准确、协调、幅度大、节奏感强、姿态优美，并要求在音乐伴奏下进行训练，无论是局部训练还是整体训练都应充分体现美的韵律、美的感觉，在完成训练的过程中充分体现动态美的艺术要求。

4. 可以培养人的内在气质

体育造就人体美不单纯在于塑造形体，还在于通过锻炼将开朗、豁达、真诚、进取等精神灌注到人的心灵中，使人动作和姿态富有美的韵味，从而真正展示出人体的文化素养。经过系统形体训练的青少年，除了身体匀称外，还表现在举止得体，坐、立、行落落大方，能够充分展示出青少年蓬勃向上的精神活力。通过形体训练获得的形体美能够反映出一个人的精神面貌与气质，是展现人内在美的一个窗口。

三、形体美的评价

美，是人类文明的象征。热爱美，追求美，是人们共同的愿望。中国有句俗话"爱美之心人皆有之"，美是人们共同追求的目标，特别是在人民生活水平不断提高、科技飞速发展、美的观念不断改变，在健身风日趋强烈的影响下，人们对于形体美的鉴赏也日益升华和更趋开放，而形体练习对于形体美的意义是不言而喻的。人类的审美对象很多，大约可以分为自然美、艺术美、生活美以及人体美，也常称作个体美、个性美，包含人的体型美、姿态美、动作美和风度美，这些美的要素构成了人体内外的一致美，这种美是所有审美对象中最深刻、最动人的一种美。美学家认为人的形体美是世界万物中最协调、最均衡的一种美。

人的形体美就其形成方式而言，可分为自然美和修饰美两种，而这两种美应以自然美为主，修饰美为辅。人的形体美的基本特征之一就是自然。自然形成的人体解剖结构最适合于人体的各种生理功能。一切美的自然事物（包括人体）都在不同的方面和不同程度上具有一定的形式美，通过形式或形象美鲜明地表现出它的种类（如人、人种或民族）的普遍性和本质，因此人体的自然美又是最有一般性的美，是最有普遍意义的美。这种美带有质朴、纯真的特点，因而也是最感人的。

形体美主要是指人体的外形美、身体匀称、比例和谐。表现为发育匀称（身高、体重、胸围、臀、肩宽、大腿围等各种围度比例恰当），骨骼坚强，肌肉发达，肤色健康等。一般认为关节粗大突出是不美的；X 形腿、O 形腿、鸡胸等都是不美的。人的体型可以通过改善营养结构、形体练习以及各种力量和耐力项目的锻炼而发生变化，这是因为人的运动器官具有不同程度的可塑性。经过长期的锻炼，骨骼、关节、肌肉和韧带可以发生一定的适应性的形变，特别是肌肉的变化，可以使人外部形状发生变化，影响人的体型。人体各项形态指标受遗传和环境影响的比例并不一致，这就更为改变体型提供了可能性，如身高、坐高、头宽、腿长、臂长等指标受遗传影响较大，而胸围等受遗传影响较小。可以通过锻炼，在纵向指标相对固定的情况下，改变各部位的围径来改善各身体各部分比例关系，使之较为协调，通过锻炼再现人的力量美和形体美。人的形体美一般应满足以下要求：

（1）均衡。一个健康的体型应给人产生两种感觉，即竖着的直立感和横着的开阔感。取得这两种感觉的前提是均衡。所谓均衡是指各部分要达到恰当的比例关系，而这种比例关系应符合他（她）的同族、同类、同龄人的基本特征。

（2）对称。人的对称是指左右对称，即从正面看和后面看达到两侧的平衡发展。要做到对称轴的竖着，几条水平线（肩线、髋线、眉线）保持水平位置。

（3）对比。人的体型美要取得对比的关系效果，首先要达到性别对比效果，要取得性别的自然特征。其次要注意躯干与肢体部位色泽的对比，如毛发与皮肤、眼白与瞳孔等。

（4）曲线。人的体型还应取得曲线美的感官效果，即做到轮廓流畅、鲜明、简洁、线条起伏、对比起伏恰到好处，并具有性别特征，女子线条纤细连贯、平滑流畅；男子曲线粗犷刚劲，肌肉垒块分明。女子的曲线主要显示出柔润之美，男子的曲线要显示出力量之美。

姿态美是指姿态动作的美，是身体各部分的配合而呈现出来的外部形态的美，具有造型性因素。姿态动作的美，是基于人的体型美，但又不同于体型美，它比体型美更具有深刻的意义。人体的姿态、动作、行为大多是后天形成的，正确优美的动作姿态，可以通过形体练习培养其正确的动作姿态，做到坐要正，站要直，走要自然，各种动作舒展大方。身体各部位处于最合理的位置，在外观上给人以美感。

优美的站立姿势，重点在脊柱。站立应做到挺、直、高、挺，就是在站立时身体各主要部位尽量舒展，挺胸抬头，下颌微回收，颈要直，髋、膝部不要弯曲，给人一种挺拔的感觉。直，就是站立时脊柱尽量和地面保持垂直。脊柱是人体保持优美站立姿势的关键部位，但它并不是笔直的，在颈、胸、腰等处均有向前或向后的正常生理弯曲。人在站立时，只要做到微收下颌，微挺前胸，微塌下腰，使这些正常的生理弯曲表现出来就可以给人笔直的印象。高，就是站立时身体重心要尽量提高，腿不宜分得过开。

坐的仪态：坐要端正、舒展、大方。人在坐位时，臀部是支点，优美的坐姿取决于支点两侧的部位以及腿和上体的姿势。不同环境与场合坐姿也是有区别的。

走路的仪态：走路用腰力，要有韵律感。走路时腰部松懈，会有吃重的感觉，不美观；拖着脚走路，更显得难看。走路的优美姿势应以胸带动肩轴摆，提髋提膝小腿迈，跟落掌接趾推送，双眼平视背放松。走路的美感产生于下肢的频繁运动与上体稳定之间所形成的对比和谐,以及身体的平衡对称。

总之,评价人体形态美的标准是比较复杂的,涉及的因素比较多,因此形态美的标准应是相对的。人的美不仅仅是外表的美,还有内在的气质,是"综合美"在一个人身上的体现。青少年正处于长身体、长知识的时期,培养正确的动作姿势,塑造健美的形体是广大青少年健康成长的基础,也是社会精神文明和物质文明的重要组成部分。

第二节 形体训练基本动作

形体美的基本动作,是进行形体运动练习的基础,它在形体锻炼中起着非常重要的作用,也是进行形体锻炼不可缺少的内容之一。

在进行形体锻炼时,首先要从最基本的动作学起,明确基本动作的做法,并较规范的掌握动作。应遵循由易到难,由简到繁,循序渐进的原则,为进行较复杂的练习和成套动作练习打好基础,使锻炼真正达到预期的目的。

一、脚和腿的基本动作

1. 自然站立
动作做法:两脚跟并拢,脚尖分开大约 15 到 20 厘米的距离(见图 15-1)。
2. 开立
动作做法:两脚向两侧分开站立,两脚的开度和肩同宽(见图 15-2)。
3. 点站立
动作做法:一脚站立,另一脚向前(侧、后)伸出,脚尖点地(见图 15-3、图 15-4、图 15-5)。

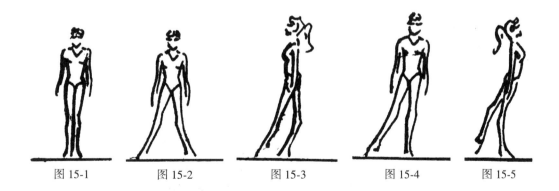

图 15-1   图 15-2   图 15-3   图 15-4   图 15-5

4. 芭蕾脚的五个基本位置
(1)一位。动作做法:两脚跟并拢,脚尖向外侧打开,两脚成一横线(见图 15-6)。
(2)二位。动作做法:两脚跟相对,左右分开相距一脚站立,脚尖向外侧打开成一横线(见图 15-7)。

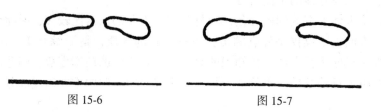

图 15-6　　　　　　　　　　　　　图 15-7

（3）三位。动作做法：脚尖向外侧打开，前脚外侧与后脚内侧重叠一半站立（见图15-8）。

（4）四位。动作做法：两脚尖向外侧打开，前脚尖与后脚跟平行，两脚间距约一脚左右（见图15-9）。

（5）五位。动作做法：两脚尖向外侧打开，两脚前后重叠平行相靠（见图15-10）。

图 15-8　　　　　　图 15-9　　　　　　图 15-10

要求：所有的站立姿势保持身体挺拔、两腿夹紧、收臀，收腹、立腰、挺胸、梗头、肩部放松。在做芭蕾脚的五个位置站立动作时，要注意两脚的开度尽量充分，身体重心放在两脚之间。

5. 腿步的摆动和绕环

（1）腿部的摆动：

前、后摆动：一脚支撑，另一腿向前上方摆至水平部位，然后再经下向后摆动（见图15-11）。也可作屈膝的前、后摆动。

向前踢腿摆动：一脚支撑，另一腿用力向前上方踢起至最大限度，然后还原成直立（见图15-12）。

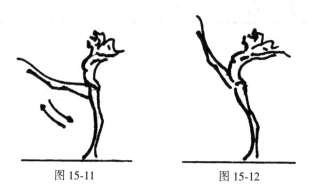

图 15-11　　　　　　　　图 15-12

向侧踢腿摆动：一脚支撑，另一腿用力向肩侧上方踢腿至最大限度后还原成直立（见图 15-13）。

向后踢腿摆动：一脚支撑，另一腿用力向后上方踢起至最大限度后还原成直立（见图 15-14）。

图 15-13　　　　　　　　　图 15-14

要求：做腿部的摆动动作时，支撑腿必须伸直，摆动要有一定的速度，特别是在做向前、侧和后的踢腿摆动时，要尽量使动作幅度加大，并充分用力，腿下落时要轻，速度要放慢。

（2）腿部的绕环：

踝部的绕环：单（双）脚做由内向外或由外向内的小绕环动作（见图 15-15）。

膝部的绕环：双脚站立，两膝同时做向左向、右的绕环动作或单脚支撑，另一腿屈膝做向内、外的绕环动作（见图 15-16、图 15-17）。

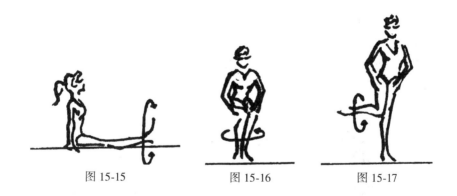

图 15-15　　　　　　　图 15-16　　　　　　　图 15-17

髋部的绕环：双脚站立，髋部做向左、向右的水平绕环或一脚支撑，另一腿做用内侧踢腿向外绕环的动作，也可由外向内做相反方向的动作。

要求：腿部绕环动作的速度要均匀，不宜突然用力，幅度尽量大，绕环的关节松弛。

二、手臂的基本动作

1. 两臂同方向的举

（1）前平举。动作做法：两臂前举至水平部位，掌心向下，向上或相对（见图 15-18）。

（2）侧平举。动作做法：两臂向各自的侧方抬起至水平部位，掌心向上、向下或向前（见图 15-19）

（3）上举。动作做法：两臂向上举至垂直部位，掌心向前或相对（见图 15-20）。

（4）前上举。动作做法：两臂向前抬起至前上 45 度的方向，掌心向上或向下（见图 15-21）。

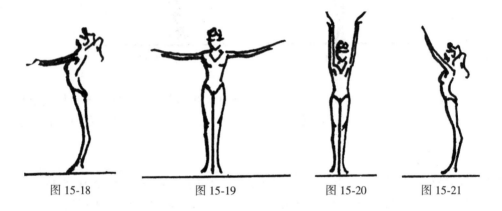

图 15-18　　　　　图 15-19　　　　　图 15-20　　　　　图 15-21

（5）前下举。动作做法：两臂向前抬起至前下 45 度的方向，掌心向上或向下（见图 15-22）。

（6）侧上举。动作做法：两臂向各自的侧方向抬起至侧上 45 度的方向，掌心向上或向下（见图 15-23）。

（7）侧下举。动作做法；两臂向各自的侧方抬起至侧下 45 度的方向，掌心向上，向下或向前（见图 15-24）。

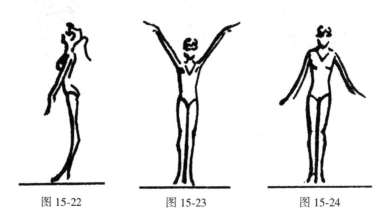

图 15-22　　　　　图 15-23　　　　　图 15-24

2. 两臂不同方向的举

（1）一臂前举，另一臂前上举（见图 15-25）。

（2）一臂前上举，另一臂后下举（见图 15-26）。

（3）一臂侧上举，另一臂侧下举（见图 15-27）。

（4）一臂后上举，另一臂前下举（见图 15-28）。

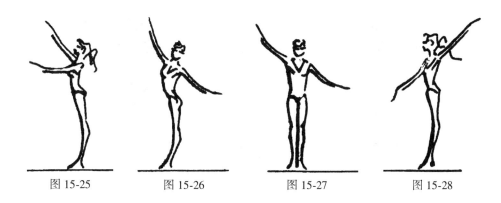

图 15-25　　　　　图 15-26　　　　　图 15-27　　　　　图 15-28

要求：所有手臂举的动作要正，部位要准确，手臂必须伸直，肩部放松，身体姿势同站立动作的要求。

3. 芭蕾手臂的七个基本位置

（1）一位。动作做法：两臂于体前成弧形，掌心向前，指尖相对，手臂稍离身体（见图 15-29）。

（2）二位。动作做法：两臂前举（稍低于水平），手臂成弧形，掌心向内，指尖相对（见图 15-30）。

（3）三位。动作做法：两臂成弧形上举，掌心相对（见图 15-31）。

（4）四位。动作做法：两臂成弧形，一臂上举，掌心向外，另一臂前举，掌心向内（见图 15-32）。

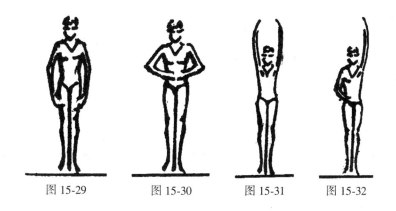

图 15-29　　　　　图 15-30　　　　　图 15-31　　　　　图 15-32

（5）五位。动作做法：一臂上举，掌心向内，另一臂侧举，掌心向前，两臂成弧形

（见图 15-33）。

（6）六位。动作做法；一臂侧举，掌心向前，另一臂前举，掌心向内，两臂成弧形（见图 15-34）。

（7）七位。动作做法：两臂成弧形侧举，掌心向前（见图 15-35）。

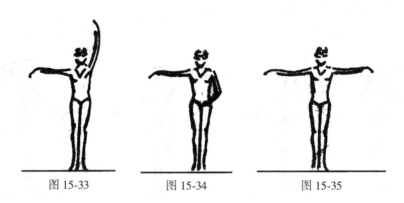

图 15-33　　　　　　图 15-34　　　　　　图 15-35

4. 手臂的摆动和绕环

（1）手臂的摆动：

两臂同时向前，后方向摆动：以肩为轴，两臂向前摆至水平部位，接着再向后摆动，掌心向下（见图 15-36）。

两臂同时向左右方向的摆动：以肩为轴，两臂同时做向左侧摆至水平部位，接着再向右摆动，掌心向下（见图 15-37）。

两臂同时做一前一后的摆动：以肩为轴，一臂向前摆动到水平部位，另一臂同时向后摆动，掌心向下（见图 15-38）。

两臂同时向内外的摆动：以肩为轴，两臂由侧举同时向内摆动至两臂体前交叉，接着两臂同时做向侧摆动至水平部位。向内摆动时，掌心向上，向外摆动时，掌心向下（见图 15-39）。

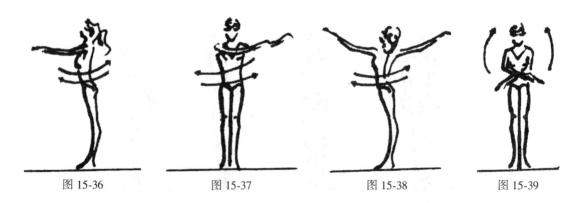

图 15-36　　　　　　图 15-37　　　　　　图 15-38　　　　　　图 15-39

要求：做摆动动作时，身体要保持直立，肩关节放松，臂要伸直，动作幅度要大。

（2）手臂的绕环：

手臂的绕环分大绕环、中绕环和小绕环三种形式，一般以肩为轴的环绕为大绕环，以肘关节为轴的绕环为中绕环，以腕关节为轴的绕环为小绕环。这里介绍的是几种常用的大绕环的动作，在练习时，要注意动作的细节，以免和手臂的摆动、绕的动作混淆。

区别手臂的摆动、绕和绕环的方法是：两臂移动范围在180度以内的运动为摆动；两臂移动范围在180度以上、360度以内的运动为绕；两臂移动范围在360度以上的运动为绕环。

两臂向内大绕环：两臂侧平举，以肩为轴，经头上体前交叉向内绕环至侧平举（见图15-40）。

两臂向外大绕环：动作同向内大绕环，唯手臂运动的方向相反。

单臂向后大绕环：一臂自然下垂不动，另一臂以肩为轴，手臂有体前经上向后做绕环（见图15-41）。

两臂同时向后大绕环：动作同单臂向后大绕环，唯两臂同时做动作。

两臂依次向后大绕环：一臂前上举，另一臂后下举，掌心向下，两臂以肩为轴，同时做向后的依次大绕环。动作同单臂向后大绕环，唯两臂依次做动作（见图15-42）。

两臂向左大绕环：两臂向右侧平举，以肩为轴，经体前下向左侧做同时的大绕环（见图15-43）。

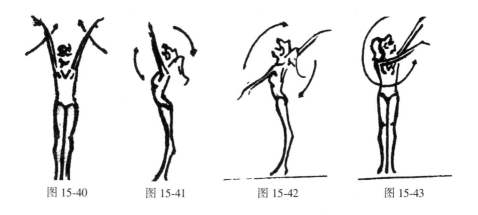

图15-40　　　　图15-41　　　　图15-42　　　　图15-43

两臂向右大绕环：动作同向左大绕环，唯手臂的运动方向相反。

要求：手臂的各种绕环动作方向要正，手臂的运动路线要准确，肩部充分放松，幅度要大，动作速度要稍慢。

三、躯干的基本动作

（1）胸部的含、展：充分含胸低头，同时用力弓背，然后再挺胸抬头，使后背挺直。可将双手背于体后或叉腰做，也可两臂侧平举做（见图15-44、图15-45）。

要求：动作幅度要大，用力均匀，身体尽量松弛些。

（2）躯干弯曲：上体做向前、向侧或向后的弯曲动作（见图15-46、图15-47、图15-48）。可采用站立、开立、跪姿或坐姿做练习，动作幅度可大可小。

图 15-44   图 15-45

图 15-46   图 15-47   图 15-48

要求：做躯干弯曲时，要注意保持正确的身体姿势，手臂动作要与身体动作配合协调一致。

（3）腰部绕环：上体由体前屈向左（右）侧方向做水平绕环。手臂可配合身体做动作。

要求：绕环时，两腿不要弯曲，身体尽量保持在一个水平面上运动。也就是说，各方向和各部位的幅度要同样大小。

第三节　形体训练基本步伐

一、基本步伐

1. 柔软步

预备姿势：自然站立。

动作做法：一脚支撑，另一脚向前迈出，前脚掌过渡到全脚掌着地，重心前移，异侧手臂向前摆，另一手臂向后摆，然后换另一腿做动作，以此类推。

要求：（1）向前抬腿时，脚面膝盖向外打开并充分绷直。（2）动作要自然、柔和。（3）只有收腹、挺胸、梗头、手臂摆动要协调、自然。

2. 足尖步

预备姿势：两脚提踵站立，双手叉腰。

动作做法：一脚支撑，另一腿向前下方抬起，脚面膝盖绷直，前脚掌着地，同时重心前移，然后换另一腿做动作，以此类推。

要求：（1）向前抬腿时，脚面膝盖要向外打开并充分伸直。（2）立踵要充分，越高越好。（3）动作中，上体保持正直，重心平稳。（4）步幅要稍小于柔软步。

3. 滚动步

预备姿势：两脚提踵站立，双手叉腰。

动作做法：一脚跟下落成全脚掌着地，另一脚屈膝绷脚，脚尖前点地，并向前拖脚大约 15 厘米，然后换另一脚在前做动作，以此类推。

要求：（1）动作中，髋关节保持紧张。（2）支撑腿要充分伸直。（3）动作速度要均匀，不宜突然。（4）上体保持正直，不要随意晃动。

4. 跑步（柔软跑）

预备姿势：自然站立。

动作做法：一脚蹬地，另一腿屈膝向前上方抬起，脚面绷直。然后前腿边伸直边下落，前脚掌过渡到全脚掌着地，重心前移，另一腿再抬起继续做动作，以此类推。

要求：（1）脚每次离地必须马上绷脚面。（2）动作要轻松并有弹性。（3）两臂协调配合前后摆动。（4）重心充分向上，臀部不要下坐。

5. 并步跳

预备姿势：自然站立，双手叉腰。

动作做法：右脚支撑，左脚向前一步，前脚掌过渡到全脚掌着地，同时屈膝成弓步，重心前移，然后左脚用力向上蹬起离地，空中右脚与左脚并拢，脚面膝盖绷直，接着右脚落地屈膝缓冲，左脚再继续做动作（见图 15-49）。

图 15-49

要求：（1）上体保持正直、梗头。（2）蹬地时要充分用力。（3）跳起离地后，两脚要伸直并拢，脚尖绷直。（4）重心始终前移，不要往后坐。

6. 跑跳步

预备姿势：自然站立，双手叉腰。

动作做法：右脚蹬地向上跳起，同时左脚屈膝向上抬起至水平部位。然后右脚落地后换左脚蹬地继续做动作，以此类推（见图 15-50）。

图 15-50

要求：（1）蹬地的脚离地后，膝盖脚面要充分伸直。（2）掌握好两臂交替的时间。（3）尽量将腿抬至水平部位。（4）动作要轻松、活泼。

7. 踏跳补

预备姿势：自然站立。

动作做法：一脚向前上一步蹬地向上跳起，另一腿伸直后举，同时异侧的手臂前举，另一手臂侧举。然后前脚落地稍屈膝缓冲，再换另一腿做动作，以此类推（见图 15-51）。

图 15-51

要求：（1）两腿和脚面在空中要充分伸直。（2）跳起要轻松。（3）手臂和腿要协调配合。

二、舞步

1. 变换步

预备姿势：自然站立，双脚叉腰。

动作做法：左脚向前一步，右脚并于左脚，接着左脚再向前一步，重心前移，右腿伸直，脚尖点地，然后再换另一脚做动作（见图 15-52）。该动作除向前做以外，还可以向侧和向后做。可做点地的，也可做举腿、屈膝举腿和半蹲点地的等等。可根据需要选择不同的做法。手臂可配合腿做各种部位的举、摆动、绕和环绕等动作（见图 15-53）。

图 15-52

图 15-53

要求：（1）出腿时，脚面膝盖要绷直并向外打开。（2）加手臂动作时，要注意动作的规格。

2. 华尔兹步

预备姿势：站立，双手叉腰。

动作做法：左脚向前一步，前脚掌过渡到全脚掌着地，稍屈膝，重心前移，右脚经屈膝前伸后，向前做两次足尖步。然后再换另一腿做动作（见图 15-54）。还可以向侧和向后做。

图 15-54

要求：（1）第一步动作幅度要大些，后面两个足尖步幅要稍小。（2）动作要柔和，上下起伏要明显。（3）出脚时，注意脚面膝盖外开并充分伸直。

第四节　形体基本素质训练

形体基本素质练习是形体训练最重要的内容之一。通过大量的练习，可对人体的肩、胸、腰、腹、腿等身体各部位进行强化训练。可以加强腿部支撑人体站立、立腰、立背的力量以及身体各部位的柔韧性，为塑造人体良好的人体外形形态，改善人体的控制力打下良好的基础。

一、腿部力量和柔韧性训练

1. 勾、绷脚面练习（见图 15-55）

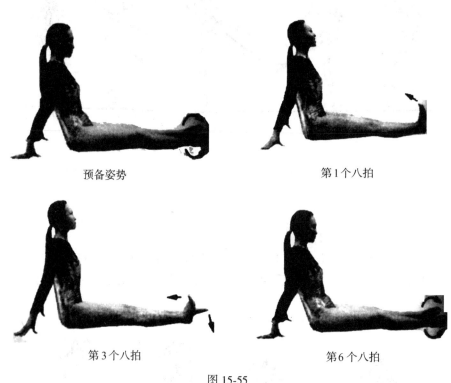

预备姿势　　　　　　　　　　　　　第 1 个八拍

第 3 个八拍　　　　　　　　　　　　第 6 个八拍

图 15-55

预备姿势：直角坐于地毯上，双臂置于体侧，中指尖点地。
动作方法：
第 1 个八拍：
第 1~2 拍，用力勾起双脚脚趾。
第 3~4 拍勾起脚面，脚跟用力前蹬，使脚面与小腿的角度越小越好。

第 5~6 拍动作同 1~2 拍。

第 7~8 拍绷脚面还原成开始姿态。

第 2 个八拍同第 1 个八拍。

第 3 个八拍的 1~2 拍勾右脚，3~4 有双脚交换，5~8 拍动作同 1~4 拍，反复一次。

第 4 个八拍 1~2 拍勾左脚，3~4 拍双脚交换，5~8 拍动作同 1~4 拍，反复一次。

第 5 个八拍 1~2 拍，双脚勾，3~4 拍双脚外分开至最大限度，5~6 拍，双脚经外侧向前，7~8 拍绷脚尖。

第 6 个八拍，1~2 拍同第 5 个八拍的 5~6 拍，3~4 拍，同第 5 个八拍的 3~4 拍，5~6 拍同第 5 个八拍的 1~2 拍，7~8 拍同第 5 个八拍的 7~8 拍。

要求：保持紧臂、立腰、立背、挺胸、立颈、微抬头的姿态，双腿并拢伸直，绷好脚面。

2. 举腿勾、绷脚练习（见图 15-56）

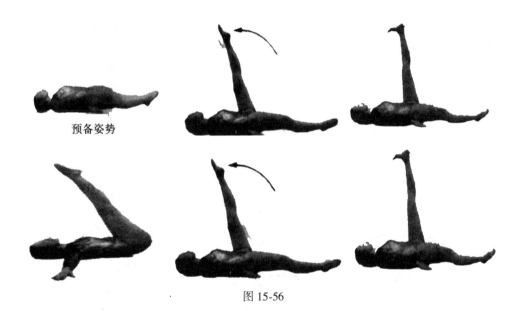

图 15-56

预备姿势：平躺在地毯上，收腹、挺胸、绷脚面，双手心向下置于体侧。

动作方法：

第 1 个八拍：

1 拍，左脚向正方向绷脚面举起。

2 拍勾脚面。

3 拍绷脚面。

4 拍还原成预备姿势。

5~8 拍：双脚向正方向绷脚面举起，动作同 1~4 拍。

第 2 个八拍同第 1 个八拍，动作相同，换脚做。

要求：勾绷脚面练习时，双腿要伸直，控制好身体形态。

3. 立姿踢腿（图 15-57）

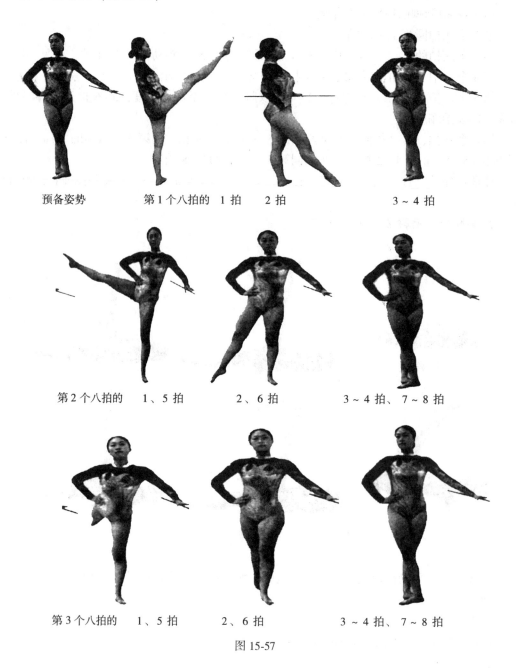

预备姿势　　　第1个八拍的　1 拍　2 拍　　　　　　3～4 拍

第2个八拍的　　1、5 拍　　　2、6 拍　　　3～4 拍、7～8 拍

第3个八拍的　　1、5 拍　　　2、6 拍　　　3～4 拍、7～8 拍

图 15-57

预备姿势：身体左侧对把杆站立，右手叉腰，左手扶杆。

动作方法：

第1个八拍：

1 拍用力向正前方踢出。

2 拍有控制地回落至前点地的位置，3～4 拍擦地收回左腿成预备姿势。5～8 拍同 1～4 拍。

第 2 个八拍的 1 拍，用力向正侧方向踢出，2 拍回落在正侧方点地，3~4 拍擦地回收，右腿还原成预备姿势。5~8 拍同 1~4 拍。

第 3 个八拍的 1 拍，用力向正后方踢出，2 拍回落至后点地的位置，3~4 拍擦地回收成预备姿态，5~8 拍同 1~4 拍。

第 4 个八拍同第 2 个八拍，交换腿练习。

要求：上体保持抬头、挺胸、立腰、立背的形态，踢腿时脚尖绷直，膝盖不能屈；侧踢时，髋关节不能晃动和收胯或送胯。

二、髋部柔韧性练习

1. 开胯练习（见图 15-58）

图 15-58

预备姿势：练习者含胸坐在地毯上，双屈膝，脚尖点地，双手撑于膝关节处。
动作方法：

第 1 个八拍的第 1~2 拍，双手推膝关节成开胯姿势下压一次，3~4 合拍，膝还原成预备姿势。5~8 拍同 1~4 拍。

第 2 个八拍为一拍一动，开胯时，脚心相对，侧屈膝，一拍一下压，颤动一次。

第 3、4 个八拍，双手用力下压膝关节，控制在两个八拍。

要求：保持立腰、立背、挺胸，用力下压。

2. 开胯练习（见图 15-59）

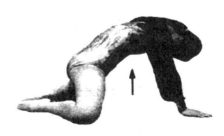

图 15-59

预备姿势：双脚屈膝，脚心相对，俯撑于地面。
动作方法：

第1个八拍的第1~2拍提臀，提腰，低头，含胸。3~4拍压胯，塌腰，抬头。5~8拍同1~4拍。

第2个八拍，一拍一动快速下压膝关节。

第3、4个八拍，把膝关节压至最大限度，控制在两个8拍。

要求：脚心相贴紧，有意识下沉臀部，做控制时，大腿尽可能打开至最大限度。

3. 平躺单臂触腿外侧练习（见图15-60）

图 15-60

预备姿势：脸朝上平躺在地毯上，背部紧贴地面，双手置于体侧，掌心朝下。

动作方法：

第1个八拍的前1~4拍，将左手放在右大腿外侧，将右膝压向左侧的地面，5~8拍保持第4拍的姿势，控制4拍。

第2个八拍时重复上述动作，改为屈左膝并将它压向右侧。

反复练习八个八拍。

要求：平躺时，背部要紧贴地面，并使头部与脊椎骨保持在一条直线上。

4. 平躺屈膝双手触大腿内侧练习（见图15-61）

图 15-61

预备姿势：脸朝上，平躺在地毯上，屈膝并让双腿踩在地上，背部紧贴地面。

动作方法：

第1个八拍的1~4拍，双膝分开，脚后跟相互并拢，双手放在两大腿的内侧，用力向下压3次。

5~8拍，双膝并拢屈膝，反复练习4个八拍。第5个八拍时，双手使两腿屈膝分开，用最大下压控制两个八拍。

要求：背部紧贴地面，收腹，同时两脚跟脚心相对并拢，并尽可能向臀部处靠近。

第十六章 瑜　　伽

第一节　瑜伽概述

瑜伽起源于印度，流行于全世界。古老的瑜伽文化在传播和发展的过程中，人们更多地是将它视为一种科学锻炼的方法，用于增进身体、心智和精神的健康。瑜伽与其他锻炼方法有着明显的区别：瑜伽注重"内外兼修"，运动方式相对舒缓，体位练习法需要将呼吸与每个姿势和动作配合，并强调练习过程的专注；瑜伽没有竞技性，强调每个人在自己的能力范围之内活动，任何年龄段、任何身体状况的人都能从庞大的瑜伽锻炼体系中找到适合自己的锻炼内容。

常练瑜伽可以帮助人们释放和舒缓精神上的压力和紧张，培养集中注意力的能力并提高学习、工作的效率。瑜伽练习可以强身健体，主要改善人体柔韧、力量和平衡等方面的身体素质。瑜伽通过推、拉、扭、挤、伸等各种动作不仅可以增进脊柱的健康，还能按摩和强化内脏器官，以加强内分泌系统的功能，预防和辅助治疗各种慢性疾病。瑜伽风靡世界，备受明星、百姓推崇，还源于它有明显的美体塑型功效。

第二节　瑜伽呼吸法基本体位技术要领及功效

一、瑜伽呼吸法

1. 胸式呼吸

（1）跪坐于脚跟上，背挺直，先进入自然的呼吸。

（2）将双手掌心向内，四个手指朝前，拇指朝后，轻轻地拢住肋骨两侧。吸气时，感觉肋骨向外扩张，扩张的力量会轻轻地推开手掌；呼气时，感觉肋骨向内收缩，手掌随着肋骨回缩向内合拢。

（3）反复进行3~5分钟之后，将手掌放下，试着保持这种呼吸方式。

2. 腹式呼吸

（1）仰卧于垫子上，双腿打开，一只手放于腹部，另一只手放于胸部。

（2）做15~20次缓慢的呼吸。吸气时，腹部向上鼓起；呼气时，腹部向下收缩，肩胸部不动。可以用手感觉自己的呼吸是否符合标准。

（3）在吸气和呼气之间请暂停几秒钟，同时保持喉部处于放松状态。

3. 完全呼吸

（1）仰卧于垫子上，屈膝，双脚平放，与髋同宽，放松。

（2）吸气时，腹部、肋骨、胸部依次向上鼓起，暂停几秒钟。

（3）呼气，同时舒张胸部和肩部肌肉，慢慢持续收缩腹肌，再次暂停几秒钟。

（4）重复以上步骤。

二、体位法技术要领及功效

（一）站立体式

站立体式富有动感，能激发能量，是其他体式的基础。在站立体式中，身体的重量要均匀分布在脚跟和脚趾上，两腿要均衡受力。通过站立体式，练习者可以逐步熟悉骨骼和肌肉的各个部位，并学会利用意识使这些部位运动起来，变得更有主动性。

1. 站士二式（图 16-1）

图 16-1　站士二式

功能：可以使腿部肌肉更为匀称，强健。同时，它也能缓解小腿和大腿肌肉痉挛，增强腿部和背部肌肉的弹性，加强腹部器官。腹式呼吸法熟练后方可进行完全呼吸练习。

动态版本：走或跳至图①的位置，进入图③后，图③和图④交替进行，重复 3~8 次，以呼气结束，再反向执行到图①。然后，换右边重复组动作。

静态版本：按动态版本执行，在完成图①~④后自然呼吸保持 3~8 个呼吸时间。反向执行这组动作，恢复图①，再换后边动作。

2. 站士一式（图 16-2）

功能：能充分扩展胸腔，有助于深度呼吸，可缓解肩部和背部肌肉的僵硬，强健脚踝和膝盖，对颈部的僵硬也有治疗效果，同时还能减少臀部的脂肪。

动态版本：走或跳至图①的位置，进入图③后，图③和图④（这里不用抬头）交替进行，重复 4~8 次，以呼气结束，再反向执行到图③。然后，换右边重复这组动作。

静态版本：按动态版本执行，在完成图④后自然呼吸保持 4~8 个呼吸时间。反向执行这组动作，恢复图①，再换后边动作。

3. 三角伸展式（图 16-3）

功能：能强壮腿部肌肉，去除臀部和腿部的僵硬；同时能缓解背部疼痛，增强脚踝，强健胸部；此外，还可以消除身体侧面多余的脂肪，使人体态轻盈。

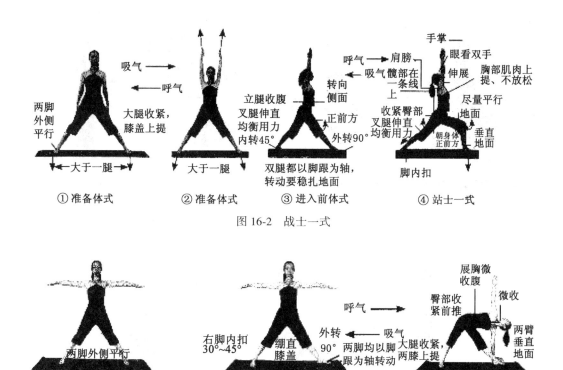

图 16-2 战士一式

图 16-3 三角伸展式

描述：走或跳至图①，进入图③时应先侧弯再转头向上看，下侧手可以轻放在脚踝或者小腿上，也可以像图中所示放在瑜伽砖上。如果身体柔韧度可以，下侧手可手指甚至手掌触地，但要放于小腿外侧。在图③的位置上自然保持呼吸 3~8 个呼吸的时间。反向执行这组动作，恢复图①，再换右边动作。

（二）平衡体式

1. 树式（图 16-4）

功能：能强壮腿部肌肉，锻炼平衡感，还可以使人拥有挺拔、优雅的姿态。

描述：保持图③3~8 个，甚至 16 个呼吸的时间，注意力集中在温和地伸展脊柱和脖子以及腿、脚着地的感觉上。双腿要对称练习并保持呼吸时间相等。

如果练习过程中站立不稳，可以根据个人情况完成图①和图②，也可将脚放于支撑腿小腿或膝盖内保持身体稳定。

2. 鸟王式（图 16-5）

功能：能强健脚踝，消除肩部僵硬，还可以防止小腿肌肉痉挛。

描述：保持图（3）3~8 个，甚至 16 个呼吸的时间，注意力集中在保持手臂和视线居中，身体挺直，以及膝盖对着正前方上。如果练习过程中站立不稳，可降低难度，双臂互抱或展开。

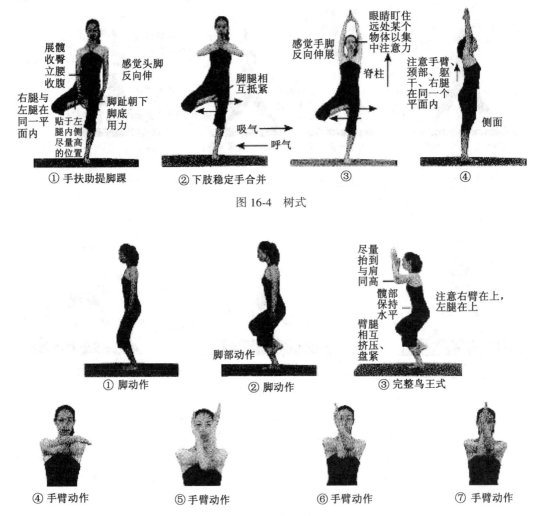

图 16-4 树式

图 16-5 鸟王式

（三）腹部体式

船式（图 16-6）

功能：可以缓解腹部胀气，也有助于减轻胃部疾患，还有助于消除腰部脂肪，增强肾脏。

描述：保持 3~8 个呼吸时间，注意力集中在保持脊椎和双腿伸直上。

生理期不可以做。

小贴士

患有严重月经不调、子宫异位、白带异常者一定不能练习这些姿势。患有腰椎间盘突出及背痛者，也应避免练习此类姿势。生理期不能做任何挤压腹部体式。

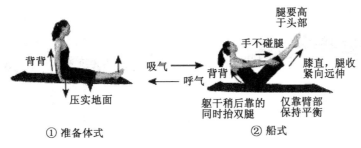

图 16-6 船式

（四）后弯体式

正确的后弯是源自骨盆向上依托依脊柱的伸展，不是腰椎段的弯曲，而是整个胸廓的打开。胸廓的打开包括前后肋骨腔的打开和肩关节的打开。

在练习后弯姿势之前或之后，不要马上练习扭转姿势。练习该类姿势之前，应确保完成热身过程（尤其是背部和肩膀部位），之后应进行前屈姿势进行恢复。

1. 蝗虫式（图 16-7）

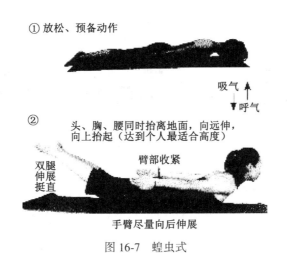

图 16-7 蝗虫式

功能：这个姿势能加强上背部肌肉的力量，增强脊柱的弹性，降低颈部和肩膀的僵硬度，练习对椎间盘突出的人群十分有好处。

描述：保持图②3~8 个呼吸的时间。注意力集中在收缩腹部上。

2. 鱼式（图 16-8）

功能：打开和伸展喉咙，使呼吸系统受益，释放背部上端的张力。

描述：在图②位置上保持 2~8 个呼吸时间，注意力集中在扩胸和轻轻挤压背部上。有能力的继续吸气图③大幅度版本。

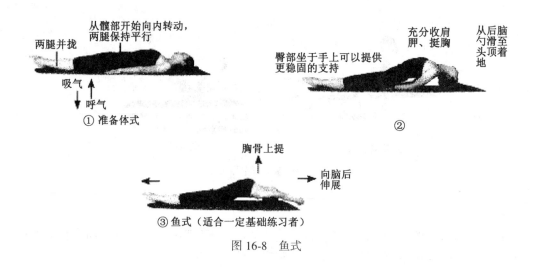

图 16-8　鱼式

（五）前屈体式

1. 单腿头到膝式（图 16-9）

图 16-9　单腿头到膝式

功能：有助于提高腿部后侧的柔韧性并促进背部的伸展，能轻柔地按摩腹脏器官，促进消化和排泄，还可以有效消除腿部和背部的赘肉，是一个同时可以美化腿部和后背的体位法。

描述：保持图③ 4~6 个呼吸时间。注意力集中在保持髋部外开、收腹以及用胸部呼吸上。每次呼气时，再轻松地稍微前弯。双腿要对称练习。

小贴士

前屈类体位法的核心技术是以骨盆根基带动脊柱向前伸展，这时骨盆以髋关节为轴心向前转动，而不是直接在腰椎段发生前弯。

前屈类体位法可以在后弯类、侧弯类和扭转类之前或之后完成。

对于初学者坐姿前倾要比站姿前倾容易完成。

2. 束角式（图 16-10）

功能：有助于保持膝关节、髋关节的柔韧性，改善盆腔、腹部和下背部的血液循环，强健生殖系统，预防坐骨神经痛和疝气。该姿势对女性大有益处，有助于减少经前和经期

图 16-10 束角式

问题的发生。

描述：保持图②或图 6~8 六到八个呼吸的时间。

注意：如果你的背部受过伤，请不要进行图③大幅度版本的练习。

（六）扭转体式

1. 脊柱扭式（图 16-11）

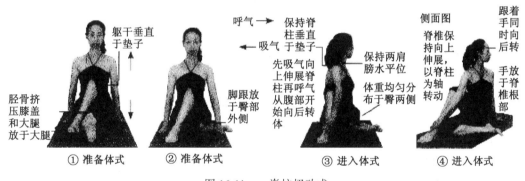

图 16-11 脊柱扭动式

功能：脊柱扭式是使大脑警醒和清楚最有效的姿势。对排列各个脊椎骨的位置特别有用，特别能有效扭转腰部以上的脊椎，缓解背部的疼痛。

描述：保持图③ 3~8 个呼吸的时间，让脊椎伸直，并保持在中间位置。在这个例子中用不被挤压的左胸呼吸，呼气恢复图②，再反向执行这套动作。

小贴士

坐姿扭转主要作用于脊柱上部，仰卧扭转主要作用于脊柱下部，如果你的椎间盘有任何疾患，应咨询医生是否可以练习。

该类动作可以柔韧脊柱，伸展并加强背部和腹部肌肉的力量，按摩内脏器官，增强消化功能。

2. 仰卧屈膝扭转式（图 16-12）

功能：按摩和放松腰骶部，使脊椎排列整齐，按摩腹部器官。

描述：改编于经典体位 Parivartanasana，从图①开始进入图②后还原至图①，再进行相反方向的转动。左右方向各进行三次，每侧最后一次扭转坚持6~8个呼吸。

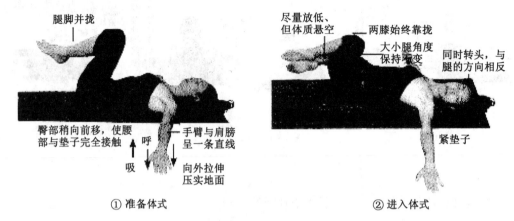

图 16-12　仰卧屈膝扭转式

第三节　瑜伽基本练习方法

一、瑜伽练习的注意事项

1. 心态

练习瑜伽应保持一种平和的心态，切忌好高骛远，一味追求高难的动作。事实上，那些高难度动作所能带来的健康益处与大多数练习者日常练习的 20 种基本动作所带来的益处是相似的。

每个人练习瑜伽的起点不一样，即使你僵如木板、身体瘦弱，你仍然可以通过规律地练习瑜伽来增加身体的柔韧度、肌肉力量、平衡感和心肺功能，从而提高自身的体质水平。因此，按照自己的速度循序渐进地练习才是更为重要的。

瑜伽练习没有竞技性，因此练习过程无需与他人攀比，只和自己比，只和昨天比，只有持之以恒地正确练习才能身心获益。

2. 练习频率

最好坚持每天练习，尽管在练习的初期阶段很难坚持，但记住要享受每次练习的过程，不要让它成为一种强迫性的束缚和苛刻的纪律，温和地对待自己，关注自己每天的感觉，并根据自己的感受调整瑜伽的练习进程。通常，可以从每周练习两次开始。

3. 练习时间

应尝试每天在同一时间练习瑜伽，这样坚持能形成一种自律，并产生最大的效果。清晨是学习或练习的最佳时间，但对于初学者来说，最好是在下午或者晚上开始练习，因为这时身体的肌肉更柔韧。

每次练习的时间可以是 15 分钟，也可以是两个小时。为了获得最佳的练习效果，应准备 60~90 分钟，这样你就有充足的时间完成姿势、呼吸、放松和冥想的练习。刚开始你会发现自己喜欢短时间的练习，但慢慢地你就会逐渐习惯，并延长练习的时间。

4. 练习环境

练习瑜伽应选择通风好、空气清新、安静、温暖的地方，室内、室外均可以。练习的地面应平坦且不要过硬。应避免在阳光直射下练习瑜伽，在烈日下暴晒后也不要马上练习瑜伽。

5. 服饰

穿宽松、轻便、舒适的服装练习瑜伽，以便让身体可以自由地活动。女性的内衣不宜过紧，以免使呼吸或循环受限。尽管瑜伽练习赤脚为佳，但如果太冷，也可以穿棉袜或者专业的瑜伽鞋练习，忌穿丝袜练习，防止打滑。练习前应摘掉项链、耳钉、戒指、手表、腰带和其他的饰物，以免练习过程刮伤自己。

6. 器材

应选用薄厚适中的垫子或毯子，好的垫子应具有良好的防滑性和弹性。初学者不适用镜子以免分散注意力，但在达到一定熟练程度后，可偶尔使用镜子来观察细微动作。

7. 食物

应空腹练习瑜伽，即使少量的进食（如水果或果汁、牛奶、酸奶），至少也要在练习前 1 小时进行。如果进食蔬菜、谷物则要求在练习前 2 小时进行。如果进食肉类等油腻食物，则要求在练习前 3~4 小时进行。练习完半小时后进餐。

8. 卫生习惯

练习瑜伽体位法之前，要做好个人的清洁卫生：清空膀胱、清洗鼻腔、牙齿和舌头；沐浴后更容易练习瑜伽，但要在 15 分钟或者 20 分钟之后再开始练习。练习完体位法后还想洗澡，最好在仰卧放松功后 15~20 分钟再沐浴。

9. 女性月经期

女性经期中（48~72 小时）最好不要练习，建议停下来休息。如果身体发紧或者有压力时，可以练习仰卧束角式或束角式动作，但幅度不能过大。在月经期，所有挤压腹部姿势、倒立姿势、后仰姿势都要禁止。

二、瑜伽体位法练习的基本技巧

（一）倾听身体的声音

练习时需要敏锐地观察以下这些身体信号。

1. 身体的颤抖

初学者都会有这样的经历：动作过程，尤其在动作的保持过程中，四肢会遇到一些不自主的颤抖，这些颤抖是肌肉正在适应工作需要而起的反应，只要没有出现劳损就不必担心。这时，可以尝试深呼吸一下，并将注意力集中到你的身体上。如果这种颤抖超过了能刚刚感到疼痛的界限，你就需要适当放慢练习速度或者完全停止该动作。

2. 呼吸的急促

练习过程呼吸明显加快是练习强度加大的正常反应，但如果呼吸急促，那就说明你即将达到度的边缘了。这是你需要警惕起来，小心地控制你的动作。

3. 身体的其他反应

如果练习过程听到关节的响声而又没有任何不适，这是正常现象，不必紧张。如果出现头晕、恶心等不适症状，则应立即停止休息，并尽快咨询老师。

（二）缓慢而稳当地运动

为了得到最好的练习效果，应当缓慢而稳固地练习各种动作，并关注自己呼吸和体式的变换。尽量抵挡动作无意识的加快，仔细地体会每一个动作。如果呼吸变得急促起来或者你开始感觉疲劳了，应该稍作休息再继续。

如果你出现了厌烦的情绪或者精力分散了，就应该换一个充足的时间段全身心地投入，或者采用前面提到的休息方法进行放松。

小贴士

正确的练习方法是在不损伤自己的前提下，不断发掘和扩展自己的生理和情感的极限。练习者需要在自己能够承受的最大幅度范围内温和地控制动作。对练习者来说，它是一种可以通过努力达到的挑战，是一种还不至于令你感觉疼痛的状态。随着练习的深入，你应该逐渐、缓慢而仔细地推动这个度并打开新的强度领域。

（三）正确的呼吸配合

1. 呼吸的基本原则

（1）用鼻子呼吸，除非特别说明，不要屏息。

（2）呼吸（吸气和呼气）要早于运动几秒钟，即先进行呼吸再进行动作。

（3）吸气和呼气末都有一个自然的停顿。

（4）练习开始时让呼吸引导运动的长短。

（5）让呼吸动作本身引导你。如果你感到呼吸费力时，就提示你该收回动作或者开始进行下一个动作了。

（6）在做任何体位法时，尝试感受气流正在涌向你的动作部位。

2. 呼吸与体位法配合的一般规律

（1）进行身体向前屈的体位法时呼气。

（2）进行身体向后弯的姿势时吸气。

（3）进行身体向侧弯的姿势时呼气。

（4）进行身体扭转的姿势时吸气。

（四）适时地放松肢体

对于初学者，下面的做法可以在练习的开始阶段帮助你体验到某一特定姿势的功效和益处。

（1）适当地简化一些瑜伽体式。

（2）利用一些辅助器械来帮助你。

常用的有瑜伽砖、瑜伽带、瑜伽凳。图 16-13 是瑜伽带在头到膝式中的应用。最重要的还是要关注动作过程肌肉的用力方式，有意识地放松那些不要用力的肌肉，释放拙力。

三、瑜伽体位法练习的有效手段

下面的练习可以帮助你逐步完成前面介绍的体位法的动作要领。

图 16-13　利用瑜伽带辅助头到膝体式

1. 站士二式

可以先背靠墙壁练习，以便更好地控制姿态。当你双脚靠墙时，后面的手掌则可以接触到墙壁。

2. 站士一式

（1）如果后脚跟内转感到困难，可将脚跟靠墙练习。

（2）如果下背部感到不适，可将双手置于髋骨完成该姿势。

（3）感觉抬头往上看无法保持平衡时，可以先目视正前方。

（4）选择最传统的练习方法是手臂头顶合十，你可以根据自己的练习进度选该手型。

3. 三角伸展式

（1）身体柔韧度不够的练习者可以双手叉腰，背靠墙壁来帮助控制身体的平面和保持平衡。（图 16-14）

（2）如果转头感到疼痛，可以直视前方。

4. 树式

（1）当弯曲腿的脚掌无法稳定地放在大腿根部时，可以尝试将腿的位置降到膝盖的内侧。（图 16-15）

图 16-14　三角伸展式　　图 16-15　树式腿部简易动作

（2）当身体无法稳定地保持竖直时，可以靠墙练习以支撑身体。

（3）做动作时总是不停地晃动，可以尝试从抬脚的那一刻就先将注意力盯住较近的地面，随着身体的稳定慢慢将视线抬高并集中在不远处的某一物体上。

（4）如果肩膀总是紧张、无法充分伸展，可以将两手分开，呈双臂上举的姿势。

5. 鸟王式

（1）如果腿无法盘到异侧腿小腿内侧，可以贴紧在小腿外侧。

（2）手无法盘紧可以采用两臂相互抱紧的方法代替。

6. 完全船式

（1）如果双腿伸直保持平衡感到困难，可以将双手放在地上，或将抬起的双脚靠在墙上，但不要用手掌碰触双腿。

（2）如果双腿伸直背部感到疼痛，可以使膝盖保持弯曲（图 16-16）。

图 16-16　完全船式

7. 头到膝式

（1）如果身体很僵硬，可以选择保持在图 16-17 对应的任何一个你能接受的位置上。

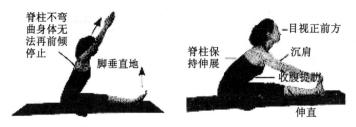

图 16-17　头到膝式（初级阶段练习者）

（2）不管你能完成多大幅度的动作，都先从动态的练习开始（重复 3~6 次），再在最终的位置上保持。

8. 全蝗虫式

（1）练习全蝗虫式之前可以先学习蛇伸展式和眼镜蛇式的变式打基础。

（2）可以先练习图 16-18 的改编动作，同样可以增强上下背部的力量。

9. 脊柱扭式

（1）当你的手无法抓住脚踝外侧时，完全可以尝试用手臂的肘部抵住膝盖的外侧。

（2）在练习脊柱扭动式之前可以先练习半脊柱扭式、简化脊柱扭式，这些体式你可以在张蕙兰的《瑜伽气功与冥想》中找到。

10. 仰卧屈膝扭转式

在熟练完成这个体位法的基础上，将弯曲的腿改成伸直的做法，以增加练习的挑战性。

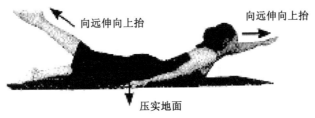

图 16-18 蝗虫式

11. 拜日式

（1）先练习简单的版本，再练习中级难度的版本。

（2）在练习任何一个版本的拜日式之前，首先要分别练习其中的 12 个动作。

（3）单个动作掌握后可以开始下面的组合练习，组合练习中呼吸和动作的配合很重要。

组合一：1~3 式和 10~12 式，其中 1~2 式和 10~11 式是呼吸配合的难点。

组合二：3~5 式和 8~10 式，其中 8~9 式的衔接是练习的难点。

组合三：5~8 式，包含了全套动作的重点和难点体位。

组合四：3~10 式

（4）组合练习熟练后再进入成套练习，反复练习全套动作，练习过程应尽量专注并注意呼吸和动作的配合。

第十七章 气 排 球

第一节 气排球运动概述

气排球运动是排球运动的一个衍生项目，参与者以身体任何部位（手、手臂为主）击球，使球不落地，既可隔网进行集体的攻防对抗性的比赛，也可不设球网相互进行击球游戏。它作为排球运动家族的成员，既具有排球运动的相关特性，也具有其自身的一些特性。

一、气排球运动的排球运动特性

（1）独特的空中击球技术。在无网击球游戏和比赛中，无论是接对方的球或接本方同伴的球或抛起发球等各种击球方式，都是击空中飞行的球，因此，参加气排球运动的人，要具有高度的空间感。

（2）击球时触球时间短促。不允许"持球"，即不允许球在击球部位（如手等）停留时间过长。因此，运动者既要有在短暂的触球时间内，对来球的力量、速度、角度等因素的判断能力，又要有将球准确地击向预定目标的控制能力。

（3）全身各部位均可击球。与其他排球运动一样，气排球竞赛规则允许运动员全身任何部位触球。因此，参加气排球活动的人在击球过程中能充分体现自我才能和展现各种高超的击球技术。

（4）独特的得分和失分计算。在运用各种技术动作时，都能直接得分或直接失分。因此，运动员要具有扎实的基本功，全面、熟练地掌握技术，提高成功率，降低失误率，这也是气排球比赛中不可忽视的制胜因素。

（5）战术配合时触球次数的有限性。隔网对抗时，每一次战术配合只能在 3 次击球次数内完成。因此，运动员要具有高度的战术意识和与队员默契配合的能力。

二、气排球运动的自身特性

（1）球体大。圆周长为 72~78 厘米（硬排、沙排、软排均为 65~67 厘米），手接触球部位增大，易控制球，易发力。

（2）球量轻。重量 120~140 克（软排为 170~190 克，硬排、沙排均为 260~280 克），不用大力击球，易起球。

（3）球压小。气压 0.15~0.18 千克/平方厘米（沙排 0.175~0.225 千克/平方厘米，硬排球 0.30~0.325 千克/平方厘米），手感好，易熟悉球性。

（4）球质软。薄皮包裹内胆（软排内裹海绵，沙排、硬排为皮革或人造革），接触时没有疼痛感，不伤指，解除"怕痛"心理。

（5）球性好：球体弹性足，软中有刚，易传高球（软排弹性松软，需借力；硬排手指承力大，有疼痛感，易受伤）。

（6）球速慢。球飞行时飘度大、时间长，球落地较慢，易移动击球（硬排球速快，软排沉重下落快），

（7）球场长 12 米，宽 6 米（沙排 16 米×8 米；软排 A 制 18 米 X 8 米，B 制 18 米×9 米；硬排 18 米×9 米），传、扣或防守时，不需大范围助跑和移动；为避免出界也不需大力量发、扣球。场地还可套用羽毛球场地（长 13.4 米，宽 6.10 米）。

（8）上手易。气排球上手技术要求不高，规则简单易行，一学就会，对于没有排球技术基础的各个年龄段初学者。

总之，气排球活动难度不大，上手技术要求不高，不伤手指，安全性较高。比赛中来回球增多。既提高了活动的兴趣性、欢快性和激烈性，又保证了一定的运动量；既可提高参与者的体力，又能保持和提高身体的灵活性，适合不同年龄阶段人群的参与。

三、气排球运动的功能

1. 增进健康、强健体魄

气排球运动娱乐与竞技并存，不同年龄、不同性别、不同技术水平的人都能参与，或活动，或比赛。经常参加气排球活动，不仅能改善人体中枢神经系统和内脏器官的功能状况，还能提高人的力量、速度、灵敏、弹跳、耐力等身体素质和活动能力。

2. 培养团结协作、和谐向上的团队精神

气排球比赛是一项靠全队互相弥补、集体配合取胜的球类竞赛项目，个人的优势、特点均要在同伴的配合下才能发挥得淋漓尽致，也只有如此才能获得比赛的胜利。这就要求运动员在比赛中能随时准备保护同伴击出的非到位球，同时还要为下一次击球的同伴创造便利条件。因此，参加气排球活动，可以很好地培养人的团队意识和团结协作的集体主义精神。

3. 提高人的信息反应、传递和应变的能力

作为排球运动大家庭的一员，气排球运动也是一项依靠判断的运动，准确的判断是比赛制胜的重要因素之一。判断的基础是"眼观六路""耳听八方"，通过观察对方及同伴的动作，以及击球的速度和方向、场上的布局，来预测将要发生的情况，迅速应变，做出决策。而且气排球是一项集体运动，要求场上的每一个人都要不断观察同伴的意图，默契配合，及时应变，在规则范围内合理动作。所以，经常参加气排球活动，在强身健体、愉悦身心的同时，能有效提高人的观察、分析和应变能力。

4. 培养和锻炼良好的心理素质

参加气排球活动，能学到很多控制自己情绪和调节自身心理的手段和方法。在气排球比赛中，比赛情况瞬息变化，自身失误、裁判员漏判或误判等各种情况都有可能发生。失误时，要使自己尽快冷静，积极应对，不灰心、不气馁；比赛的关键时刻，要让自己充满自信，进攻不手软；当裁判员判罚对己不利时，要做到不急、不躁、不指责。这些都有利

于增强人的心理承受力、环境适应力和处事调节力，帮助提升心理素质。

第二节　气排球运动基本技术

气排球技术是指在规则允许的条件下，气排球活动参与者采用各种合理的击球动作和相互配合所做动作的总称，它是气排球运动的基础和重要组成部分。

室内六人排球的各种技术动作大都可使用于气排球，但由于气排球球体体积较大，击球面大、球的重量轻等特点，导致球在运动中受气流的影响，易产生"晃动""下沉"和"变线"的现象，与六人制的球有区别，于是，气排球活动参与者在长期的运动中创造出"捧""抱""托"等具有特色的技术动作，很好地解决了这一系列问题。

气排球技术总体分为有球技术和无球技术。无球技术包括准备姿势与移动，有球技术包括发球、接球、传球、扣球、拦网等。

一、准备姿势

依据比赛中（或练习中）完成各项技术动作的需要，按身体重心的高低，准备姿势可分为稍蹲准备姿势、半蹲准备姿势和深蹲准备姿势。

二、移动

移动是练习者从起动到制动之间的位移和动作，其完整过程包括起动、移动、制动三个环节。

1. 移动步法

起动后，应根据临场技、战术的需要，灵活地采用多种步法进行移动。移动的主要步法和动作方法如下。

（1）并步：两脚前后站立，与肩同宽；两膝微屈，上体稍前倾，两手自然放松置于腰腹。并步时，前脚向来球方向跨出一步后，脚迅速蹬地跟上，并做好击球前的姿势。并步的特点是容易保持身体平衡，便于做击球动作。并步可向前、后、左、右各方向移动。适用于短距离移动。

（2）交叉步：两脚左右开立向，交叉步移动时上体向右转，左脚从右脚前向右交叉迈出一步，然后右脚再向右侧方向跨出一大步，同时重心移至右脚，身体转向来球方向，保持击球前的姿势。交叉步的特点是步子大、动作快、便于制动。

（3）跨步：跨步时，一脚用力蹬地，另一脚向来球方跨出一大步，上体前倾，身体重心移至前脚上，后腿随重心前移自然跟上，两臂做好迎球动作。跨步的特点：跨距大，便于向前方或向斜前方降低重心进行低点击球。

（4）后退步：移动时，视来球情况，身体保持适宜的准备姿势，两脚交替快速向后退步，注意保持好重心。

（5）跑步：跑步时一脚蹬地起动，另一脚迅速向前迈出，两脚交替进行，两臂配合摆动，不要过早做击球动作的准备，以免影响跑步速度。球在侧方或后方时，应边转身观察球边跑。

2. 制动

由快速移动转变为突停状态的过程称为制动。制动是移动的结束，是击球动作的开始。制动的方法有一步制动法和两步制动法。

（1）一步制动法。一步制动时，在移动的最后跨出一大步，降低身体重心，膝部和脚尖适当内转，全脚掌横向蹬地，以抵住身体重心继续的惯性力。同时以腰腹力量控制上体，使身体重心的垂直线停落在脚的支撑面以内。

（2）两步制动法。制动时，以倒数第二步开始做第一次制动，紧接着跨出最后一步做第二次制动，同时身体后倾，两膝弯曲，重心下降，两脚用力蹬地，使身体处于有利于做下一个动作的状态。

三、气排球发球技术

发球是比赛的开始。具有一定攻击性的发球，可以直接得分，也可以造成对方一传不好，难以组织起有效的一攻。因此，发球也是气排球比赛中重要的进攻手段之一。

发球的种类

1. 下手发球（图 17-1）

图 17-1　下手发球

适用于初学者。准备姿势：身体正对球网，左脚在前，右脚在后，两膝微屈，上体微前倾，左手持球于腹前，距腹部半臂。

抛球动作：将球向上平稳抛起，清楚离手。

击球动作：当球抛起后，右臂迅速向前摆动，手腕适当用力即可。但球缺乏攻击性。

2. 上手加力发球（图 17-2）

这是男队员常用的发球，熟练的女队员也用这种姿势发球。若技术发挥得当，将具有较强的攻击性。

准备姿势：身体正对球网，左脚稍前，两腿自然分开，左手伸直，掌心向上，将球托住。

抛球动作：等右手向前时再抛。左手将球向上平稳地向右肩的前上方抛起，抛球高度约高出头部两球左右，这时准备击球。

击球动作：当球开始下落，右臂快速前挥，用掌心或掌根击球后中上部。击球时，同时带手腕。球过网，下落时下旋，靠近 2 米线为最好。上手加力发球极易直接得分或破坏对方一传。

图 17-2　上手加力发球

3. 上手飘球

准备姿势：发上手飘球时，队员应远离发球端线约 1.5 左手掌心向上，将球抛起。

抛球动作：左手抛球时，高度高出头部三四球左右，此时，右臂屈于脑后，准确击球。

击球动作：击球时，左脚向前起步，右脚跟上，用掌根击球中下部。球越网时抛物线跨过，球多落于后场。球发得好，也可达到破坏对方一传的效果。

4. 砍式发球

准备姿势：与上手加力发球略同，但必须站位于端线右侧边缘。

抛球动作；与上手加力发球略同。

击球动作：击球时，右臂快速前挥，手掌纵向似刀砍下，砍球部位为右侧中部。球砍得好，可使球向左旋转，落于对方场地左侧后方空位，使对方无人接球或接球失误，而直接得分。

5. 大力勾手发球

球飞行速度快、力量大、旋转力强，落点可前可后，尤以落入③号、①号、⑤号位之间的空洞，直接得分率最高。具有很强的攻击性。

准备姿势：侧手站位，左肩正对球网。两腿自然分开站立，左手掌心向上，将球托住。

抛球动作：将球平稳地垂直抛起于左肩上方，高出头部三球左右。

击球动作：击球前上体向右倾斜并转体，右臂伸向背部左右下方，身体重心移至右腿支撑。击球时，手到抛球，身体重心移至左腿。随着上体迅速左转带动右臂快速挥动，用全掌击球后中部，手触球时，迅速收腹勾手压腕，一气呵成。

6. 起跳大力发球

在竞技排球中曾有较好的起跳大力发球技术，可在气排球比赛中得到延伸发挥，是可直接得分或破坏对方一传的具有很强攻击性的大力发球。

准备姿势：站立的位置，距发球端线约 3~4 米，左手斜下垂将球稳住，两腿自然分开站立，等待裁判哨音。

图 17-3 大力起跳发球

抛球动作：左手将球前抛 2 米左右，抛球高度 2.5 米上下，左脚跨步跟上，单跳双落。

击球动作：起跳后，同时挺胸，右手移到脑后拉弓。当球下落到头顶前位，使出爆发力，猛挥右臂带腕击球。

四、气排球的垫球技术

垫球技术为气排球运动中的主要传球技术，着重应用于来自对方场地低于肩部、胸部以下的大力发球和重扣，但比赛中球势瞬息万变，应分别情况予以应对。

1. 双手掌垫球

准备姿势：球来时，身体快速移动，尽量正对来球，两腿自然分开站立，并保持身体微下蹲姿势，准备垫球。

垫球时，两臂伸直贴腹下垂．两手掌交叉平展重叠向上，垫球的后下部。垫球用力大小应根据来球力量的大小和垫球的距离而定。垫球的高度 2~2.5 米为宜。

垫球时切记不要双手掌分开，要交叉平展，两臂水平伸直，水平向前。因为这样会造成来球从手掌滑过而从前额飘向脑后，难以救起。要强调的是：两臂伸直贴腹下垂，两手

249

掌交叉平展向上，用上手腕，这样，腹部还可对球起保护作用。

2. 单手掌垫球

若来球很快，或左或右，又不能及时正对，这时就用单手掌垫球。若球来自右侧，来不及双手正对垫球时，身体向右倾斜，用右臂手掌垫球的后下部。若球来自左侧，来不及双手正对垫球时，身体迅速向右倾斜，用左臂手掌垫球的后下部。

3. 滚动垫击球

若对方来球太快，力量又很大，离身体又远，伸手垫球都来不及，则用向左、向右侧跃的动作，垫球后身体失去平衡。为了自我保护和尽快起立，可采用侧滚翻的动作单手救球。

4. 鱼跃单手垫球

当球快速飞来队员的前方，不能用双手或单手将球垫起，则可鱼跃向前，右手掌将球垫起，并迅速支撑于胸前，左手掌急速靠拢，同时支撑于胸前，保护好胸部，然后双脚尖支撑，保护膝部，并迅速起立，投入比赛。

五、气排球的传球技术

在气排球比赛中，传球至关重要，它是组织进攻战术和一切得分的基础，是重要的基本技术。没有这个基础，全队的攻击性和战斗力都是空谈。

1. 传球的应用

（1）二传。二传是指将本方第一次触球所防起的球（如一传接起的发球、防守接起的扣球）传给扣球队员进攻的一种传球技术。二传是进攻和反攻的纽带和桥梁，传为进攻创造条件。

（2）一传。接发球、防扣球、吊球、拦起的高球在可能的情况下，可用传球动作来完成，传球较准确，有利于保证到位。

（3）吊球。根据对方场上情况，把球传吊到对方场地空当，也是进攻的一种有效手段。

（4）处理球。在无法组织进攻的情况下，用传球动作将球有目的地处理过网。

2. 传球技术的动作方法

（1）双手正面传球。看清来球后，迅速移动到球的落点处，对准来球，身体站稳采用稍蹲姿势，双手自然抬起至于头前，目视来球。传球的击球点应保持在额前上方约一球处。两臂弯曲，两肘适当分开，两手自然分开，手指相对呈半球状型，两拇指相对呈"一"字形，手腕稍后仰，两手间要有一定的距离，以扩大手指控制球的面积，防止漏球。传球时，指腕关节保持适当紧张，以承担球的压力；所有手指内侧，从指尖到指根尽量触到球，两小拇指在球的两侧，控制球的方向，使传出的球不左右晃动。当来球接近前额时，全身的动作要协调一致，以便把力量集中在球上，但主要是依靠伸臂，通过手指、手腕的弹力将球传出。双手随即伸直，随后放松落下，准备下一动作。

（2）背传。向后上方传球，称为背传。这是传球中的一种基本方法，移动取位后使球保持在额的前上方，上体比正传时稍直立，不要前倾，双手自然抬起置于额前击球时，手腕适当后仰，掌心向上，击球的下部，用蹬腿、展腹、抬臂、伸肘的协调力量，通过手指、手腕的弹力将球向后上方传出。

（3）侧传。侧传有一定的隐蔽性。准备姿势与正面传球相同，迎球姿势也与正传球相同，击球点保持在脸前或稍偏于出球方向的一侧。手形与正面传球相同，但倾向出球一侧的手臂要低一些，另一侧则要高一些。蹬地后上体要向出球方向倾斜，双臂向传出一侧用力伸展，异侧手臂动作幅度较大，伸展较快。

（4）跳传。跳起在空中传球称为跳传。双臂向上摆动帮助起跳后，顺势举在额前，身体在空中保持平衡，跳至最高点时，靠迅速伸臂的动作，利用手指、手腕力量，将球传出。

六、气排球的扣球技术

扣球是气排球的基本技术之一，也是攻击性最强最有效的进攻手段，在比赛中占有非常重要的地位。扣球是在二传配合的基础上，完成进攻战术的最后关键一环，是得分和夺取发球权的重要的有力武器，一个排球队如能熟练地掌握多种强而有力的扣球技术，就能较好地掌握比赛的主动权，为争取比赛的胜利打下良好的基础。

1. 正面扣球

气排球正面扣球，是扣球技术中一种重要的方法，是比赛中运用得最多的一项进攻性技术，适用于近网和远网扣球。由于正面扣球面对球网，便于观察对方拦网和防守情况，扣球队员可以有针对性地采用不同的扣球个人进攻战术，因此，进攻效果较好。

2. 几种不同的正面扣球

（1）近网扣球。扣球队员扣距网约 50 厘米之内的球，称为近网扣球。这种扣球的特点是路线变化多、力量大、速度快、路线短、攻击性强，但容易被对方拦网。由于球靠近网，起跳点要靠近网边，扣球队员要向上垂直起跳，避免触网和过中线犯规。扣球队员起跳后，上体自然挺直，挺胸抬头，手臂尽量上举。击球时利用收胸动作发力，以肩为轴带动手臂向前上方挥动，在右肩前上方最高点击球，击球一瞬间，手臂充分伸直，用全手掌击球的后上部或后中上部，猛用手腕，使球急速离手进入对方场区。击球后，整个手臂要顺势回收，避免触网犯规。

（2）远网扣球。扣球队员扣离球网 1.5 米以外的球，称为气排球远网扣球。这种扣球主要依靠转体收腹带动手臂挥动力量去击球，其特点是扣球力量大、弧线低、线路长，对方不易拦网。起跳后，抬头、挺胸、展腹，使身体成反弓形。击球时，以迅速转体和收腹动作带动手臂向前上方挥动，在右肩前上方最高点以全手掌击球的后中部或后中下部。击球一瞬间，手臂要充分伸直，手腕要向前下方迅速推压，手掌和手腕控制球的方向、弧线和落点。为了便于控制球，增加扣球力量，一般击球点应保持稍前一些，整个挥臂击球动作的幅度应稍大些。远网扣球要求有较强的腰腹和手臂力量，扣球才能强而有力。除上述正面扣球技术外，在比赛中常见的还有转体扣球、转腕扣球、轻扣球和吊球等。

（3）调整扣球。调整扣球是指在接发球或后排防守垫球不到位时，二传队员从后场区将球传到网前所进行的扣球。调整扣球技术动作与正面扣球相同，但由于二传球来自后场区，有近网球，也有远网球，还有拉开球和集中球，与球网有一定的角度并且弧线不固定，扣球队员难以判断，所以扣这种球难度较大。因此，扣球队员要准确判断来球的方向、弧线、速度和落点。调整好人和球的关系，选择好起跳点，掌握好起跳时间。根据人和球网的距离，合理地采用不同的扣球方法，控制好扣球的力量、速度、方向、路线和落点。

（4）快球。快球是指扣球队员在二传队员传球前或传球的同时起跳，并迅速将二传队员传出的球，击入对方场区的扣球。快球在时间上争取主动，起着攻其不备、突然袭击的作用，可使对方拦网和防守产生判断错误。这种扣球的特点是速度快、力量大、时间短、落点近、突然性强、牵制能力大。快球技术动作方法较多，有近体快球、半快球、短平快球、平拉开快球、背快球、背平快球、调整快球等。

七、气排球拦网技术

由前排队员在球网上沿的空间阻挡对方进攻的行动称为拦网。拦网是进攻和防守相结合的一种战术行为。

准备姿势：拦网队员在网前，距网 30~40 厘米，两膝微屈注意观察对方的情况，随时准备起跳。

移动：根据二传球飞行的方向和落点作出判断，迅速移动到起跳位置，移动方向与网平行，人与球网始终保持一定的距离。根据对方扣球的位置，决定移动距离。

起跳时间与起跳动作：拦网的起跳时间一般比扣球者稍晚一些。当起跳位置、起跳时间确定后，两腿用力蹬地的同时，身体的侧前方屈臂向上摆动，使身体垂直向上腾起，腾空后稍微收腹。

手法：当身体腾空接近最高点时，开始向网上沿伸臂。尽量接近到球的空间，手指自然分开，保持半紧张状态，两手之间的距离以不使球通过为宜。对方扣球的瞬间，迅速向前上方用力压腕，并可随球过网，把球拦到对方场地。拦击后手臂顺势收回，并迅速回到原位。

第三节　气排球运动基本战术

一、气排球战术系统

战术系统是进攻和防守的组合运用。气排球运动中进攻与防守是一对贯穿始终的矛盾。气排球比赛的特点之一是攻防转换快，因此，实战中进攻和防守是组合运用的，根据实践中进攻和防守组合运用的规律。从比赛中对方来球的方式，将气排球战术系统分为接发球及其进攻；接扣球及其进攻；接拦回球及其进攻；接传、垫球及其进攻等"四攻"系统。

1. 接发球及其进攻系统

接发球及其进攻系统是指在接起发球后组织的进攻，我们称为接发球及其进攻能力强，得分的机会多，也为接扣球及其进攻创造了条件。反之，则会直接失分，连续失分会使队员心理上形成很大的压力，给比赛带来不利。

2. 接扣球及其进攻系统

接扣球及其进攻系统是指在球网上空直接拦击对方各种进攻，以及防守对方扣或吊过来的各种球后组成的进攻，称为"反攻"。气排球比赛中，"反攻"得分能力越来越显得重要，可以说是决定比赛最后胜利的关键。

3. 接拦回球及其进攻系统

接拦回球及其进攻系统是指接起本方队员扣球被对方拦回来的球后所组成的进攻，称"保攻"。本方扣球后被对方拦回在比赛中经常出现，若能接好拦回球并组织进攻，就能变被动为主动，因此，要加强保护意识，掌握多种接球技术，力争组织起有效的进攻。

4. 接传、垫球及其进攻系统

接传、垫球及其进攻系统是指在接对方采用传球、垫等形式击过来的球后所组成的进攻，称"推攻"。对方一般在配合失误或无法组织进攻时才会将球传、垫过网。初学者在比赛中出现将球传、垫过网的情况特别多，这是得分的极好机会，必须认真接好来球，组织进攻。

上述 4 种战术系统中，除"一攻"外，其余 3 种又被统称为"防反"，即防守反攻。

二、战术意识

战术意识是指运动员在发挥技术的过程中，支配自己行动并带有一定战术目的的心理活动，也是运动员在比赛中有效地运用技术和实现战术时所具有的经验、才能和智慧。运动员在比赛中的判断、应变和实战能力，以及每项技术、战术运用，都受到一定战术意识的支配，包含着战术意识的内容。

战术意识是运动员自觉的心理活动，是通过第二信号系统实现的。它的思维活动是在激烈对抗条件下进行的，与运动员的情绪和意志紧密相连，也是衡量运动员是否成熟的标志。因此，在训练和比赛中，注重培养运动员的战术意识十分重要。

1. 战术意识的主要内容

（1）技术使用的目的性：比赛中，各项技术使用应目的明确。有的放矢，并主动运用技术，才能收到好的效果。

（2）行动的预见性：气排球比赛对抗激烈、瞬息万变，运动员为了使自己的技术、战术带有一定的目的性，要根据临场情况，分析和预见场上可能出现的各种变化，及时准备采取相应对策。

（3）判断的准确性：正确的行动来源于准确的判断，准确的判断是合理运用技术、战术的前提。

（4）战术的灵活性：无论进攻或防守，还是个人战术或集体战术，都应力求灵活善变。运动员要善于根据临场变化，因势利导，随机应变，灵活运用和变换各种攻防战术。

（5）动作的隐蔽性：为了提高战术运用的效果动应隐而不露，使对方摸不清自己的战术意图。

（6）配合的集体性：气排球运动是一项集体性很强的比赛，技战术的运用离不开集体配合。运动员之间必须有全局观念，通力合作，相互弥补，把个人的技战术运用融合于集体配合之中。

2. 战术意识的培养

战术意识不会自然形成，需要精心培养、刻苦磨炼。随着技战术水平的提高，比赛经验的丰富，运动员的战术意识也会不断增强，但必须指出，有意培养与放任自流的效果是迥然不同的。培养与提高运动员的战术意识，一般可采取下列措施与方法：

（1）战术意识的培养是整个训练过程中的一个重要组成部分。必须针对不同对象、不同阶段，有意识、有计划地进行系统的训练，将培养战术意识的任务落实到平时训练和比赛之中。

（2）全面、熟练、准确、实用的技术是培养与提高战术意识的基础。

（3）在实际训练和比赛中贯穿战术意识的培养，将基本技战术训练、观摩比赛、模拟比赛环境、实战与战术意识的培养有机地结合起来。

（4）抓好"无球"技术训练。要做到"球到""人到"。运动员"无球技术动作"的合理与否，将对战术意识的实现起到很重要的作用。

（5）加强专项理论知识的学习与研究，提高运动员对气排球运动发展态势、规则与裁判法的修改以及比赛规律的认识。

（6）开动脑筋，勤于思索，手脑并用，想练结合。教练员要以敏锐的观察力和较高的临场指挥能力，启发运动员独立思考，提高处置各种临场情况的能力。

第四节　气排球运动竞赛规则简介

一、比赛场地

（1）气排球比赛场地包括场区和无障碍区，以现成的双打羽毛球比赛场地为准。比赛场区长 13.4 米、宽 6.1 米，两个相等场区各延长 70 厘米，以羽毛球单打后发球线为后场端线（即羽毛球场的后场端线）。其四周至少有 2 米宽的无障碍区，从地面上空至少有 7 米高的无障碍区，场地必须平坦、水平。不得有任何可能造成伤害队员的隐患。

（2）场地上的线有边线、端线、中线、限制线、发球区短线等。所有的界线均宽 5 厘米，其颜色区别于场地颜色。

（3）两条边线和两条端线划定了比赛场区。边线和端线都包括在比赛场区的面积之内。两条长线是边线，两条短线是端线。

（4）中线在网下连接两条边线。中线将比赛场地区分为长 6.7 米、宽 6.1 米的两个相等的场区。

（5）每个场区各画一条距离中线 2 米的限制线。限制线前为前场区，限制线后为后场区。限制线外两侧各画间距 20 厘米、长 15 厘米的短线，为限制线的延长线。

（6）端线后两条边线各延长 15 厘米，垂直并距离端线 20 厘米的短线，为发球区短线。发球线与端线间的区域为发球区。发球区向外无限延长至障碍物（图 17-4）。

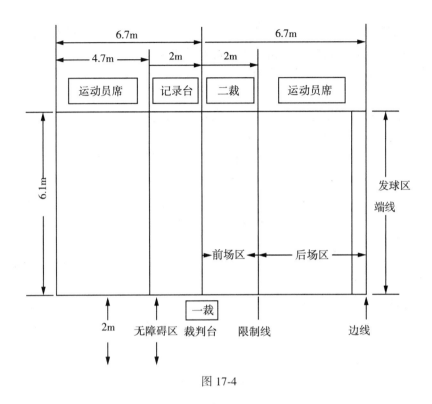

图 17-4

二、场地与设备

（1）球网为深色，架设在中线上空。网长 7 米、宽 1 米，常与羽毛球场结合，多采用羽毛球网。一般用帽带线拉紧并固定在网柱上。球网的高度，男子为 2 米，女子为 1.8 米，球网高度应用量尺从场地中间丈量。球网两端离地面必须相等，不得超过规定高度的 2 厘米。

（2）网柱用圆形光滑的金属材料制成（需要调节高度），网柱分别架设在两条边线外 0.5 米的中线或延长线上。

网柱应和羽毛球场网柱结合，可升可降。有的用套筒，有的用折叠杆。

（3）长 1.8 米、直径 10 毫米的标志杆，高出球网 80 厘米。标志杆每 10 厘米应涂有红白相间的颜色，或用彩色胶带缠绕。标志杆被认为是球网的一部分，并视为过网区的边界。每球场两根，分别固定于球网、垂直于中线两侧的边线外沿上。

（4）球是圆形的，由柔软的塑料胶制成。圆周长 78~80 厘米，重量为 110~120 克。

（5）比赛时，应配备相适应的裁判椅、记分桌、记分牌、分表、站位表。竞赛组和仲裁委员会需用木桌、椅、记录表格、登分表等。

三、比赛的组织

1. 比赛的参加者

（1）每队 7~10 人，教练员、领队各 1 人。只有登记在记录表上的队员，方可参加比赛。

（2）队员服装要求统一，上衣需有显著的号码。运动鞋必须是设有后跟、柔软轻便的胶底鞋。不允许佩戴任何易造成伤害的饰物上场比赛。

（3）场上队长应有队长标志，并在记分表上注明。队长应对全队成员的行为和纪律负责。

比赛开始前，队长在记分表上签字，并代表本队进行抽签。

比赛中，当队长不在场上时，教练员或队长应指定另一名场上队员担任队长代其行使职权，请求换人和暂停。若有疑问，场上队长可向裁判员请求对规则进行解释。

比赛结束后感谢裁判员，并在记录表上签字，承认比赛结果。

（4）教练员应自始至终在场外指挥比赛，同时对全队成员的行为和纪律负责。

比赛前教练员在记分表上登记队员姓名、号码并签名队员上场位置表，签字后交给记录员或第二裁判员。

比赛中请求暂停和换人。在球队席上就座，可就近走动不得高声喧哗，影响比赛。

2. 队员的站位与轮转

（1）上场队员为 5 人，分为①、②、③、④、⑤号位，前排从右至左②、③、④号位为前排队员，后排从右至左①、⑤号位为后排队员（如图 17-5）。

如上场队员不足 5 人，为不完整阵容，不能参赛。

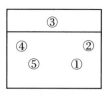

图 17-5 上场队员的位置图

（2）第一局和决胜局经抽签，由取得发球权的队中的①号位队员首先发球。

第一局结束后，比赛队交换场区。第二局由对方发球，决胜局（第三局）再次抽签确定场地和发球。比赛中，当某队获得 8 分时，两队应交换场地，不休息，按交换场地前的位置继续比赛。

（3）为增加观赏性，减少停顿时间，发球得分队员可接连发球，直到不得分为止。到再次得到发球权时才轮转。

（4）发球队员末击球前，双方队员（发球队员除外）必须在本场区内按轮转次序站位。同排队员不能左右越位，前后排队员不得前后越位。

进入新的一局比赛时，每队上场队员的位置可重新安排。

（5）发球队员将球发出后，接发球方前排②号位队员和④号位队员可与③号位队员换位（因二传和扣球进攻需要）。

3. 抽签与换人

（1）比赛开始前由第一裁判员主持双方队员抽签，决定第一局首先发球的队和要场地的队。

进行决胜局前，第一裁判员再次召集双方队长抽签的队和要场地的队。

（2）抽签获胜方，可选择发球或场地两项中的一项，另一方在获胜方选择后，挑选余项。

（3）换人。每局每队允许换三人次，一下一上为一人次，所换队员不受限制。

换人时，教练员不得进行指导。

换人一般由副裁判实施，上下场队员均在副裁判一方的前场区进行，先下后上。

4. 暂停

（1）每局比赛中，每个队可请求两次暂停，每次暂停时间为 1 分钟。在死球的情况下由教练或场上队长请求暂停。第一裁判员鸣哨，继续进行比赛。

（2）若某队请求第三次暂停，应予拒绝，并进行警告。在同局比赛中若再次请求暂停，则判请求方失 1 分。

5. 成绩的计算

（1）若无特殊理由，迟到 10 分钟，原则上按弃权处理。弃权得 0 分，局分按 21：0 计算。全场比赛按 2：0 的比局计算。

（2）比赛中参赛队胜一场得 2 分，负一场得 1 分，实行每球得分，三局两胜制。

（3）实行 21 分制，但 21 分不封顶。21 分以后先得两分者为胜局。第三局（决胜局）15 分制，但 15 分不封顶，15 分后先得两分者为胜局。

（4）发球得分队员可连续发球，并连续得分计分。

（5）在比赛中，按各队积分多少决定名次，积分多者名次列前。但若遇两队或两队以上的积分相等，则按 C 值、Z 值计算成绩来决定名次；以 C 值 $=A$（胜局总数）/B（负局总数），C 值高者名次列前。

若 C 值仍相等，则计算 Z 值，Z 值 $=X$（总得分数）/Y（总失分数），Z 值高者名次列前。

四、比赛规则

1. 发球

（1）当本队取得发球权时，该队队员必须按顺时针方向轮转一个位置，由轮转到①号位的队员发球，若得分可接连发球，直到不得分时才停止发球。

如没有按次序轮转，则为轮转错误，除及时纠正外，判失 1 分。

（2）发球队员必须在第一裁判员鸣哨后 8 秒钟内将球击出，否则算违例，判失发球权。若球被抛起，发球队员未击球，球也未触及发球队员而落地，第一裁判员应再次鸣哨继续发球，时间连续计算在 8 秒钟内。

（3）发球时，球必须清晰离手，并使球由两标志杆内越过球网。发球时，发出的球触网为有效发球。

（4）比赛中第一局和决胜局经抽签取得发球权的队，由①号位队员先发球，第二局则由对方队员发球。

（5）发球队员必须在端线发球区内发球，但可自由移动和起跳。击球时不得踏线或超越发球区。

击球后发球队员可以落在场内、否则判失发球权。

2. 击球

（1）双方队员在球网上沿将球按住，哪队将球按入对方哪队得分。

（2）比赛每队只能击球三次（拦网除外），将球击过网进入对方场区。一名队员不得连续击球两次。

（3）如一个队连续击球四次（拦网除外），应判四次击球犯规。

（4）队员可采用各种方法将球击出。如球未击出，并在手上停留时间过长，则判持球犯规。

（5）队员身体任何部位都允许触球，但必须是一次发力，一个动作。

（6）本队2~3名队员同时击球只算一次击球，但触及球的队员不能再去击球。

（7）击球时，球触及标志杆，标志杆以外的球网、网绳、网柱及场外任何物体等均判碰障碍物违例。

（8）击球后，球落入对方界外，但必须看着地点来判定。

（9）击球时，若球的整体部分从过网区以外进入对方障碍区，本队队员可进入对方障碍区将球回击救起。但不得进入对方场区，球必须由同侧过网区以外击回。对方队员不得阻碍。

3. 过中线和触网

（1）比赛进行时允许队员脚踏及中线，但整只脚或双脚都越过中线，则判犯规。

（2）比赛进行时，队员身体任何部位触及球网时，均判触网犯规。

（3）比赛中，对方击球冲网，而使球网触及本方队员，这叫被动触网。被动触网不算触网，不判犯规。

（4）已成死球状态的触网，不判触网犯规。

4. 进攻性击球

（1）除发球和拦网外，所有击向对方的球都是进攻性击球，包括扣球、吊球和垫球。

（2）任何队员在后场区可以对任何高度的球进行进攻性的击球。但扣球起跳时，不得踩踏限制线，否则判犯规。

（3）队员在前场区对高于球网上沿的球不准扣，否则违例。

判断队员前排扣球必须具备3个条件：

①裁判员首先要看清楚队员是否在2米线内或踏在2米线上起跳。

②然后看队员扣球时，球的整体是否高于球网上沿。

③再看是否强力扣杀等三点同时具备时，才能判前排扣球犯规，缺一不可。

5. 拦网

（1）对方扣球或吊球进攻时，我方前排三名队员（②、③、④号位）可以进行三人、二人集体拦网或单人拦网。拦网时球触及一名或多名拦网队员，拦网后掉在我方场区的球，拦网队员还可再击球。

（2）拦网不算一次击球，还可再击球三次。

（3）拦网队员不得将手或手臂伸过球网，但允许随球过网。

（4）对方所有过网的球（前排或后排）我方均可拦网。

（5）后排两名队员（①号位、⑤号位队员）不得到前排网前进行拦网。

（6）对方发过来的球，不允许拦网。但发过来的球从网前下掉而低于网，我方将球击过网，不算拦网犯规。

第十八章　户外休闲运动

第一节　轮　　滑

轮滑运动是从滑冰运动演变而来，据有关资料记载，轮滑在 18 世纪由不知名的荷兰人发明。最初有位荷兰的滑冰运动员，为了在不结冰的季节继续进行训练，尝试把木线轴安在皮鞋下，试图在平坦的地面上滑行，他的试验在不断失败和改进后终于取得成功，创造了用轮子鞋"滑冰"的历史，从此轮滑运动在欧洲诞生、兴起，并得到了较快的发展。

真正的轮滑是由美国的詹姆斯·普利姆普顿在 1863 年发明的。他创新地用金属轮子代替木质轮子，更易滑行，深受大家的欢迎，他的发明推动了各国轮滑运动的发展。

一、轮滑的基本技术

1. 基本站立技术

两脚左右开立，两膝微屈，上体微前倾，目视前方，两臂在体侧自然控制身体的平衡，重心放在两脚上。

2. 原地移动重心练习

（1）原地左右脚间转换重心。由预备姿势开始，两脚相距 5~10 厘米平行开立或呈内八字形，两眼看前方 4~5 米处，上体微前倾，腰背部放松，含胸收腹，两臂自然下垂或背于腰后，重心落在两脚中间。逐渐将重心移至一脚，另一脚抬起，两脚交替进行，逐渐延长单脚支撑时间。

（2）原地蹲起。两脚与肩同宽，重心在两脚之间，两臂自然下垂，做下蹲起练习。

（3）左右跨步移动。由预备姿势开始，重心移至一腿，另一腿以抬膝、脚平抬平落的方式向侧跨 30~50 厘米，迅速将重心移至落地腿，支撑腿同样的方式向落地腿并拢一步，连续向左、向右移步练习。

3. 行进间的移动技术

（1）向前踏步移动。由预备姿势开始，重心移至左腿，右腿以抬膝、脚平抬平落的方式向前踏出 10~15 厘米，落地后迅速将重心移至右腿，同时左腿以同样方式向前踏出一小步落地并支撑重心。

（2）向后踏步移动。由向后滑行的基本预备姿势开始，重心移至左腿，右腿以抬膝、脚平抬平落的方式向后踏出 10~15 厘米，即右脚的脚尖落放在左脚的足弓附近。落地后迅速将重心移至右腿，同时，左腿以同样的方式向后踏出一小步，落地并支撑重心。

（3）单脚蹬地双脚支撑滑行。两脚呈外八字形站立，一脚用轮内刃（轮内侧）向侧后蹬地，然后迅速收回，呈两脚惯性支撑滑行，接着换另一只脚蹬地练习。如此反复进行练习。

（4）两脚交替蹬地单脚支撑滑行。两脚呈八字形站立，右脚蹬地把身体重心推向滑行的左脚，呈左脚单支撑滑行，右脚前收同时左脚用内侧蹬地，右脚落地支撑，呈右脚支撑滑行。如此反复进行练习。

4. 停止法基本技术

（1）借助制动器停止法。

①停止向前滑行。在向前滑行的过程中，身体重心落在两脚间，呈两脚平行开立向前的基本姿势，惯性向前滑行时，准备开始制动。制动时，重心下降，将装有制动器的滑行脚向前伸出 20~30 厘米，脚尖抬起，使制动器与地面接触摩擦地面，以达到减速制动直到停止的目的。

②停止向后滑行。在向后滑行的过程中，身体重心落在两脚间，呈两脚平行开立向后的基本姿势，惯性向后滑行时，准备开始制动。制动时，重心下降，将装有制动器的滑行脚向前伸出 20~30 厘米，脚尖抬起，使制动器与地面接触摩擦地面，以达到减速制动直到停止的目的。

（2）借助滑轮停止法。

①向前八字形制动。在向前滑行的过程中，身体重心落在两脚间呈两脚平行开立的向前基本姿势，惯性滑行时，准备开始制动。制动时，重心下降，上体根据滑行的速度和制动距离稍后倒，双脚分开略比肩宽，两脚尖内扣，脚跟外张，呈内八字形，用轮滑鞋内侧轮与地摩擦，以达到减速制动直到停止的目的。

②向后八字形制动。在向后滑行的过程中，身体重心落在两脚间呈两脚平行开立的向后基本姿势，惯性滑行时，准备开始制动。制动时，重心下降，上体根据滑行的速度和制动距离稍前倒，双脚分开略比肩宽，两脚尖外张，脚跟向内，呈向后八字形，用轮滑鞋轮子的内侧轮与地摩擦，以达到减速制动直到停止的目的。

③向前丁字形（T形）制动。在向前滑行的过程中，将重心落在左脚上，左膝微屈，上体根据滑行的距离、滑行的速度和制动的距离稍后倒，同时抬起右脚，脚尖外转，横放在左脚后呈丁字形，用右脚轮滑鞋内侧轮与地摩擦，减轻滑行速度，同时重心继续下降，并逐渐移向右脚，加大摩擦直到停止滑行。以同样的方法可进行左右脚交换后的丁字形制动。

二、轮滑的比赛项目

1. 速度轮滑比赛

速度轮滑比赛分男女两组进行，男子组有 500 米单人赛、500 米双人对抗赛、5000 米、10000 米和 20000 米五个项目，女子组有 500 米单人赛、500 米双人对抗赛、3000 米、5000 米和 10000 米五个项目。每个队员都必须参加五个项目的比赛。

2. 花样轮滑比赛

（1）花样轮滑比赛简介。花样轮滑比赛分男子单人滑、女子单人滑和双人滑（混双）三个组进行比赛，各设有规定动作、自选动作和冰上舞蹈。花样轮滑评分标准为 6 分制，裁判有 10 人，评分时去掉一个最高分，去掉一个最低分，取平均值作为最后得分。评分的标准主要看运动员所做的动作的准确性、难度和造型。

（2）花样轮滑的基本技术。花样溜冰最基本的技术是曲线滑行，包括前外、前内、后外、后内四种。

①前外曲线步。右脚在前，呈丁字形。滑行时双腿屈膝，左脚以内侧蹬地，右脚微屈膝用外侧着地向前滑前外曲线，左脚蹬地后伸直，右肩臂在后，头向滑行的方向，身体向右转动，左脚及左肩臂在后，右腿膝关节逐渐伸直。换脚时右脚用内侧蹬地，左脚用外侧着地滑前外曲线。

②前内曲线步。右脚在前，呈丁字形。左肩臂在前，右肩臂在侧，头向滑行方向。滑行时双腿屈膝，左脚以内侧蹬地，右脚以内侧轱辘滑前内曲线，保持右手微屈，手臂同预备姿势，左脚蹬地后伸直。滑出后身体向左转动，另一脚及右肩臂移至前，左肩臂移至后，滑冰的踝、膝关节逐渐伸直。换脚时，右脚以内侧轱辘蹬地，左脚以内侧轱辘滑前内曲线。

③后外、后内曲线步。原理与其他动作原理相同，只是在向后滑行时，头向后看，浮足的前后位置和手臂的位置相反。后曲线类似前曲线的方向，和四肢的位置相反。

三、轮滑的安全意识

在轮滑运动的教学训练中，为了防止和避免一些意外事故的发生，应在练习、训练和教学中多注意安全。轮滑场地比较坚硬和粗糙，轮滑运动速度较快，运动的人又较多，容易发生冲撞和摔伤。因此，在进行轮滑运动时要特别重视安全预防，以预防为主，避免受伤。在参加轮滑运动时，要注意如下几个方面：

（1）严格遵守轮滑场地的规章制度。初学者上场练习时，应穿长裤和长袖衣服，带好手套、护肘、护膝，否则摔倒时易出现膝、肘和手的擦伤。

（2）在轮滑练习前充分做好准备活动，尤其是下肢各关节的活动。每次练习前，均应注意检查场地，如有沙石、木屑、碎纸、烟头、冰棍棒等杂物要及时清除干净，有裂缝要及时修补，否则练习者在快速滑行中很容易绊倒摔伤。

（3）初学者可戴一些防护用品，如护膝、护腕、手套、头盔等。练习者选择的轮滑鞋要大小适宜，扎带要松紧适度，并要检查轮滑鞋和轮子是否有损坏或螺丝是否有松落等，这些情况都要及时处理，修理好之后再上场练习，否则轮滑鞋在滑行中出现故障就很容易使练习者摔伤。

（4）初学者应在场内练习或规定范围内练习，不要任意滑行，应采取正确的练习姿势。已初步掌握站立和慢步滑行者，最好由滑行熟练的同伴或辅导员进行技术辅导。

（5）初学者练习时应及早学会摔倒时的自我保护方法。向前摔倒时应避免单臂前伸支撑；向后倒时应避免上体伸展抬头，要立即收腹低头，重点保护头部；向侧摔倒时，两臂紧贴身体向体侧滚动。

（6）在练习场上禁止做危险和妨碍他人的动作，如手拉手滑行、在跑道上逆行、追逐、乱窜、打闹、横穿跑道等。

（7）在轮滑场上要自觉地保持地面卫生，严禁乱扔果皮、烟头、冰棒棍、碎纸、绳头、空瓶子等杂物。

（8）要用正确的技术滑行，要在指定的区域滑行、练习。练习要适可而止，每次滑行的时间不宜过长，以避免造成过度疲劳。

（9）当人体失去平衡要跌倒时，有一种本能的自我保护性反射动作。在跌倒时尽量用双臂来保护自己，用双手撑地缓冲力量。在来不及用双臂支撑时，尽量用背部、臀部着地。在跌倒时可团身、收腹，使得自己身体成球形，一手或双手保护头部，在地上滚动，减少损伤。

（10）在轮滑场地上要有必要的急救用品和医务人员，一旦有外伤出现要及时处理，如有骨折、脑震荡等严重伤害事故出现，应及时护送伤者到医院治疗。

（11）患有严重疾病，如心脏病、高血压、传染病、精神病等疾病，不宜参加轮滑运动的人，不要进行轮滑练习，酒后也不要进行轮滑练习。

第二节　野外生存

一、野外生存概述

1. 野外生存的概念

野外生存即人在食宿无着的山野丛林中求生。人类在自然的怀抱中创造了文明，文明却正在使人类远离自然。也许是人类远离自然的文明世界生活得太久了，在都市文明所带来的便捷中逐渐陷入身心的怠懒之后，便开始渴望回归自然。按捺不住心情的都市新潮一族，首先渴望冲出都市文明的封锁，去和自然对话，还原人类作为大自然中一员的本色，表现人类最本质的能力。野外生存的兴起，正好满足了人类的这一需求。

野外生存所包括的知识非常广泛，总的来说包括：判定方位、迷途的处置；猎捕动物和采食野生植物充饥；就地取材，构筑简易的露营帐篷；识别利用草药救治伤病等。概括起来说，就是走、吃、住、自救四项。这是每一个人应当了解的常识。

2. 野外生存的锻炼意义

生活在都市的人们越来越忙碌，越来越远离大自然，已不记得有多久没有看到繁星满天的夜空，多久没有闻到大自然的鸟语花香。通过参加野外生存培训，可以有一个与大自然更深层次接触的机会。这种接触不仅仅停留在沿途走马观花地欣赏风光，而是深入深山峡谷中体会大自然的一山、一水、一草、一木，让繁忙的人们感到大自然其实有多么美好，同时通过活动中的环保意识和行为的树立使人们更深切体会到爱护大自然、保护大自然的重要性。

随着现代生活节奏加快，人与人之间的关系变得越来越淡漠，同事与同事之间在碰面时也只是点头而过，甚至家庭成员中的亲情也出现了一些不应该有的裂痕。野外生存培训活动可以让学校中的同学与同学之间、社会中的人与人之间、家庭中的成员之间的关系在共同攀越悬崖峭壁，共同搭建营地，共同埋锅做饭，共同分享泉水中得到改善。摘掉城市生活中的面具，通过共同的活动，参加培训的人员会觉得其实生活在我们周围的每一个人都有真、善、美的一面，只是平时缺少沟通与了解，缺少机会发现。野外生存训练不仅使得所有参加活动的人有一个相知、相识的机会，更主要的是培养沟通与合作的潜意识，并让这种良好的潜意识在将来的工作生活中发挥作用。

在竞争日趋激烈的知识经济时代，科技发展日新月异，现代社会中人们尤其是每日穿梭于高楼大厦间的职业人士越来越多地感受到来自社会中、工作中、学习中及其家庭中的各种压力和挑战，往往感觉疲惫，力不从心。参加野外生存训练可以帮助人们重新认识自我并挖掘自身潜能，使人们能够唤起面对困难和挑战的勇气。

二、野外生存的常识和内容

野外生存的内容，主要包括野外生存食品的准备、野外定位与判别方向、野外觅食、野外住宿、野外行军、野外危险因素分析、野外自卫与自救、紧急救援等几部分，主要按照山岳、水系、沙漠、森林、高原五种地形进行分析。

1. 野外生存的特点

野外工作，由于是短期的、临时性的，因而决定了野外生存装备具有很强的简易性和目的性。这要求野外工作人员在进行装备等准备时，要考虑在完成目的任务的前提下，尽可能少地携带物资，即能不带的就不带，而不能过多地考虑生活的舒适。由于野外工作都是在露天条件下进行的，因而环境的变化是野外工作人员首先考虑的因素之一。工作区域所处的位置，如经纬、地形、地貌、交通、通信等条件，工作期间所处的季节、气候等因素，都必须在工作前进行详细调查研究。

2. 野外生存食品和装备的准备

（1）三个基本因素。三个基本因素是少量、简易和保证。

①少量是指尽可能地不带。对食品而言，有许多是可以就地解决的，如新鲜蔬菜等。少量还包括物资的一物多用，比如不怕压的听装、袋装食品使用前可以当作板凳，用过的听装容器可以当水杯等，一般为每人每天 600 克左右。

②简易是指轻便、灵活、携带方便但功能多样的物资。食品要在保证营养、热量、口味的前提下，尽可能地携带方便食品、半成品等。

③保证是指需要的物资一定不能少带，如粮食、工具等。

（2）野外必备物资如下：

①食品需按计划计算数量，应略有富余。多品种、多口味。

②装备包括帐篷、炊具、睡袋、衣物、火种和小刀，其他工作用品，如地形图、绳索、通信器材等。火种和小刀是野外生存必备的工具，没有这两样东西，在遇到危险时，很难应付。火种的用处有驱寒、照明、煮食、联络等，小刀的用处有砍伐、宰杀、削割、自卫等。火种以打火机为好，火柴易受潮，影响使用。小刀以瑞士多用军刀为宜。

③急救包有四大类。火种：防水火柴、放大镜、火石；助燃类：棉花、蜡、炉子、酥油；工具类：体积小，用途多样，针、线、鱼钩、金属丝（铜丝最好）、刀片；药品类：止痒、止血、消炎、抗过敏、消毒类药物。

三、野外自卫与自救

野外自卫是指在野外工作期间，受到来自外部的威胁时，本身采取的保卫自己生命的行为。自救是指自己的生命已经受到来自外部的伤害时，自己采取的救助生命的行为。

应对野外危险因素的基本原则有：

①沉着应付：主要是心理调整。在毫无准备的情况下，突然面对来自外部的威胁，心情紧张是不可避免的，但为了自卫，必须将紧张的心情迅速调整到冷静的状态上。

②以己之长，克敌之短：在心理调整后，迅速地想出自卫的办法。

③工具和技能的准备与使用：在必备工具随身携带的情况下，当遇到威胁时，尽可能地利用工具自卫，如绳索、小刀、火种等。一些技能在自卫的过程中也能发挥很好的作用。

被困时，食物是非常重要的，而你所带食品是非常有限的，那么就要合理地分配，并坚持到营救人员找到你，以保全性命。

④紧急求援：在孤立无援的情况下，要通过各种手段，向外界发出求救信号，争取援助，如无线电呼救等。方法可根据当时的情况临时确定，在没有无线电的情况下，利用其他方式，如火光（点燃三堆火，白天呈三炷烟）、灯光、声音、人为标志等。

第三节　攀岩运动

一、攀岩运动概述

1. 攀岩运动的起源与发展

攀岩运动是从登山运动中派生出来的现代竞技项目，于20世纪50年代才正式出现。登山者即使选择最容易的路线攀登几千米的高峰，在途中也免不了要遇到一些悬崖峭壁，所以说攀岩也是登山运动的一项基本技能。这项运动是利用人类原始的攀爬本能，借助各种装备作安全保护，攀登一些岩石所构成的峭壁、裂缝、大圆石以及人工制作的岩壁运动。既要求运动员具有勇敢顽强、坚韧不拔的拼搏进取精神，又需要具有良好的柔韧性、节奏感及攀岩技巧，这样才能娴熟地在不同高度、不同角度的陡峭岩壁上轻松，准确地完成身体的腾挪、转体、跳跃、引体等惊险动作，给人以优美、流畅、刺激、力量的感受。自从1987年引入中国后，这项集健身、娱乐、竞技于一体的极限运动就以其独特的魅力吸引了年轻人的目光，并且在年轻人中迅速蔓延开来。经过20多年的发展，风靡欧美的攀岩运动不仅在中国已经初具影响力，有了相对固定的爱好群体，而且，正在以前所未有的速度呈现出放射性的发展态势。攀岩已经是当今世界上与蹦极、跳伞、滑翔等齐名的冒险运动。

2. 攀岩运动的场地和设备

（1）攀岩运动的装备选择。攀岩的装备器材是攀岩运动的一部分，是攀岩者的安全保证，尤其在自然攀岩的攀登中。因此平时就应该注重攀岩装备的维护和保养，到攀登前更不可以忽视攀岩装备的认真安装与细心检查，以确定攀岩运动的万无一失，攀岩装备分为个人装备和攀登装备两个部分。

个人装备：

①安全带：攀岩用安全带与登山安全带有所不同，属于专用，并不适合登山，但是登

山用安全带可以在攀岩时使用。我国大部分攀岩者多使用登山安全带，这是因为国内没有安全带生产厂商，而攀岩爱好者又常是登山人，于是两种安全带也就混用了。

②下降器："8"字环下降器是最普遍使用的下降器。

③安全铁索和绳套：在登攀过程中，休息或进行其他操作时自我保护之用。

④安全头盔：一块小小的石块落下来，砸在头上就可能造成生命危险，因此头盔是攀岩的必备装备。

⑤攀岩鞋：是一种摩擦力很大的专用鞋，穿起来可以节省体力。

⑥镁粉和粉袋：手出汗时，抹一点粉袋中装着的镁粉，可防止手滑。

攀登装备：

①绳子：攀岩时必备的使用装备，一般使用直径为 9~11 毫米的绳子，最好是 11 毫米的主绳；

②铁锁和绳套：是连接保护点，下方保持攀登法必备的器械；

③岩石锥：固定在岩壁上的各种锥状、钉状、板状金属材料做成的保护器械，可根据裂缝的不同而使用不同形式的岩石锥；

④岩石锤：钉岩石时使用的工具；

⑤岩石楔：与岩石锥的作用相同，但可以随时放取的固定保护工具；

⑥悬挂式帐篷：准备在岩壁上过夜时使用的夜间休息帐篷，必须通过固定点用绳子固定保护起来悬挂在岩壁。

其他装备主要有背包、睡具、炊具、护具、小刀、打火机等用具，视活动规模、时间长短和个人需要携带。

（2）攀岩场地。目前，国内有十来个大型人工攀岩场地，下面介绍几个有代表性的场地：

①国家登山队训练基地：位于北京怀柔县城，是国内最早的人工场地，高 15 米，钢筋混凝土材料。主要用于国家登山队登山、攀岩队员训练，同时也对外开放，10 人以上的团体去活动较合适，那里有国家级教练和国内一流水平的攀岩高手做现场表演或指导。

②中国地质大学（武汉）：位于湖北武汉，是国内最早最大的室内人工场地。高 13 米，硬木板面。主要用于大学攀岩队训练及教学。

③中国地质大学（北京）：位于北京市区。高 15 米，玻璃钢面。主要用于大学攀岩队训练及教学，同时对外招收大学攀岩俱乐部成员。

④北京大学：位于北京市区。高 15 米，玻璃钢面。主要用于大学攀岩队训练及教学，同时对外招收大学攀岩俱乐部成员。

⑤长春科技大学：位于吉林长春，框架高 25 米，岩面高 16 米，玻璃钢面。主要用于大学攀岩队训练及教学。

⑥大港油田：位于天津大港油田，高 15 米，玻璃钢面。主要用于大港油田攀岩队训练。

⑦雁栖湖：位于北京怀柔雁栖湖风景区，距怀柔县城 10 千米。高 15 米，玻璃钢面。主要是对外营业。

⑧生存岛：位于北京怀柔生存岛，距怀柔县城 3 千米。高 15 米，玻璃钢面。

至于自然岩壁，由于受攀岩水平、装备等多种因素的制约，现在我国攀爬自然岩壁的人数较少。不过，我国幅员辽阔，各种风格的悬崖峭壁随处可见，随着攀岩运动在国内的进一步普及推广，相信会有许多经过清理、打好保护的路线供广大攀岩爱好者攀登。

二、攀岩运动的基本技术

1. 身体姿势

攀登岩石峭壁时身体要自然放松，以3个支点稳定重心，重心要随攀岩动作的转换移动，这是攀岩能否稳定、平衡、省力的关键。要想身体放松就要根据岩壁陡缓程度，使身体和岩壁保持一定距离，靠得太近，会影响观察攀岩路线和选择支点，但在攀登人工岩壁时要贴得很近。在自然岩壁攀登时，上、下肢要协调舒展，攀岩要有节奏，上拉、下蹬要同时用力，身体重心一定要落在脚上，保持面向岩壁、三点固定支撑、直立于岩壁的攀登姿势。

2. 手臂动作

手在攀岩过程中是抓住支点、维持身体平衡的关键，手臂力量的大小直接影响攀岩的质量和效果。因此，攀岩必须要有足够的指力、腕力和臂力。攀登中用手的根本目的是使身体向上运动和贴近岩壁。岩壁上的支点形状很多，常见的也有几十种。攀登者对这些支点的形状要熟悉，知道对不同的支点手应抓握何处，如何使力。根据支点上突出（凹陷）的位置与方向，有抠、捏、拉、攥、握、推等方法，但也不要拘泥，同一支点可以有很多种抓握方法。比如有种支点是一个圆疙瘩上有一个小平台，一般情况是把手指搭在上面垂直往下拉，但为了使身体贴近岩壁，完全可以整个捏住，平拉。攀登中手指力量十分重要，平常可以用指卧撑、引体向上、指挂引体向上、提捏重物等方法练习。现在国外一些高手已能达到单指引体向上的力量水平。

3. 脚的动作

脚的动作要领是两腿外旋，大脚趾内侧贴近岩面，两脚微屈，以脚踩支点维持身体重心，脚底动作也是要根据支点的不同和身体要做到动作配合，有蹬、跨、挂、勾等方法，灵活运用。

4. 手脚配合

凡优秀攀岩运动员，上、下肢力量是协调运用的。对初学者来说，上肢力量显得更重要，攀登时往往是上肢引体，下肢蹬压抬腿而移动身体。如果上肢力量差，攀登时就容易疲劳，表现为手臂无力、酸疼，逐渐失去抓握能力，此时，即使有好的下肢力量，也难以维持身体平衡。所以学习攀岩，首先要练好上肢力量，要以手指和手腕、小臂力量为主，再配合以脚腕、脚趾以及腿部的力量，使身体重心随着用力方向的不同而协调地移动，手脚动作配合自如。

5. 三点固定法

攀登时身体要自然放松，以3个支点稳定身体重心，而重心要随攀登动作的转换移动，这是攀岩能否稳定、平衡、省力的关键。攀自然岩壁时身体和岩壁保持一定距离，靠得太近，会影响观察攀岩路线和选择支点，攀登人工岩壁时要贴得近。攀登时，上、下肢要协调舒展，有节奏，上拉、下蹬要同时用力，身体重心一定要落在脚上，三点固定支撑、直立于岩壁上的攀登姿势。休息时，手臂伸直，重心在腿上。

6. 攀登保护

攀登者是在保护人通过登山绳给予的保护下进行攀登的。登山绳的一端通过铁锁或直接与攀登者腰间的安全带连接，另一端穿过保护者身上与其腰间安全带相连的铁锁和下降器，中间则穿过一个或多个固定的安全支点上的铁锁，保护者在攀登者上升时不断给绳（或收绳），在攀登者失手时，拉紧绳索制止坠落。发生突然坠落时，冲击力时很大的，直接手握绳索很难拉住，冲击力主要是通过绳索与铁锁及下降器的摩擦力而抵消的。由于在保护支点上有很大的摩擦力，所以体重较轻的人是可以保护体重较重的人的。保护的形式一般按保护支点的相对位置分为以下两种：

（1）上方保护。上方保护是保护支点在攀登者上方的保护形式。在攀登者上升过程中，保护人不断收绳，使攀登人胸前不留有余绳，但也不要拉得过紧，以免影响攀登者行动，这点在登大仰角时尤应注意。上方保护对攀登者没有特殊要求，发生坠落时冲击力较小，较为安全。进行上方保护时，使用的器材一般有安全带、铁锁和下降器。保护人收绳时，应注意随时要有一只手握住下降器后面的绳索（或把下降器两头的绳索抓在一起），只抓住下降器前面的绳子是难以制止坠落的。

（2）下方保护。下方保护是保护支点位于攀登人下方的保护方式。没有上方预设的保护点，只是在攀登者上升过程中，不断把保护绳挂入途中安全支点上的铁锁中。这是领先攀登人唯一可行的保护方法，实用性较强，而且是国际比赛中规定的保护方法。但是这种保护方法要求攀登者自己挂保护，而且发生坠落时，坠落距离大、冲击力强，因此一般由技术熟练者使用。

三、攀岩的注意事项

经过几十年的发展，目前的攀岩水平已经相当高，而且还不断在进步之中，本节仅介绍其中最基本的要点。

1. 尽量节省手的力量

攀岩是用手和脚，通过寻找岩面上一切可利用的支点，克服攀爬者自身的体重及所携带器械的重量向上进行攀登。所有攀爬者应该有一定的手臂、手指、指尖及腰腹力量。由于手臂力量相对有限，在攀登过程中，应尽量用腿部力量，而节省手的力量。

2. 控制好重心

控制重心平衡是攀岩过程中最关键的问题，重心控制得好就省力，反之，就会消耗许多不必要的力量，同时也就影响了整个攀登过程。

3. 有效地休息

在一条攀登路线中肯定是有些地方简单，有些地方难，要想一口气爬完全程比较困难，所以想爬得高一些，应该学会有效地进行休息，一般是到达一个比较容易的位置，以最省力的姿势，边休息边观察下一段要攀爬的线路。这一点在比赛过程中显得更为重要，因为正式的比赛，攀登路线是完全陌生的，并且只有一次机会。

4. 主动调节呼吸

初学者往往忽略调节呼吸。攀爬一条路线是一个连续的过程，从一开始就应该主动去调节呼吸，而不应该等快坚持不住了再去调整。

5. 重视保护

攀岩是一项很具危险性的运动，若装备质量合格，保护技术过硬，保护人员操作规范、认真，就不会有危险；反之，若装备有问题，保护人员操作不规范、不认真，就容易出危险。因此，攀岩运动中的保护是每个参与者都应该时刻注意的问题。

第四节 定向越野运动

一、定向越野运动概述

1. 定向运动的起源

定向运动起源于 20 世纪初瑞典的一种儿童游戏——寻宝。1918 年，瑞典一位名叫吉兰特的童子军领袖组织了一次名为"寻宝游戏"的活动，以训练童子军的野外定向能力及生存技能为目的。这次活动引起参加者的极大兴趣，这便是定向运动的雏形。此后，这种运动迅速传遍北欧，并很快普及到世界各地，北欧许多国家还把它列入军队或地方院校的"必修课"。

定向运动于 1983 年传入我国。同年 3 月，中国人民解放军体育学院在广州白云山组织了"定向越野试验比赛"。此后，这项运动在我国得到迅速推广，运动水平也不断提高。1992 年 7 月我国正式成立了"中国定向运动联合会"，并组织了全国性的定向运动比赛。

定向越野是定向运动的主要内容之一，是一种借助地图和指南针按照规定方向行进的体育活动。它既有利于增强体质、锻炼意志，又是普及地图应用、传播识图用图知识的一种有效方法。参赛者要依靠标有若干检查点和方向线的地图并借助指南针，自己选择行进路线，依次寻找各个检查点，用最短的时间完成比赛者为优胜。

定向越野比赛是国际定向运动联合会承认的比赛项目之一，其主要项目有个人定向、接力定向、夜间定向、家庭定向、滑雪定向和五日定向等。

2. 定向越野运动的场地和器材

（1）场地。比赛区域应选择地形复杂，自然植被较多，有山有水的自然地貌，比赛区域的选择要避免为某些参加者所熟悉。专业的定向越野比赛，其竞赛线路一般 4000~8000米，参加者是在越野奔跑中完成比赛的，设计竞赛时间为 40~60 分钟，每个检查点间距一般在 500~1000 米。业余的定向越野比赛，一般竞赛线路都超 8000 米，且大多加入了"野外生存"内容，使得业余定向越野活动更具吸引力，需强调的是，定向越野必须遵循"敬重自然，爱护自然"的原则。

（2）器材。

①指南针。指南针一般由组织者提供，若要求自备，则应该对其性能、类型等做出原则上的规定。目前，指南针的类型有简单式、液池式、透明式、照准式、电子式等。

②检查卡片。检查卡片主要用于判定运动员的成绩。用厚纸片制成，分为主卡和副卡两部分。主卡由运动员在比赛中携带，并按照顺序将每个检查点的点签图案印在空格中，

到达终点时交裁判人员验证。副卡在出发前交工作人员留底和公布成绩时使用。

③地图。地图是定向越野最重要的工具之一，它的质量直接影响到运动员的成绩和比赛是否公正。因此，国际定联专门为定向越野比赛制定了《国际定向运动制图规范》。

④检查点标志。检查点用于检验运动员是否按照规定跑完全程，因此，必须设置专门的标志。检查点应该在地图上准确地标示出来。

⑤点签。点签是与检查点配合而起作用的，它提供给运动员一个到达位置的凭据。其常见的是印章式和钳式。检查印章或点签上有不同图案或代码，以便印出不同的图案或印痕。

二、定向越野运动基本技术

1. 在野外能够迅速地辨别方向

（1）利用地物辨别方向。例如院落主房、庙宇、树木、凸出地物、凹入地物等。

（2）利用太阳与时表判定方向。

（3）利用指南针判定方向。当指南针的磁针静止后，其"N"端所指的方向为北方。

2. 能熟练地使用地图和指南针

地图的比例尺是最重要的参数之一。要想学会识别、使用越野图，首先应该懂得地图比例尺，并用指南针上的直线比例尺直接读出相应的实地距离。

3. 要有善于进行长距离越野跑的能力

定向越野比赛是智力与体力的综合能力的体现，参赛者只有具备良好的身体素质和长距离越野奔跑的能力，才有可能获得好的成绩。

4. 果断、细心、能够迅速地选择最佳的行进路线

最佳的行进路线应该是省体力、省时间、最安全，便于发挥自己的技能或体能优势。因此，选择最佳路线遵循"有路不越野，走高不走低"的原则。

三、定向越野运动的健身意义

1. 健身益智

定向越野是一项智力与体力相结合的运动。参加者要根据组织者在图上标明的运动方向，进行地图与实地对照，选择运动路线，寻找各检查点，这种过程需要参加者积极的思考、精确的判断和果断的决策，使得在提高参加者使用地图和野外判定能力的同时极大地促进智力的提高。这项比赛与其他计时径赛一样，比拼的是在最短时间内通过全程的能力，对参加者奔跑速度和耐力有一定的要求，长期坚持能改善和提高参加者的心肺功能和有氧耐力，起到健身的积极作用，而且该项目具有激烈的竞争性，还能培养人勇敢顽强的意志品质和勇于进取的拼搏精神。

2. 生动有趣

由于这项运动既是体力的比拼，又是方向感、判断力、使用地图能力等智力因素的比拼。因此比单纯的赛跑更能提高参赛者的兴趣，并且比赛在野外进行，使参与者得以亲近自然、享受具有旅游特点的比赛过程，这无疑增添了该运动的趣味性，使得该项运动比其他运动更具有吸引力。

3. 简单经济

运动不需要支付场地和器材费用，易于组织，娱乐性与实用性兼备，具有简单、经济实用的特点。

4. 扩大交际

定向越野运动是一项新兴时尚的体育运动，受到不同年龄、不同阶层、不同行业人群的喜欢，爱好者也为数众多。经常参加此类活动，人们在轻松、友谊、快乐中公平竞赛，有利于建立轻松平等的人际关系。

基于以上特点，定向越野运动更适合大学生，尤其适合地质、矿冶测绘院校的大学生参加。目前，我国许多地质、矿冶、测绘院校及普通高校开设了定向越野课程。

四、定向越野运动的规则

1. 犯规

有下列行为之一者即为犯规，应取消比赛资格：

（1）有意妨碍他人比赛（包括犯有同一性质的其他任何不良言行）者；

（2）蓄意损坏点标、点签和其他比赛设施者；

（3）比赛中搭乘交通工具行进者；

（4）未通过全部检查点而又伪造点签图案者。

2. 违例

有下列行为之一者被视为违例，应给予警告。裁判人员将根据违例的性质和程度，采取从降低成绩直至取消比赛资格的处罚：

（1）在出发区越位（提前）取图和抢先出发者；

（2）接受别人的帮助，如指路、寻找点标、使用点签者；

（3）为别人提供帮助，如指路、寻找点标，使用点签者；

（4）为从对手的技术中获利，故意在比赛中与对手同路或跟进者；

（5）故意不按比赛规定顺序行进者；

（6）不按规定位置佩戴号码布者；

（7）有其他违反比赛规则行为者。

3. 成绩无效

有下述情况之一者，比赛成绩将被判为无效：

（1）有证据表明在比赛前勘察过路线者；

（2）未通过全部检查点，即检查卡片上点签图案不全者；

（3）点签图案模糊不清，确实无法辨认者；

（4）在检查卡片上不按规定位置使用点签者；

（5）在比赛结束（指终点关闭）前不交回检查卡片者；

（6）超过比赛规定的终点关闭时间（检查点一般也在同一时间撤收）而尚未返回会场者。如确系迷失方向，应向附近任意一条大路或原检查点位置靠拢，等候工作人员的处置；

（7）有意无意地造成国家或他人的重大经济损失和破坏自然风景者。由此带来的一切后果及其责任由肇事人承担。

参 考 文 献

[1] 刘建华主编．大学体育［M］．北京：人民邮电出版社，2002．

[2] 全国体育学院教材委员会．体育概论［M］．北京：人民体育出版社，2005．

[3] 体育学院普修通用教材编审委员会《武术》教材组．武术［M］．北京：人民体育出版社，1997．

[4] 体育学院普修通用教材编审委员会《乒乓球》教材组．乒乓球［M］．北京：人民体育出版社，1997．

[5] 杨斌主编．形体训练纲论［M］．北京：北京体育大学出版社，2002．

[6] 刘卫军主编．跆拳道［M］．北京：高等教育出版社，2004．

[7] 中国排球协会编写．排球竞赛规则［M］．北京：人民体育出版社，2001．

[8] 中国网球协会编写．网球竞赛规则［M］．北京：光明日报出版社，1999．

[9] 体育学院教材编审委员会《篮球》教材组编写．篮球［M］．北京：人民体育出版社，1991．

[10] 体育学院教材编审委员会《羽毛球》教材组编写．羽毛球［M］．北京：人民体育出版社，1991．

[11] 中国篮球协会审定．篮球规则2020［M］．北京：北京体育大学出版社，2020．

[12] 范晓清．大众健美操与舞蹈健身［M］．北京：人民军医出版社，2005．

[13] 黄宽柔，姜桂萍．健美操 体育舞蹈［M］．北京：高等教育出版社，2006．

[14] 杨晓美，冯晓辉．形体运动［M］．北京：人民体育出版社，1997．

[15] 刘志红．形体训练教程［M］．北京：高等教育出版社，2009．

[16] 魏纯镭，赵元祥．健美操［M］．北京：北京体育大学出版社，2003．

[17] 马鸿韬．健美操运动教程［M］．北京：北京体育大学出版社，2007．

[18] 彭延春，常蕾．形体训练［M］．北京：中国轻工业出版社，2010．

[19] 毛振明主编．现代大学体育［M］．北京：教育科学出版社，2015．

[20] 乔治·福伊尔施泰因，拉里·佩恩．轻松瑜伽［M］．王丹丹，孙基梁，译．北京：机械工业出版社，2006．

[21] 戴俊主编．大学体育与健康教程［M］．西安：西安交通大学出版社，2015．

附录

国家学生体质健康标准（2014 年修订）

一、说明

1. 《国家学生体质健康标准》（以下简称《标准》）是国家学校教育工作的基础性指导文件和教育质量基本标准，是评价学生综合素质、评估学校工作和衡量各地教育发展的重要依据，是《国家体育锻炼标准》在学校的具体实施，适用于全日制普通小学、初中、普通高中、中等职业学校、普通高等学校的学生。

2. 本标准的修订坚持健康第一，落实《国家中长期教育改革和发展规划纲要（2010—2020 年）》《国务院办公厅转发教育部等部门关于进一步加强学校体育工作若干意见的通知》（国办发〔2012〕53 号）和《教育部关于印发〈学生体质健康监测评价办法〉等三个文件的通知》（教体艺〔2014〕3 号）有关要求，着重提高《标准》应用的信度、效度和区分度，着重强化其教育激励、反馈调整和引导锻炼的功能，着重提高其教育监测和绩效评价的支撑能力。

3. 本标准从身体形态、身体机能和身体素质等方面综合评定学生的体质健康水平，是促进学生体质健康发展、激励学生积极进行身体锻炼的教育手段，是国家学生发展核心素养体系和学业质量标准的重要组成部分，是学生体质健康的个体评价标准。

4. 本标准将适用对象划分为以下组别：小学、初中、高中按每个年级为一组，其中小学为 6 组、初中为 3 组、高中为 3 组。大学一、二年级为一组，三、四年级为一组。

5. 小学、初中、高中、大学各组别的测试指标均为必测指标。其中，身体形态类中的身高、体重，身体机能类中的肺活量，以及身体素质类中的 50 米跑、坐位体前屈为各年级学生共性指标。

6. 本标准的学年总分由标准分与附加分之和构成，满分为 120 分。标准分由各单项指标得分与权重乘积之和组成，满分为 100 分。附加分根据实测成绩确定，即对成绩超过 100 分的加分指标进行加分，满分为 20 分；小学的加分指标为 1 分钟跳绳，加分幅度为 20 分；初中、高中和大学的加分指标为男生引体向上和 1000 米跑，女生 1 分钟仰卧起坐和 800 米跑，各指标加分幅度均为 10 分。

7. 根据学生学年总分评定等级：90.0 分及以上为优秀，80.0～89.9 分为良好，60.0～79.9 分为及格，59.9 分及以下为不及格。

8. 每个学生每学年评定一次，记入《〈国家学生体质健康标准〉登记卡》（附表 1～附表 6）。特殊学制的学校，在填写登记卡时可以按规定和需求相应地增减栏目。学生毕业时的成绩和等级，按毕业当年学年总分的 50% 与其他学年总分平均得分的 50% 之和进行评定。

9. 学生测试成绩评定达到良好及以上者，方可参加评优与评奖；成绩达到优秀者，方可获体育奖学分。测试成绩评定不及格者，在本学年度准予补测一次，补测仍不及格，则学年成绩评定为不及格。普通高中、中等职业学校和普通高等学校学生毕业时，《标准》测试的成绩达不到50分者按结业或肄业处理。

10. 学生因病或残疾可向学校提交暂缓或免予执行《标准》的申请，经医疗单位证明，体育教学部门核准，可暂缓或免予执行《标准》，并填写《免予执行〈国家学生体质健康标准〉申请表》（附表7），存入学生档案。确实丧失运动能力、被免予执行《标准》的残疾学生，仍可参加评优与评奖，毕业时《标准》成绩需注明免测。

11. 各学校每学年开展覆盖本校各年级学生的《标准》测试工作，《标准》测试数据经当地教育行政部门按要求审核后，通过"中国学生体质健康网"上传至"国家学生体质健康标准数据管理系统"。测试和数据上传时间由教育行政部门确定。

12. 本标准由教育部负责解释。

二、单项指标与权重

测试对象	单项指标	权重（%）
小学一年级至大学四年级	体重指数（BMI）	15
	肺活量	15
小学一、二年级	50米跑	20
	坐位体前屈	30
	1分钟跳绳	20
小学三、四年级	50米跑	20
	坐位体前屈	20
	1分钟跳绳	20
	1分钟仰卧起坐	10
小学五、六年级	50米跑	20
	坐位体前屈	10
	1分钟跳绳	10
	1分钟仰卧起坐	20
	50米×8往返跑	10
初中、高中、大学各年级	50米跑	20
	坐位体前屈	10
	立定跳远	10
	引体向上（男）/1分钟仰卧起坐	10
	1000米跑（男）/800米跑（女）	20

注：体重指数（BMI）=体重（千克）/身高^2（米^2）。

三、评分表

（一）单项指标评分表

表1-1

男生体重指数（BMI）单项评分表（单位：千克/米²）

等级	单项得分	一年级	二年级	三年级	四年级	五年级	六年级	初一	初二	初三	高一	高二	高三	大学
正常	100	13.5~18.1	13.7~18.4	13.9~19.4	14.2~20.1	14.4~21.4	14.7~21.8	15.5~22.1	15.7~22.5	15.8~22.8	16.5~23.2	16.8~23.7	17.3~23.8	17.9~23.9
低体重	80	≤13.4	≤13.6	≤13.8	≤14.1	≤14.3	≤14.6	≤15.4	≤15.6	≤15.7	≤16.4	≤16.7	≤17.2	≤17.8
超重	80	18.2~20.3	18.5~20.4	19.5~22.1	20.2~22.6	21.5~24.1	21.9~24.5	22.2~24.9	22.6~25.2	22.9~26.0	23.3~26.3	23.8~26.5	23.9~27.3	24.0~27.9
肥胖	60	≥20.4	≥20.5	≥22.2	≥22.7	≥24.2	≥24.6	≥25.0	≥25.3	≥26.1	≥26.4	≥26.6	≥27.4	≥28.0

表1-2

女生体重指数（BMI）单项评分表（单位：千克/米²）

等级	单项得分	一年级	二年级	三年级	四年级	五年级	六年级	初一	初二	初三	高一	高二	高三	大学
正常	100	13.3~17.3	13.5~17.8	13.6~18.6	13.7~19.4	13.8~20.5	14.2~20.8	14.8~21.7	15.3~22.2	16.0~22.6	16.5~22.7	16.9~23.2	17.1~23.3	17.2~23.9
低体重	80	≤13.2	≤13.4	≤13.5	≤13.6	≤13.7	≤14.1	≤14.7	≤15.2	≤15.9	≤16.4	≤16.8	≤17.0	≤17.1
超重	80	17.4~19.2	17.9~20.2	18.7~21.1	19.5~22.0	20.6~22.9	20.9~23.6	21.8~24.4	22.3~24.8	22.7~25.1	22.8~25.2	23.3~25.4	23.4~25.7	24.0~27.9
肥胖	60	≥19.3	≥20.3	≥21.2	≥22.1	≥23.0	≥23.7	≥24.5	≥24.9	≥25.2	≥25.3	≥25.5	≥25.8	≥28.0

表1-3

男生肺活量单项评分表（单位：毫升）

等级	单项得分	一年级	二年级	三年级	四年级	五年级	六年级	初一	初二	初三	高一	高二	高三	大一大二	大三大四
优秀	100	1700	2000	2300	2600	2900	3200	3640	3940	4240	4540	4740	4940	5040	5140
	95	1600	1900	2200	2500	2800	3100	3520	3820	4120	4420	4620	4820	4920	5020
	90	1500	1800	2100	2400	2700	3000	3400	3700	4000	4300	4500	4700	4800	4900
良好	85	1400	1650	1900	2150	2450	2750	3150	3450	3750	4050	4250	4450	4550	4650
	80	1300	1500	1700	1900	2200	2500	2900	3200	3500	3800	4000	4200	4300	4400
	78	1240	1430	1620	1820	2110	2400	2780	3080	3380	3680	3880	4080	4180	4280
	76	1180	1360	1540	1740	2020	2300	2660	2960	3260	3560	3760	3960	4060	4160
	74	1120	1290	1460	1660	1930	2200	2540	2840	3140	3440	3640	3840	3940	4040
	72	1060	1220	1380	1580	1840	2100	2420	2720	3020	3320	3520	3720	3820	3920
	70	1000	1150	1300	1500	1750	2000	2300	2600	2900	3200	3400	3600	3700	3800
及格	68	940	1080	1220	1420	1660	1900	2180	2480	2780	3080	3280	3480	3580	3680
	66	880	1010	1140	1340	1570	1800	2060	2360	2660	2960	3160	3360	3460	3560
	64	820	940	1060	1260	1480	1700	1940	2240	2540	2840	3040	3240	3340	3440
	62	760	870	980	1180	1390	1600	1820	2120	2420	2720	2920	3120	3220	3320
	60	700	800	900	1100	1300	1500	1700	2000	2300	2600	2800	3000	3100	3200
不及格	50	660	750	840	1030	1220	1410	1600	1890	2180	2470	2660	2850	2940	3030
	40	620	700	780	960	1140	1320	1500	1780	2060	2340	2520	2700	2780	2860
	30	580	650	720	890	1060	1230	1400	1670	1940	2210	2380	2550	2620	2690
	20	540	600	660	820	980	1140	1300	1560	1820	2080	2240	2400	2460	2520
	10	500	550	600	750	900	1050	1200	1450	1700	1950	2100	2250	2300	2350

表1-4

女生肺活量单项评分表（单位：毫升）

等级	单项得分	一年级	二年级	三年级	四年级	五年级	六年级	初一	初二	初三	高一	高二	高三	大一大二	大三大四
优秀	100	1400	1600	1800	2000	2250	2500	2750	2900	3050	3150	3250	3350	3400	3450
优秀	95	1300	1500	1700	1900	2150	2400	2650	2850	3000	3100	3200	3300	3350	3400
	90	1200	1400	1600	1800	2050	2300	2550	2800	2950	3050	3150	3250	3300	3350
良好	85	1100	1300	1500	1700	1950	2200	2450	2650	2800	2900	3000	3100	3150	3200
	80	1000	1200	1400	1600	1850	2100	2350	2500	2650	2750	2850	2950	3000	3050
	78	960	1150	1340	1530	1770	2010	2250	2400	2550	2650	2750	2850	2900	2950
	76	920	1100	1280	1460	1690	1920	2150	2300	2450	2550	2650	2750	2800	2850
	74	880	1050	1220	1390	1610	1830	2050	2200	2350	2450	2550	2650	2700	2750
	72	840	1000	1160	1320	1530	1740	1950	2100	2250	2350	2450	2550	2600	2650
及格	70	800	950	1100	1250	1450	1650	1850	2000	2150	2250	2350	2450	2500	2550
	68	760	900	1040	1180	1370	1560	1750	1900	2050	2150	2250	2350	2400	2450
	66	720	850	980	1110	1290	1470	1650	1800	1950	2050	2150	2250	2300	2350
	64	680	800	920	1040	1210	1380	1550	1700	1850	1950	2050	2150	2200	2250
	62	640	750	860	970	1130	1290	1450	1600	1750	1850	1950	2050	2100	2150
	60	600	700	800	900	1050	1200	1350	1500	1650	1750	1850	1950	2000	2050
不及格	50	580	680	780	880	1020	1170	1310	1460	1610	1710	1810	1910	1960	2010
	40	560	660	760	860	990	1140	1270	1420	1570	1670	1770	1870	1920	1970
	30	540	640	740	840	960	1110	1230	1380	1530	1630	1730	1830	1880	1930
	20	520	620	720	820	930	1080	1190	1340	1490	1590	1690	1790	1840	1890
	10	500	600	700	800	900	1050	1150	1300	1450	1550	1650	1750	1800	1850

表 1-5

男生 50 米跑单项评分表（单位：秒）

等级	单项得分	一年级	二年级	三年级	四年级	五年级	六年级	初一	初二	初三	高一	高二	高三	大一大二	大三大四
优秀	100	10.2	9.6	9.1	8.7	8.4	8.2	7.8	7.5	7.3	7.1	7.0	6.8	6.7	6.6
	95	10.3	9.7	9.2	8.8	8.5	8.3	7.9	7.6	7.4	7.2	7.1	6.9	6.8	6.7
	90	10.4	9.8	9.3	8.9	8.6	8.4	8.0	7.7	7.5	7.3	7.2	7.0	6.9	6.8
良好	85	10.5	9.9	9.4	9.0	8.7	8.5	8.1	7.8	7.6	7.4	7.3	7.1	7.0	6.9
	80	10.6	10.0	9.5	9.1	8.8	8.6	8.2	7.9	7.7	7.5	7.4	7.2	7.1	7.0
	78	10.8	10.2	9.7	9.3	9.0	8.8	8.4	8.1	7.9	7.7	7.6	7.4	7.3	7.2
	76	11.0	10.4	9.9	9.5	9.2	9.0	8.6	8.3	8.1	7.9	7.8	7.6	7.5	7.4
	74	11.2	10.6	10.1	9.7	9.4	9.2	8.8	8.5	8.3	8.1	8.0	7.8	7.7	7.6
	72	11.4	10.8	10.3	9.9	9.6	9.4	9.0	8.7	8.5	8.3	8.2	8.0	7.9	7.8
及格	70	11.6	11.0	10.5	10.1	9.8	9.6	9.2	8.9	8.7	8.5	8.4	8.2	8.1	8.0
	68	11.8	11.2	10.7	10.3	10.0	9.8	9.4	9.1	8.9	8.7	8.6	8.4	8.3	8.2
	66	12.0	11.4	10.9	10.5	10.2	10.0	9.6	9.3	9.1	8.9	8.8	8.6	8.5	8.4
	64	12.2	11.6	11.1	10.7	10.4	10.2	9.8	9.5	9.3	9.1	9.0	8.8	8.7	8.6
	62	12.4	11.8	11.3	10.9	10.6	10.4	10.0	9.7	9.5	9.3	9.2	9.0	8.9	8.8
	60	12.6	12.0	11.5	11.1	10.8	10.6	10.2	9.9	9.7	9.5	9.4	9.2	9.1	9.0
不及格	50	12.8	12.2	11.7	11.3	11.0	10.8	10.4	10.1	9.9	9.7	9.6	9.4	9.3	9.2
	40	13.0	12.4	11.9	11.5	11.2	11.0	10.6	10.3	10.1	9.9	9.8	9.6	9.5	9.4
	30	13.2	12.6	12.1	11.7	11.4	11.2	10.8	10.5	10.3	10.1	10.0	9.8	9.7	9.6
	20	13.4	12.8	12.3	11.9	11.6	11.4	11.0	10.7	10.5	10.3	10.2	10.0	9.9	9.8
	10	13.6	13.0	12.5	12.1	11.8	11.6	11.2	10.9	10.7	10.5	10.4	10.2	10.1	10.0

表1-6

女生50米跑单项评分表（单位：秒）

等级	单项得分	一年级	二年级	三年级	四年级	五年级	六年级	初一	初二	初三	高一	高二	高三	大一大二	大三大四
优秀	100	11.0	10.0	9.2	8.7	8.3	8.2	8.1	8.0	7.9	7.8	7.7	7.6	7.5	7.4
	95	11.1	10.1	9.3	8.8	8.4	8.3	8.2	8.1	8.0	7.9	7.8	7.7	7.6	7.5
	90	11.2	10.2	9.4	8.9	8.5	8.4	8.3	8.2	8.1	8.0	7.9	7.8	7.7	7.6
良好	85	11.5	10.5	9.7	9.2	8.8	8.7	8.6	8.5	8.4	8.3	8.2	8.1	8.0	7.9
	80	11.8	10.8	10.0	9.5	9.1	9.0	8.9	8.8	8.7	8.6	8.5	8.4	8.3	8.2
	78	12.0	11.0	10.2	9.7	9.3	9.2	9.1	9.0	8.9	8.8	8.7	8.6	8.5	8.4
	76	12.2	11.2	10.4	9.9	9.5	9.4	9.3	9.2	9.1	9.0	8.9	8.8	8.7	8.6
	74	12.4	11.4	10.6	10.1	9.7	9.6	9.5	9.4	9.3	9.2	9.1	9.0	8.9	8.8
	72	12.6	11.6	10.8	10.3	9.9	9.8	9.7	9.6	9.5	9.4	9.3	9.2	9.1	9.0
及格	70	12.8	11.8	11.0	10.5	10.1	10.0	9.9	9.8	9.7	9.6	9.5	9.4	9.3	9.2
	68	13.0	12.0	11.2	10.7	10.3	10.2	10.1	10.0	9.9	9.8	9.7	9.6	9.5	9.4
	66	13.2	12.2	11.4	10.9	10.5	10.4	10.3	10.2	10.1	10.0	9.9	9.8	9.7	9.6
	64	13.4	12.4	11.6	11.1	10.7	10.6	10.5	10.4	10.3	10.2	10.1	10.0	9.9	9.8
	62	13.6	12.6	11.8	11.3	10.9	10.8	10.7	10.6	10.5	10.4	10.3	10.2	10.1	10.0
	60	13.8	12.8	12.0	11.5	11.1	11.0	10.9	10.8	10.7	10.6	10.5	10.4	10.3	10.2
不及格	50	14.0	13.0	12.2	11.7	11.3	11.2	11.1	11.0	10.9	10.8	10.7	10.6	10.5	10.4
	40	14.2	13.2	12.4	11.9	11.5	11.4	11.3	11.2	11.1	11.0	10.9	10.8	10.7	10.6
	30	14.4	13.4	12.6	12.1	11.7	11.6	11.5	11.4	11.3	11.2	11.1	11.0	10.9	10.8
	20	14.6	13.6	12.8	12.3	11.9	11.8	11.7	11.6	11.5	11.4	11.3	11.2	11.1	11.0
	10	14.8	13.8	13.0	12.5	12.1	12.0	11.9	11.8	11.7	11.6	11.5	11.4	11.3	11.2

表 1-7　　男生坐位体前屈单项评分表（单位：厘米）

等级	单项得分	一年级	二年级	三年级	四年级	五年级	六年级	初一	初二	初三	高一	高二	高三	大一大二	大三大四
优秀	100	16.1	16.2	16.3	16.4	16.5	16.6	17.6	19.6	21.6	23.6	24.3	24.6	24.9	25.1
	95	14.6	14.7	14.9	15.0	15.2	15.3	15.9	17.7	19.7	21.5	22.4	22.8	23.1	23.3
	90	13.0	13.2	13.4	13.6	13.8	14.0	14.2	15.8	17.8	19.4	20.5	21.0	21.3	21.5
良好	85	12.0	11.9	11.8	11.7	11.6	11.5	12.3	13.7	15.8	17.2	18.3	19.1	19.5	19.9
	80	11.0	10.6	10.2	9.8	9.4	9.0	10.4	11.6	13.8	15.0	16.1	17.2	17.7	18.2
及格	78	9.9	9.5	9.1	8.6	8.2	7.7	9.1	10.3	12.4	13.6	14.7	15.8	16.3	16.8
	76	8.8	8.4	8.0	7.4	7.0	6.4	7.8	9.0	11.0	12.2	13.3	14.4	14.9	15.4
	74	7.7	7.3	6.9	6.2	5.8	5.1	6.5	7.7	9.6	10.8	11.9	13.0	13.5	14.0
	72	6.6	6.2	5.8	5.0	4.6	3.8	5.2	6.4	8.2	9.4	10.5	11.6	12.1	12.6
	70	5.5	5.1	4.7	3.8	3.4	2.5	3.9	5.1	6.8	8.0	9.1	10.2	10.7	11.2
	68	4.4	4.0	3.6	2.6	2.2	1.2	2.6	3.8	5.4	6.6	7.7	8.8	9.3	9.8
	66	3.3	2.9	2.5	1.4	1.0	-0.1	1.3	2.5	4.0	5.2	6.3	7.4	7.9	8.4
	64	2.2	1.8	1.4	0.2	-0.2	-1.4	0.0	1.2	2.6	3.8	4.9	6.0	6.5	7.0
	62	1.1	0.7	0.3	-1.0	-1.4	-2.7	-1.3	-0.1	1.2	2.4	3.5	4.6	5.1	5.6
	60	0.0	-0.4	-0.8	-2.2	-2.6	-4.0	-2.6	-1.4	-0.2	1.0	2.1	3.2	3.7	4.2
不及格	50	-0.8	-1.2	-1.6	-3.2	-3.6	-5.0	-3.8	-2.6	-1.4	0.0	1.1	2.2	2.7	3.2
	40	-1.6	-2.0	-2.4	-4.2	-4.6	-6.0	-5.0	-3.8	-2.6	-1.0	0.1	1.2	1.7	2.2
	30	-2.4	-2.8	-3.2	-5.2	-5.6	-7.0	-6.2	-5.0	-3.8	-2.0	-0.9	0.2	0.7	1.2
	20	-3.2	-3.6	-4.0	-6.2	-6.6	-8.0	-7.4	-6.2	-5.0	-3.0	-1.9	-0.8	-0.3	0.2
	10	-4.0	-4.4	-4.8	-7.2	-7.6	-9.0	-8.6	-7.4	-6.2	-4.0	-2.9	-1.8	-1.3	-0.8

表1-8　女生坐位体前屈单项评分表（单位：厘米）

等级		单项得分	一年级	二年级	三年级	四年级	五年级	六年级	初一	初二	初三	高一	高二	高三	大一大二	大三大四
优秀		100	18.6	18.9	19.2	19.5	19.8	19.9	21.8	22.7	23.5	24.2	24.8	25.3	25.8	26.3
		95	17.3	17.6	17.9	18.1	18.5	18.7	20.1	21.0	21.8	22.5	23.1	23.6	24.0	24.4
良好		90	16.0	16.3	16.6	16.9	17.2	17.5	18.4	19.3	20.1	20.8	21.4	21.9	22.2	22.4
		85	14.7	14.8	14.9	15.0	15.1	15.2	16.7	17.6	18.4	19.1	19.7	20.2	20.6	21.0
		80	13.4	13.3	13.2	13.1	13.0	12.9	15.0	15.9	16.7	17.4	18.0	18.5	19.0	19.5
		78	12.3	12.2	12.1	12.0	11.9	11.8	13.7	14.6	15.4	16.1	16.7	17.2	17.7	18.2
		76	11.2	11.1	11.0	10.9	10.8	10.7	12.4	13.3	14.1	14.8	15.4	15.9	16.4	16.9
		74	10.1	10.0	9.9	9.8	9.7	9.6	11.1	12.0	12.8	13.5	14.1	14.6	15.1	15.6
		72	9.0	8.9	8.8	8.7	8.6	8.5	9.8	10.7	11.5	12.2	12.8	13.3	13.8	14.3
及格		70	7.9	7.8	7.7	7.6	7.5	7.4	8.5	9.4	10.2	10.9	11.5	12.0	12.5	13.0
		68	6.8	6.7	6.6	6.5	6.4	6.3	7.2	8.1	8.9	9.6	10.2	10.7	11.2	11.7
		66	5.7	5.6	5.5	5.4	5.3	5.2	5.9	6.8	7.6	8.3	8.9	9.4	9.9	10.4
		64	4.6	4.5	4.4	4.3	4.2	4.1	4.6	5.5	6.3	7.0	7.6	8.1	8.6	9.1
		62	3.5	3.4	3.3	3.2	3.1	3.0	3.3	4.2	5.0	5.7	6.3	6.8	7.3	7.8
		60	2.4	2.3	2.2	2.1	2.0	1.9	2.0	2.9	3.7	4.4	5.0	5.5	6.0	6.5
不及格		50	1.6	1.5	1.4	1.3	1.2	1.1	1.2	2.1	2.9	3.6	4.2	4.7	5.2	5.7
		40	0.8	0.7	0.6	0.5	0.4	0.3	0.4	1.3	2.1	2.8	3.4	3.9	4.4	4.9
		30	0.0	-0.1	-0.2	-0.3	-0.4	-0.5	-0.4	0.5	1.3	2.0	2.6	3.1	3.6	4.1
		20	-0.8	-0.9	-1.0	-1.1	-1.2	-1.3	-1.2	-0.3	0.5	1.2	1.8	2.3	2.8	3.3
		10	-1.6	-1.7	-1.8	-1.9	-2.0	-2.1	-2.0	-1.1	-0.3	0.4	1.0	1.5	2.0	2.5

男生一分钟跳绳单项评分表（单位：次）

表1-9

等级	单项得分	一年级	二年级	三年级	四年级	五年级	六年级
优秀	100	109	117	126	137	148	157
	95	104	112	121	132	143	152
	90	99	107	116	127	138	147
良好	85	93	101	110	121	132	141
	80	87	95	104	115	126	135
	78	80	88	97	108	119	128
	76	73	81	90	101	112	121
	74	66	74	83	94	105	114
	72	59	67	76	87	98	107
	70	52	60	69	80	91	100
及格	68	45	53	62	73	84	93
	66	38	46	55	66	77	86
	64	31	39	48	59	70	79
	62	24	32	41	52	63	72
	60	17	25	34	45	56	65
	50	14	22	31	42	53	62
	40	11	19	28	39	50	59
不及格	30	8	16	25	36	47	56
	20	5	13	22	33	44	53
	10	2	10	19	30	41	50

表 1-10 女生一分钟跳绳单项评分表（单位：次）

等级	单项得分	一年级	二年级	三年级	四年级	五年级	六年级
优秀	100	117	127	139	149	158	166
	95	110	120	132	142	151	159
	90	103	113	125	135	144	152
良好	85	95	105	117	127	136	144
	80	87	97	109	119	128	136
	78	80	90	102	112	121	129
	76	73	83	95	105	114	122
	74	66	76	88	98	107	115
	72	59	69	81	91	100	108
及格	70	52	62	74	84	93	101
	68	45	55	67	77	86	94
	66	38	48	60	70	79	87
	64	31	41	53	63	72	80
	62	24	34	46	56	65	73
	60	17	27	39	49	58	66
不及格	50	14	24	36	46	55	63
	40	11	21	33	43	52	60
	30	8	18	30	40	49	57
	20	5	15	27	37	46	54
	10	2	12	24	34	43	51

表 1-11　　　　　　　　　　　男生立定跳远单项评分表（单位：厘米）

等级	单项得分	初一	初二	初三	高一	高二	高三	大一大二	大三大四
优秀	100	225	240	250	260	265	270	273	275
	95	218	233	245	255	260	265	268	270
	90	211	226	240	250	255	260	263	265
良好	85	203	218	233	243	248	253	256	258
	80	195	210	225	235	240	245	248	250
	78	191	206	221	231	236	241	244	246
	76	187	202	217	227	232	237	240	242
	74	183	198	213	223	228	233	236	238
	72	179	194	209	219	224	229	232	234
	70	175	190	205	215	220	225	228	230
及格	68	171	186	201	211	216	221	224	226
	66	167	182	197	207	212	217	220	222
	64	163	178	193	203	208	213	216	218
	62	159	174	189	199	204	209	212	214
	60	155	170	185	195	200	205	208	210
不及格	50	150	165	180	190	195	200	203	205
	40	145	160	175	185	190	195	198	200
	30	140	155	170	180	185	190	193	195
	20	135	150	165	175	180	185	188	190
	10	130	145	160	170	175	180	183	185

表 1-12　　女生立定跳远单项评分表（单位：厘米）

等级	单项得分	初一	初二	初三	高一	高二	高三	大一大二	大三大四
优秀	100	196	200	202	204	205	206	207	208
	95	190	194	196	198	199	200	201	202
	90	184	188	190	192	193	194	195	196
良好	85	177	181	183	185	186	187	188	189
	80	170	174	176	178	179	180	181	182
	78	167	171	173	175	176	177	178	179
	76	164	168	170	172	173	174	175	176
	74	161	165	167	169	170	171	172	173
	72	158	162	164	166	167	168	169	170
	70	155	159	161	163	164	165	166	167
	68	152	156	158	160	161	162	163	164
	66	149	153	155	157	158	159	160	161
	64	146	150	152	154	155	156	157	158
	62	143	147	149	151	152	153	154	155
及格	60	140	144	146	148	149	150	151	152
	50	135	139	141	143	144	145	146	147
	40	130	134	136	138	139	140	141	142
不及格	30	125	129	131	133	134	135	136	137
	20	120	124	126	128	129	130	131	132
	10	115	119	121	123	124	125	126	127

表1-13

男生一分钟仰卧起坐、引体向上单项评分表（单位：次）

等级	单项得分	三年级	四年级	五年级	六年级	初一	初二	初三	高一	高二	高三	大一大二	大三大四
优秀	100	48	49	50	51	13	14	15	16	17	18	19	20
	95	45	46	47	48	12	13	14	15	16	17	18	19
	90	42	43	44	45	11	12	13	14	15	16	17	18
良好	85	39	40	41	42	10	11	12	13	14	15	16	17
	80	36	37	38	39	9	10	11	12	13	14	15	16
	78	34	35	36	37								
	76	32	33	34	35	8	9	10	11	12	13	14	15
	74	30	31	32	33								
	72	28	29	30	31	7	8	9	10	11	12	13	14
	70	26	27	28	29								
及格	68	24	25	26	27	6	7	8	9	10	11	12	13
	66	22	23	24	25								
	64	20	21	22	23	5	6	7	8	9	10	11	12
	62	18	19	20	21								
	60	16	17	18	19	4	5	6	7	8	9	10	11
	50	14	15	16	17	3	4	5	6	7	8	9	10
不及格	40	12	13	14	15	2	3	4	5	6	7	8	9
	30	10	11	12	13	1	2	3	4	5	6	7	8
	20	8	9	10	11		1	2	3	4	5	6	7
	10	6	7	8	9			1	2	3	4	5	6

注：小学三年级至六年级：一分钟仰卧起坐；初中、高中、大学：引体向上。

表1-14　女生一分钟仰卧起坐单项评分表（单位：次）

等级	单项得分	三年级	四年级	五年级	六年级	初一	初二	初三	高一	高二	高三	大一大二	大三大四
优秀	100	46	47	48	49	50	51	52	53	54	55	56	57
优秀	95	44	45	46	47	48	49	50	51	52	53	54	55
优秀	90	42	43	44	45	46	47	48	49	50	51	52	53
良好	85	39	40	41	42	43	44	45	46	47	48	49	50
良好	80	36	37	38	39	40	41	42	43	44	45	46	47
	78	34	35	36	37	38	39	40	41	42	43	44	45
	76	32	33	34	35	36	37	38	39	40	41	42	43
	74	30	31	32	33	34	35	36	37	38	39	40	41
	72	28	29	30	31	32	33	34	35	36	37	38	39
	70	26	27	28	29	30	31	32	33	34	35	36	37
及格	68	24	25	26	27	28	29	30	31	32	33	34	35
	66	22	23	24	25	26	27	28	29	30	31	32	33
	64	20	21	22	23	24	25	26	27	28	29	30	31
	62	18	19	20	21	22	23	24	25	26	27	28	29
	60	16	17	18	19	20	21	22	23	24	25	26	27
不及格	50	14	15	16	17	18	19	20	21	22	23	24	25
不及格	40	12	13	14	15	16	17	18	19	20	21	22	23
不及格	30	10	11	12	13	14	15	16	17	18	19	20	21
不及格	20	8	9	10	11	12	13	14	15	16	17	18	19
不及格	10	6	7	8	9	10	11	12	13	14	15	16	17

表 1-15

男生耐力跑单项评分表（单位：分·秒）

等级	单项得分	五年级	六年级	初一	初二	初三	高一	高二	高三	大一大二	大三大四
优秀	100	1'36"	1'30"	3'55"	3'50"	3'40"	3'30"	3'25"	3'20"	3'17"	3'15"
	95	1'39"	1'33"	4'05"	3'55"	3'45"	3'35"	3'30"	3'25"	3'22"	3'20"
	90	1'42"	1'36"	4'15"	4'00"	3'50"	3'40"	3'35"	3'30"	3'27"	3'25"
良好	85	1'45"	1'39"	4'22"	4'07"	3'57"	3'47"	3'42"	3'37"	3'34"	3'32"
	80	1'48"	1'42"	4'30"	4'15"	4'05"	3'55"	3'50"	3'45"	3'42"	3'40"
	78	1'51"	1'45"	4'35"	4'20"	4'10"	4'00"	3'55"	3'50"	3'47"	3'45"
	76	1'54"	1'48"	4'40"	4'25"	4'15"	4'05"	4'00"	3'55"	3'52"	3'50"
	74	1'57"	1'51"	4'45"	4'30"	4'20"	4'10"	4'05"	4'00"	3'57"	3'55"
	72	2'00"	1'54"	4'50"	4'35"	4'25"	4'15"	4'10"	4'05"	4'02"	4'00"
及格	70	2'03"	1'57"	4'55"	4'40"	4'30"	4'20"	4'15"	4'10"	4'07"	4'05"
	68	2'06"	2'00"	5'00"	4'45"	4'35"	4'25"	4'20"	4'15"	4'12"	4'10"
	66	2'09"	2'03"	5'05"	4'50"	4'40"	4'30"	4'25"	4'20"	4'17"	4'15"
	64	2'12"	2'06"	5'10"	4'55"	4'45"	4'35"	4'30"	4'25"	4'22"	4'20"
	62	2'15"	2'09"	5'15"	5'00"	4'50"	4'40"	4'35"	4'30"	4'27"	4'25"
	60	2'18"	2'12"	5'20"	5'05"	4'55"	4'45"	4'40"	4'35"	4'32"	4'30"
不及格	50	2'22"	2'16"	5'40"	5'25"	5'15"	5'05"	5'00"	4'55"	4'52"	4'50"
	40	2'26"	2'20"	6'00"	5'45"	5'35"	5'25"	5'20"	5'15"	5'12"	5'10"
	30	2'30"	2'24"	6'20"	6'05"	5'55"	5'45"	5'40"	5'35"	5'32"	5'30"
	20	2'34"	2'28"	6'40"	6'25"	6'15"	6'05"	6'00"	5'55"	5'52"	5'50"
	10	2'38"	2'32"	7'00"	6'45"	6'35"	6'25"	6'20"	6'15"	6'12"	6'10"

注：小学五年级至六年级：50 米×8 往返跑；初中、高中、大学：1000 米跑。

表 1-16　女生耐力跑单项评分表（单位：分·秒）

等级	单项得分	五年级	六年级	初一	初二	初三	高一	高二	高三	大一大二	大三大四
优秀	100	1'41"	1'37"	3'35"	3'30"	3'25"	3'24"	3'22"	3'20"	3'18"	3'16"
	95	1'44"	1'40"	3'42"	3'37"	3'32"	3'30"	3'28"	3'26"	3'24"	3'22"
良好	90	1'47"	1'43"	3'49"	3'44"	3'39"	3'36"	3'34"	3'32"	3'30"	3'28"
	85	1'50"	1'46"	3'57"	3'52"	3'47"	3'43"	3'41"	3'39"	3'37"	3'35"
	80	1'53"	1'49"	4'05"	4'00"	3'55"	3'50"	3'48"	3'46"	3'44"	3'42"
及格	78	1'56"	1'52"	4'10"	4'05"	4'00"	3'55"	3'53"	3'51"	3'49"	3'47"
	76	1'59"	1'55"	4'15"	4'10"	4'05"	4'00"	3'58"	3'56"	3'54"	3'52"
	74	2'02"	1'58"	4'20"	4'15"	4'10"	4'05"	4'03"	4'01"	3'59"	3'57"
	72	2'05"	2'01"	4'25"	4'20"	4'15"	4'10"	4'08"	4'06"	4'04"	4'02"
	70	2'08"	2'04"	4'30"	4'25"	4'20"	4'15"	4'13"	4'11"	4'09"	4'07"
	68	2'11"	2'07"	4'35"	4'30"	4'25"	4'20"	4'18"	4'16"	4'14"	4'12"
	66	2'14"	2'10"	4'40"	4'35"	4'30"	4'25"	4'23"	4'21"	4'19"	4'17"
	64	2'17"	2'13"	4'45"	4'40"	4'35"	4'30"	4'28"	4'26"	4'24"	4'22"
	62	2'20"	2'16"	4'50"	4'45"	4'40"	4'35"	4'33"	4'31"	4'29"	4'27"
	60	2'23"	2'19"	4'55"	4'50"	4'45"	4'40"	4'38"	4'36"	4'34"	4'32"
不及格	50	2'27"	2'23"	5'05"	5'00"	4'55"	4'50"	4'48"	4'46"	4'44"	4'42"
	40	2'31"	2'27"	5'15"	5'10"	5'05"	5'00"	4'58"	4'56"	4'54"	4'52"
	30	2'35"	2'31"	5'25"	5'20"	5'15"	5'10"	5'08"	5'06"	5'04"	5'02"
	20	2'39"	2'35"	5'35"	5'30"	5'25"	5'20"	5'18"	5'16"	5'14"	5'12"
	10	2'43"	2'39"	5'45"	5'40"	5'35"	5'30"	5'28"	5'26"	5'24"	5'22"

注：小学五年级至六年级：50 米×8 往返跑；初中、高中、大学：800 米跑。

（二）加分指标评分表

表 2-1

男生一分钟跳绳评分表（单位：次）

加分	一年级	二年级	三年级	四年级	五年级	六年级
20	40	40	40	40	40	40
19	38	38	38	38	38	38
18	36	36	36	36	36	36
17	34	34	34	34	34	34
16	32	32	32	32	32	32
15	30	30	30	30	30	30
14	28	28	28	28	28	28
13	26	26	26	26	26	26
12	24	24	24	24	24	24
11	22	22	22	22	22	22
10	20	20	20	20	20	20
9	18	18	18	18	18	18
8	16	16	16	16	16	16
7	14	14	14	14	14	14
6	12	12	12	12	12	12
5	10	10	10	10	10	10
4	8	8	8	8	8	8
3	6	6	6	6	6	6
2	4	4	4	4	4	4
1	2	2	2	2	2	2

注：一分钟跳绳为高优指标，学生成绩超过单项评分 100 分后，以超过的次数所对应的分数进行加分。

表 2-2

女生一分钟跳绳评分表（单位：次）

加分	一年级	二年级	三年级	四年级	五年级	六年级
20	40	40	40	40	40	40
19	38	38	38	38	38	38
18	36	36	36	36	36	36
17	34	34	34	34	34	34
16	32	32	32	32	32	32
15	30	30	30	30	30	30
14	28	28	28	28	28	28
13	26	26	26	26	26	26
12	24	24	24	24	24	24
11	22	22	22	22	22	22
10	20	20	20	20	20	20
9	18	18	18	18	18	18
8	16	16	16	16	16	16
7	14	14	14	14	14	14
6	12	12	12	12	12	12
5	10	10	10	10	10	10
4	8	8	8	8	8	8
3	6	6	6	6	6	6
2	4	4	4	4	4	4
1	2	2	2	2	2	2

注：一分钟跳绳为高优指标，学生成绩超过单项评分 100 分后，以超过的次数所对应的分数进行加分。

表2-3

男生引体向上评分表（单位：次）

加分	初一	初二	初三	高一	高二	高三	大一大二	大三大四
10	10	10	10	10	10	10	10	10
9	9	9	9	9	9	9	9	9
8	8	8	8	8	8	8	8	8
7	7	7	7	7	7	7	7	7
6	6	6	6	6	6	6	6	6
5	5	5	5	5	5	5	5	5
4	4	4	4	4	4	4	4	4
3	3	3	3	3	3	3	3	3
2	2	2	2	2	2	2	2	2
1	1	1	1	1	1	1	1	1

表2-4

女生一分钟仰卧起坐评分表（单位：次）

加分	初一	初二	初三	高一	高二	高三	大一大二	大三大四
10	13	13	13	13	13	13	13	13
9	12	12	12	12	12	12	12	12
8	11	11	11	11	11	11	11	11
7	10	10	10	10	10	10	10	10
6	9	9	9	9	9	9	9	9
5	8	8	8	8	8	8	8	8
4	7	7	7	7	7	7	7	7
3	6	6	6	6	6	6	6	6
2	4	4	4	4	4	4	4	4
1	2	2	2	2	2	2	2	2

注：引体向上、一分钟仰卧起坐均为高优指标，学生成绩超过单项评分100分后，以超过的次数所对应的分数进行加分。

表2-5

男生 1000 米跑评分表（单位：分·秒）

加分	初一	初二	初三	高一	高二	高三	大一大二	大三大四
10	-35"	-35"	-35"	-35"	-35"	-35"	-35"	-35"
9	-32"	-32"	-32"	-32"	-32"	-32"	-32"	-32"
8	-29"	-29"	-29"	-29"	-29"	-29"	-29"	-29"
7	-26"	-26"	-26"	-26"	-26"	-26"	-26"	-26"
6	-23"	-23"	-23"	-23"	-23"	-23"	-23"	-23"
5	-20"	-20"	-20"	-20"	-20"	-20"	-20"	-20"
4	-16"	-16"	-16"	-16"	-16"	-16"	-16"	-16"
3	-12"	-12"	-12"	-12"	-12"	-12"	-12"	-12"
2	-8"	-8"	-8"	-8"	-8"	-8"	-8"	-8"
1	-4"	-4"	-4"	-4"	-4"	-4"	-4"	-4"

表2-6

女生 800 米跑评分表（单位：分·秒）

加分	初一	初二	初三	高一	高二	高三	大一大二	大三大四
10	-50"	-50"	-50"	-50"	-50"	-50"	-50"	-50"
9	-45"	-45"	-45"	-45"	-45"	-45"	-45"	-45"
8	-40"	-40"	-40"	-40"	-40"	-40"	-40"	-40"
7	-35"	-35"	-35"	-35"	-35"	-35"	-35"	-35"
6	-30"	-30"	-30"	-30"	-30"	-30"	-30"	-30"
5	-25"	-25"	-25"	-25"	-25"	-25"	-25"	-25"
4	-20"	-20"	-20"	-20"	-20"	-20"	-20"	-20"
3	-15"	-15"	-15"	-15"	-15"	-15"	-15"	-15"
2	-10"	-10"	-10"	-10"	-10"	-10"	-10"	-10"
1	-5"	-5"	-5"	-5"	-5"	-5"	-5"	-5"

注：1000 米跑、800 米跑均为低优指标，学生成绩低于单项评分 100 分后，以减少的秒数所对应的分数进行加分。

附表：

1.《国家学生体质健康标准》登记卡（大学样表）

2. 免予执行《国家学生体质健康标准》申请表（样表）

《国家学生体质健康标准》登记卡（大学样表）

姓　　名		性　别		学校 _____
院（系）		民　族		学　号 _____
				出生日期 _____

单项指标	大一			大二			大三			大四			毕业成绩	
	成绩	得分	等级	成绩	得分	等级	成绩	得分	等级	成绩	得分	等级	得分	等级
体重指数（BMI）（千克/米²）														
肺活量（毫升）														
50米跑（秒）														
坐位体前屈（厘米）														
立定跳远（厘米）														
引体向上（男）/1分钟仰卧起坐（女）（次）														
1000米跑（男）/800米跑（女）（分·秒）														
标准分														

加分指标	成绩	附加分	成绩	附加分	成绩	附加分	成绩	附加分		
引体向上（男）/1分钟仰卧起坐（女）（次）										
1000米跑（男）/800米跑（女）（分·秒）										
学年总分										
等级评定										
体育教师签字										
辅导员签字										

学校签章：

年　　月　　日

注：高等职业学校、高等专科学校参照本表样表执行。

免予执行《国家学生体质健康标准》申请表（样表）

姓　　名		性　　别		学　　号	
班　级 /院（系）		民　　族		出生日期	
原因					申请人： 年　月　日
体育教师签字		家长签字			
学校体育部门意见					学校签章： 年　月　日

注：中等职业学校及普通高等学校的学生，"家长签字" 由学生本人签字。